走私罪系列研究丛书

走私犯罪刑事程序研究

ZOUSI FANZUI XINGSHI CHENGXU YANJIU

程序正义是现代社会法治的核心内容。正当的法律程序最终落实到一系列与公民密切相关的基本权利和利益上。本书从程序正义的角度来研究走私犯罪，以刑事诉讼程序的进程为主线，依次从对走私犯罪的管辖、对侦查和诉讼阶段的走私犯罪嫌疑人的权利保护、辩护人的诉讼权利设置……

张大春◎著

中国海关出版社

图书在版编目（CIP）数据

走私犯罪刑事程序研究/张大春著．—北京：中国海关出版社，2013.10
（走私罪系列研究丛书）
ISBN 978-7-80165-987-3

Ⅰ.①走… Ⅱ.①张… Ⅲ.①走私罪—刑事诉讼—诉讼程序—研究—中国 Ⅳ.①D925.218.04

中国版本图书馆 CIP 数据核字（2013）第 228884 号

走私犯罪刑事程序研究
ZOUSI FANZUI XINGSHI CHENGXU YANJIU

作　　者：张大春
责任编辑：黄华莉
助理责编：陈思诺　黄　阳
出版发行：中国海关出版社
社　　址：北京市朝阳区东四环南路甲 1 号　　邮政编码：100023
网　　址：www.hgcbs.com.cn；www.hgbookvip.com
编 辑 部：01065194242-7531（电话）　　01065194231（传真）
发 行 部：01065194221/4238/4246（电话）　　01065194233（传真）
社办书店：01065195616（电话）　　01065195127（传真）
北京市建国门内大街 6 号海关总署东配楼一层
印　　刷：北京京都六环印刷厂　　经　　销：新华书店
开　　本：710mm×1000mm　1/16
印　　张：15.5　　字　　数：290 千字
版　　次：2013 年 10 月第 1 版
印　　次：2013 年 10 月第 1 次印刷
书　　号：ISBN 978-7-80165-987-3
定　　价：34.00 元

序一

现代法治对人权保障的强调和民众对法治的期望，促成了人们对法律程序正义和公平的重视。正如美国大法官道格拉斯所说：“权利法案中的大多数条款都是关于程序的规定，这并不是没有任何意义的。正当程序决定了法治与恣意的人治之间的主要区别。”法国学者卡斯东·斯特法尼在《法国刑事诉讼法讲义》中指出：“社会对犯罪的反应不是一种本能的、专断的、盲目的反应，而是经过深思熟虑的、有规则可循的、本质上具有司法裁判性质的反应。”程序正义是现代社会法治的核心内容。近年，我国陆续有学者对诉讼程序立法的科学化和刑事诉讼的权力平衡进行研究，在一定程度上推动了对法律程序本身价值的深入认识。如果能正确地把握法律程序原理，对于那些存在着内在价值冲突的各种可供选择的立法方案就能作出一个正确的选择。否则，立法工作和司法实践就可能会走许多弯路，甚至要付出沉重的代价。

而在刑事犯罪中，走私犯罪具有一定的特殊性。这是由于其自身的特点形成的。西方有学者认为，走私犯罪的本质是对国家权力的一种挑战。在处理这种非自然犯罪的过程中，更应当注重正当程序的运用和国家公权力与当事人权利之间的合理平衡。

中国海关缉私部门组建至今，以遏制走私犯罪为目标，不断提高缉私警察的专业业务素质，并且非常重视走私犯罪侦查实践与理论的结合。在当今建立和谐社会的目标及依法治国理念的指导下，海关缉私部门应更加重视在执法过程中严格按照法律程序行事，树立维护程序正义和公平的法律理念，这样才有利于树立海关良好的国门形象。我与本书作者张大春博士于2006年2月参加我国内地与香港反走私刑事研讨会时相识，当时他与时任深圳海关关长、现任海关总署副署长的邹志武先生一同参加研讨会，并在研讨会上就实践中“蚂蚁搬家”式走私犯罪的特殊形态作了报告，给我留下深刻的印象。

张大春博士多年从事海关案件的审理工作，具有很高的法学专业素养，他在做好本职工作的同时，利用业余时间结合本职工作对走私犯罪进行由实体到程序的刑事一体化的研究，先后出版了具有一定学术影响的专著。该书较好地将走私犯罪的刑事程序与海关有关部门的实际工作相结合，并且能够从法学理论的角度对处理走私犯罪正当程序的设定加以分析和阐述，有助于海关工作人员加深对程序之深层次意义的理解。

作者着重就走私案件在海关缉私处理程序方面进行分析和研究，其研究重点包括：在处理走私犯罪案件时海关侦查机构采取的各种强制措施的适用范围；对于自然人和单位采用强制措施行为的界定；海关缉私部门在对走私案件进行侦查活动中依法保障案件当事人尤其是犯罪嫌疑人正当权利的问题；侦查过程中对于证据的收集和运用，以及海关对于走私犯罪的处罚竞合等。该书在此基础上做了非常深入的论述和分析，提出了自己独到的学术见解。

张大春博士的这本《走私犯罪刑事程序研究》，填补了走私犯罪追诉程序方面的研究空白，具有相当的学术贡献和实践价值。他的这种勇于开拓和坚忍不拔的治学态度，是难能可贵的。程序是现代化法治的基础，程序的功能也是多元和重要的，程序的正确运用是对各种尖锐矛盾的有效调和。对于走私犯罪中程序的运用和完善，就是站在了一个新的高度对海关法学进行深入研究。希望该书能够对海关打击走私犯罪工作的程序规范与科学有所助益，并加强海关有关工作人员对程序的重视，为中国法治的程序化进程和海关工作的发展完善作出贡献。

是为序。

北京师范大学刑事法律科学研究院暨法学院院长，教育部长江学者特聘教授，法学博士、博士生导师，中国刑法学研究会会长，国际刑法协会副主席暨中国分会主席

赵秉志

序二

获知张大春同志的《走私犯罪刑事程序研究》即将出版，作为他的导师，我为此感到由衷的高兴。应作者之邀，特此作序。

张大春同志从事海关工作多年，在攻读博士学位期间就对走私犯罪理论研究领域十分感兴趣，其专著《走私罪研究》已经出版，现在能够结合多年的工作实践，对走私犯罪的程序这一极少有人涉及但又十分重要的领域进行专门的研究，作为他的导师，看到自己的学生对走私犯罪以新的视角加以研究，并且完成专著深感欣慰。

程序的设置是现代法治的重要内容和标志之一，也是依法治国的重要保障。我国的法制建设历程已经证明，程序制度是否存在及是否完善，直接决定着实体法律运用的效果，没有相应的程序制度作为依托，实体权利只能是“水中花、镜中月”，也就没有办法完成法律的立法目标。尤其是打击走私犯罪，在程序方面具有一定的独特性，在侦查阶段的管辖不同于其他犯罪是由公安机关负责的，而是由特别组建的海关缉私机构负责的。因此，对走私犯罪刑事程序的研究是十分必要的，对于海关的实践工作是极具指导作用的。

《走私犯罪刑事程序研究》一书从理论与实践的结合上，对走私犯罪程序的各个阶段的一般理论和具体问题进行了深入的探讨和分析，从法律立法层面、程序实际应用层面进行了系统的研究，构建了走私犯罪从管辖到起诉再到审判的一个完整的程序理论框架。综观全文，有如下的特点：

一、脉络清晰、论述完整

该书是按照处理走私犯罪案件的具体程序流程进行分析的，这无论是对程序之间的理论衔接、相互作用，还是对实践中工作的具体过程，都是一种最为理想的阐述脉络。在每章中首先对该问题的立法传承进行解析，然后对现行的程序安排加以介绍，再从法学理论的角度对程序设计的应然状态予以讨论，指出现行立法的不足之处和应完善之处，提出自己独到的意见或见解，最后结合海关和各部门的实际工作对在程序执行实践中遇到的问题加以分析。这种论述无论是从学术角度还是从实践角度，都是十分有益的。

二、论证充分，研究深入

在充分占有翔实资料的基础上，引经据典，对走私犯罪的程序进行了全面、系统的研究。作者对走私犯罪的侦查程序和当事人的权利保护，以及海关的处罚竞合程序设计方面做了富有创见的理论阐述；对各种具体的走私犯罪中诸多的强制措施程序，如拘留、逮捕、取保候审、监视居住和单位作为强制措施应用对象的情况做了令人信服的界定；对于走私犯罪嫌疑人的权利保护和程序设置的平衡领域进行了详细论证；对现行立法的不足提出了切实可行的完善建议。

三、结合实践，见解独到

作者在海关工作多年，在进行理论研究的同时非常重视与海关缉私工作的实际相结合。从另一个角度来说，海关的具体工作经验也对其进行深入的理论研究起到很大的作用。该书是研究海关缉私部门刑事程序方面的专著，作者结合海关工作实际提出的一些独到见解，对打击走私实践具有指导作用。

当然，书中也存在一些不足，有的观点值得商榷，有的问题还需进一步探讨和分析。比如，对走私犯罪程序中的有关检察院和法院工作程序方面的研究还不够深入等。

张大春同志在繁忙的海关工作之余，能继续以刑法学学者的治学态度进行学术研究，作为他的导师，我感到十分高兴。我相信，该书的问世，不仅能对我国反走私工作实践有重要的参考价值，而且对我国走私犯罪刑事程序的理论研究也将起到重要的推动作用。

是为序。

武汉大学博士生导师、教授 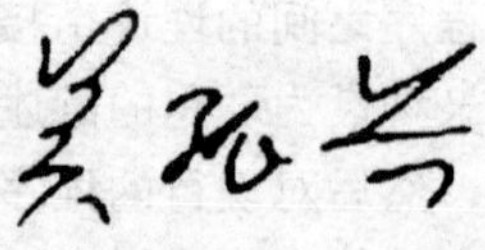

导言

（一）

在我国，几千年来的封建社会传承下来的主导思想是实体上的正义，它要求惩恶扬善，有罪必罚，侧重于正名定分的实体法，对案件的处理不在于通过怎样的形式，而在于追求合于礼、合乎情的结果。在现代社会中，程序上的正义是应当给予足够的关注的。《中华人民共和国刑事诉讼法》（以下简称《刑事诉讼法》）第一条规定：“为了保证刑法的正确实施……制定本法。”这就明显能够看出诉讼上程序的安排只是为了能够使实体法运行起来的一种工具，并没有注意到正义的程序本身的真正价值。

程序正义的观念起源于英美法，被认为最早渊源的是 1215 年英国的《大宪章》。其中规定：“除非经由……合法裁判……，不得对任何自由人实施监督、剥夺财产、流放、杀害等措施。”而在现代的英美国家里，程序正义是作为刑事诉讼法最为重要的一项指导思想，正义的程序价值不在于能够得出客观真实的结果，而在于能够提供一套产生公信力的“善”的程序。因为能够得出真实结果的法律不一定就是可以接受的，通过刑讯逼供有时是可以得出最后真相的，但是这种法律只能是不被现代社会所认同的“恶”法。所以，程序本身有着独立于实体正义的意义。首先，一套公正、科学、人道的程序的应用结果是最能够接近案件事实真相的。因为，被追诉人有充分的参加诉讼、表达自己意见和获得法律帮助的机会，刑事诉讼中的公权力也能得到一定程度的限制，不至于出现由于权力不平等发生的偏离真相。法官作为中立的个体作出独立的判断。其次，公正、科学、人道的程序才能保障当事人的人格尊严，才能使诉讼呈现出公正、人道的理性活动的面貌，才能是包括被追诉者在内的社会公众认同的国家法律的权威，从而接受审判结果的约束。最后，一套公正、科学、人道的程序也是对不断膨胀的公权力的一种限制和制约，是能够体现出一个国家是人治还是法治的重要标准。另外，程序的力量有时是可以超越实体真实的，这也体现出现代社会对于不同价值的一种权衡和比较。最为著名的就是始于美国的“米兰达规则”——“你有权保持沉默，但你所说的将在法庭上作为呈堂证供。”1963 年，美国凤凰城警察局的警察闯进了埃那斯通·米兰达的家中，直接将其逮捕。在经过证人认证和对其审讯后，当地法院裁定米兰达犯有绑架罪和强奸罪两项罪名。后来，米兰达上诉到美国联邦最高法院，联邦法院认为警察在询问时没有告知其有保持沉默和获得律师帮助的权利，这违反了联邦法第五条修正案的精神，从而认为米兰达的供述不能成为证据加以使用而裁定撤销原判，释放上诉人。虽然当时在美国也引起了强烈的争论，但判例中所体现出来的精神却对美国整个的司法产生了深远的影响。

中国对程序的重要性和力量现今仍旧不太重视。无论是从程序立法的角度，还是从程序执行的角度，对于诉讼程序的研究还是远远不够的。所以，本书以诉讼程序为视角对走私犯罪进行研究。

（二）

我国现阶段的基本国情，特别是国民经济对外贸依存度偏高、诚信体系不健全等因素，决定了走私活动长期处于多发期。如何能在处理大量的走私犯罪时体现程序力量，以保证诉讼程序的顺利进行和保障走私犯罪当事人的权利，最终实现实体正义就成了非常有研究价值的课题。走私罪是一种法定犯，不同于传统意义上的自然犯。由于走私犯罪的这种属性，其首先表现为行政违法，走私犯罪行为逃避海关的监管，破坏了国家的对外贸易管制。所以，走私犯罪本身是可以被看做具有行政处罚性和刑事处罚性两种性质的行为的。

我国处理走私案件的侦查机关——海关的自身体制设计有一定的特殊性，即海关的缉私部门依法同时承担着行政和刑事执法职能。走私犯罪的独特之处在于其破坏了国家的对外贸易管理体制，是对国家利益的严重损害。每年我国海关均办理数以万计的走私案件，包括走私违规案件和走私犯罪案件。海关的缉私部门依法同时承担着行政和刑事执法职能，所以在处理走私案件时常常会发生行政执法程序与刑事执法程序的内部转换，这在其他部门是不常见的。如何能保证这两种执法权力不至于混用甚至是滥用，就需要设置严格的程序转换制度体系。另外，走私犯罪行为本身的复杂性决定了对走私犯罪的查处也是一项很复杂的工作。如何在各个诉讼阶段保障司法工作按照法律规定的程序进行，以充分保障走私犯罪当事人的权利，使得诉讼程序顺利地进行，是我们应当加以重视的问题。为着学术理论研究及对海关实践工作的需要，有必要从刑事诉讼的程序对走私犯罪进行深入和全面的研究。

（三）

本书从程序的角度来研究走私犯罪，以刑事诉讼程序的进程为思路，依次对走私犯罪的管辖、对侦查和诉讼阶段的走私犯罪被追诉人的权利保护、辩护人的诉讼权利设置、检察院对走私犯罪的审查起诉、法院对走私犯罪的审判及对走私犯罪的处罚竞合等方面的程序问题进行阐述和讨论。在对各个阶段的程序进行研究时，主要是从如何平衡控辩双方权利义务的角度，对程序法律规定本身和法规在实践中的应用及完善等方面展开理论分析。在整体架构上，是以从侦查阶段开始到审判结束的一系列诉讼活动的进行为逻辑的，以求能够将走私犯罪程序方面的特点予以体现，阐明程序本身的价值和重要性，提高司法工作人员对程序的重视，从而对海关缉私工作及走私犯罪的程序研究有所帮助。

目 录

第一章　走私犯罪的管辖

DI-YI ZHANG ZOUSI FANZUI DE GUANXIA

管辖是司法机关在办理刑事案件或者进行刑事诉讼活动首先要解决的问题。世界各国的刑事诉讼制度无不把管辖制度放在首位。只有解决了管辖问题，明确了司法机关在刑事诉讼中的权限和分工，才能谈得上刑事诉讼的顺利进行。对于走私犯罪的刑事诉讼，也要首先考虑管辖。

一、走私犯罪管辖概述

走私犯罪的管辖是指司法机关在受理走私犯罪刑事案件权限的分工，即划分走私犯罪案件应由哪一司法机关立案侦查和审判。根据我国《刑事诉讼法》对刑事案件管辖分工的规定，走私犯罪的立案侦查由公安机关管辖。由于走私犯罪具有严重的社会危害性，为严厉打击走私犯罪活动，我国政府专门组建了缉私警察队伍。根据《缉私警察队伍设置方案》[①]，国家建立走私犯罪侦查局，设在海关总署，受海关总署与公安部双重领导，以海关总署领导为主。走私犯罪侦查局按照海关总署对缉私工作的统一部署和指挥，负责对走私犯罪案件进行侦查、拘留、执行逮捕、预审工作。因此，走私犯罪的管辖主要指各级走私犯罪侦查机关以及同一级走私犯罪侦查机关之间在办理走私犯罪案件中的具体分工。

《最高人民法院、最高人民检察院、公安部、司法部、海关总署关于走私犯罪侦查机关办理走私犯罪案件适用刑事诉讼程序若干问题的通知》第一条规定："走私犯罪侦查机关在中华人民共和国海关关境内，依法查缉涉税走私犯罪案件和发生在海关监管区内的走私武器、弹药、核材料、伪造的货币、文物、贵重金属、珍贵动物及其制品、珍稀植物及其制品、淫秽物品、固体废物和毒品等非涉税走私犯罪案件，接受海关调查部门、地方公安机关（包括公安边防部门）和工商行政等执法部门查获移送的走私犯罪案件。"按照这一规定，结合走私犯罪侦查的司法实践，侦查机关管辖的案件包括以下几类：（1）在中华人民共和国海关关境内，依法查缉涉税走私犯罪案件；（2）接受海关调查部门查获移送的走私犯罪案件；（3）接受地方公安机关（包括公安边防部门）和工商行政等执法部门查获移送的走私犯罪案件；（4）查缉发生在海关监管区内的走私武器、弹药、核材料、伪造的货币、文物、贵重

① 需要说明的是，从2003年1月1日起，各级海关走私犯罪侦查部门统一更名，其中，"海关总署走私犯罪侦查局"更名为"海关总署缉私局"；"海关总署走私犯罪侦查局广东分局"更名为"海关总署广东分属缉私局"；"某某海关走私犯罪侦查分局"更名为"某某海关缉私局"；"某某海关走私犯罪侦查支局"更名为"某某海关缉私分局"；在目前未设支局的隶属海关（办事处）新设立的科级机构命名为"某某海关缉私科"。

金属、珍贵动物及其制品、珍稀植物及其制品、淫秽物品、固体废物和毒品等非涉税走私犯罪案件；（5）负责制止在查办走私犯罪案件过程中发生的以暴力、威胁方法抗拒缉私和危害缉私人员人身安全的违法犯罪行为；（6）承办国务院及海关总署、公安部交办的重大、特大走私犯罪案件。

走私犯罪的侦查专由缉私警察负责，缉私警察是依法对走私犯罪案件进行侦查、拘留、执行逮捕、预审的专职刑警队伍，它不同于一般公安机关。同时也并非所有的走私犯罪案件的侦查均由走私犯罪侦查机关管辖，这就需要明确地区分走私犯罪侦查机关和地方公安机关的管辖权限。对于发生在海关监管区外的非涉税走私犯罪案件，应当由地方公安机关负责查处；在以暴力、威胁方法抗拒缉私和危害缉私人员人身安全的过程中，如果走私犯罪嫌疑人构成其他刑事犯罪，也应当移交地方公安机关处理。此外，由于缉私警察队伍力量的不足和走私案件的复杂性，有时需要地方公安机关积极配合。根据《最高人民法院、最高人民检察院、公安部、司法部、海关总署关于走私犯罪侦查机关办理走私犯罪案件适用刑事诉讼程序若干问题的通知》的规定，走私犯罪侦查机关在侦办走私犯罪案件过程中，需地方公安机关配合，应通报有关地方公安机关，地方公安机关应予配合。

对于走私犯罪侦查机关和地方公安机关互涉案件的管辖如何解决，实践中出现了一些问题。此类互涉案件包括三种情况：一是走私犯罪侦查机关在侦查过程中，发现其他犯罪嫌疑人涉及的刑事案件属于地方公安机关管辖。例如，走私犯罪侦查机关在侦查甲走私淫秽物品犯罪案件中，发现乙涉嫌杀人罪。在这种情况下，走私犯罪侦查机关应当将有关的刑事案件移送地方公安机关侦查。二是走私犯罪侦查机关在侦查过程中，发现犯罪嫌疑人还涉及的其他刑事案件属于地方公安机关管辖，也就是说犯罪嫌疑人犯数罪的情况。就这一问题有学者认为，通过区别走私犯罪与其他刑事犯罪何者为主罪，来确定走私犯罪侦查机关和地方公安机关以谁为主管辖。如果走私犯罪是犯罪嫌疑人的主罪，其他罪是从罪，则应当以海关走私犯罪侦查机关为主侦查，地方公安机关配合。例如，甲在走私普通货物一案中还涉嫌诈骗罪，由于走私普通货物罪的法定刑明显重于诈骗罪，该案件应当由走私犯罪侦查机关为主侦查，地方公安机关予以配合。该观点值得商榷。因为按照有关规定，出于为了使海关走私犯罪侦查机关能集中精力对走私案件进行侦查的目的，对海关走私犯罪侦查机关的职能管辖范围之规定为针对走私犯罪案件，对于其他犯罪没有管辖权。同时，在犯罪嫌疑人实施的互不联系的数罪中，是很难区分主罪与从罪的，不能仅仅以法定刑的轻重或者犯罪行为的性质和情节来判断。笔者认为对于此类案件，应当根据与走私犯罪联系的程度来决定由哪一个机关管辖。如果犯罪嫌疑人涉嫌的其他罪名与走私犯罪没有联系，那么走私犯罪的侦查机关应当把其他犯罪案件移送到有管辖权的地方公安机关。例如，某走私犯罪侦查机关在侦查甲走私假币罪中，发现甲涉嫌杀人罪，该侦查机关应当把甲的杀人案件移送有管辖权的地方公安机关。如果其他刑事案件与走私犯罪密切相关，即其他刑事案件发生在走私犯罪过程中的不同环节上，与走私犯罪的各个环节密切相关，就可以由海关走私犯罪侦查机关一并进行侦查。这就是海关走私犯罪侦查机关管辖权范围的扩张，这种管辖权的扩张只能发生在走私案件和其他刑事案件相互关联或密不可分的情况下。再如，根据《中华人民共和国刑法》（以下简称《刑法》）的规定，犯罪嫌疑人的行为构成走私罪，并以暴力、威胁方法抗拒缉私的，构成走私罪和妨碍公务罪，由于两罪之间密切关联，因而可以由海关走私犯罪侦查机关一并侦查。三是走私犯罪侦查机关在侦查过程中，发现犯罪嫌疑人实施走私犯罪活动时还触犯了其他罪名，包括走私牵连犯罪或走私竞合犯罪。例如，甲走私犯罪后为了销售走私犯罪货物，虚开增值税发票，又触犯虚开增值税发票罪。又如，乙为了顺利伪报品名走私货物，伪造了多份国家机关的公文。其行为属于实施走私罪牵连伪造国家机关公文罪。在这种情况下，海关走私犯罪侦查机关对这些犯罪一并侦查，只有这样，才能进一步查清走私犯罪事实，以便正确对走私罪进行定罪量刑。此外，对于发生在海关监管区内的走私毒品犯罪案件，如果犯罪嫌疑人在走私毒品的同时有贩卖、运输、制造毒品的行为，经有关公安机关协调后，海关走私犯罪侦查机关可以对全案进行立案侦查。应当注意的是，海关走私犯罪侦查机关和地方公安机关对于发现、查获或接收的不属于自己管辖的涉嫌走私犯罪案件，但又必须对走私犯罪嫌疑人或者走私物品采取紧急措施的，应当先采取紧急措施，然后再及时依法移送有管辖权的机关处理。

另外，还存在着走私犯罪侦查机关的管辖权与人民检察院的管辖权发生交叉的情况。例如，涉嫌走私的案件涉及国家工作人员贪污贿赂罪时，应当按照职能管辖的原则，将属于人民检察院管辖的刑事案件移送人民检察院。如果涉嫌的主罪是走私罪，则应当由海关走私犯罪侦查机关为主侦查，人民检察院予以配合；如果在侦案过程中发现了犯罪嫌疑人涉及的其他刑事案件归人民检察院管辖，且此罪是犯罪嫌疑人涉嫌的主罪，应当将案件移送人民检察院，由人民检察院为主侦查，海关走私犯罪侦查机关配合。至于如何判定主罪，则不仅要看行为人实施的犯罪行为的性质，而且还要看犯罪的情节，和犯罪的主观动机，综合考虑判定。根据立法精神，可以犯罪嫌疑人涉嫌的犯罪行为可能判处的徒刑作参照，如果犯罪嫌疑人涉嫌的走私犯罪行为可能判处死刑，另一种罪行可能判处10年有期徒刑。那么，则可能判处死刑的走私罪是主罪。当犯罪嫌疑人涉嫌的走私犯罪和其他罪可能判处相同的徒刑，如无期徒刑，无法分清主次，同时又属于两个不同的部门管辖时如何处理，法律没有规定，在这种情况下，根据立法精神，可以由最先受理的部门为主侦查，另一个部门配合，由两部门协商解决。要从有利于侦查、有利于实现《刑事诉讼法》的任务出发，而不能从本部门的利益出发，相互推诿、扯皮，导致放纵犯罪分子。

此外，还应当明确的两个问题：第一，对走私想象竞合犯与走私牵连犯罪案件的管辖权属问题。刑法理论上和司法实践中对想象竞合犯和牵连犯都是根据“择一重处断”的原则按照行为人所触犯的几个罪名中最重的一个罪进行处理。这两类案件的管辖权属应该与这一实体处理原则相互协调。由于涉及《刑法》规定的较重罪名的行为，是具有较为严重的社会危害性的行为，所以，走私想象竞合犯与走私牵连犯罪案件应当由对重罪有管辖权的机关管辖，但法律有特别规定的除外。第二，走私吸收犯案件的管辖权属问题。确定此类案件的管辖权，也要根据相应案件的实体处理原则，有利于案件的查处。在实体上，对吸收犯案件的处理实行重行为吸收轻行为、实行行为吸收预备行为，或者主行为吸收从行为的原则，仅仅以吸收行为定罪处罚。在程序上，一般也应当以吸收行为管辖原则，即案件由对吸收行为有管辖权的机关立案查处，对被吸收行为享有管辖权的机关不再行使管辖权。

二、走私犯罪的地域管辖

走私犯罪的地域管辖，是指同级海关走私犯罪侦查机关之间在走私犯罪案件管辖上的权限分工，即某一走私犯罪案件应当由哪一个地域的走私犯罪侦查机关管辖。走私犯罪的地域管辖分为一般地域管辖和特殊地域管辖。

依据《刑事诉讼法》和《公安机关办理刑事案件程序规定》的规定，走私犯罪案件由犯罪地的走私犯罪侦查机关立案侦查。犯罪地，不但指犯罪行为的发生地，还包括犯罪预备地、犯罪实施地、犯罪结果地、犯罪销赃地等与犯罪活动有关的一切场地。由犯罪地的走私犯罪侦查机关管辖走私犯罪案件，有利于收集和核实证据，查明有关案件情况，及时抓获犯罪嫌疑人，破获走私犯罪案件。但这只是一个原则的规定，如果由走私犯罪嫌疑人住所地的海关走私犯罪侦查机关管辖更为适宜，也可以由该走私犯罪嫌疑人住所地的海关走私犯罪侦查机关管辖。

例如有的走私犯罪单位，多次走私，主要犯罪地难以确定，而居住地海关走私犯罪侦查机关更了解其犯罪情况，就可以由该走私犯罪单位住所地的海关走私犯罪侦查机关管辖。

由于走私犯罪的复杂性、涉外性、流动性，以及多环节、多渠道、跨区域作案等特点，致使相当数量的走私案件的犯罪地与查获地不一致。有的走私案件，其犯罪地可能涉及多个犯罪行为发生地，包括货物、物品的进口（境）地、出口（境）地、报关地、核销地等。如果发生《刑法》第一百五十四条、第一百五十五条规定的走私犯罪行为的，走私货物、物品的销售地、运输地、收购地和贩卖地也均属于走私犯罪行为的发生地。由于一些走私案件涉及多个犯罪地，会给走私犯罪案件管辖造成困难。特别是许多在运输途中查获的走私案件，不仅主要犯罪地难以确认，而且造成走私货物和犯罪嫌疑人移送管辖上的困难。如果按照一般地域管辖的原则，可能会出现几个海关走私犯罪侦查机关都有权管辖的情况。一个走私犯罪案件出现几个海关走私犯罪侦查机关都有权管辖的情形有：走私犯罪预备地与走私犯罪实施地不在同一海关走私犯罪侦查机关辖区内的；走私犯罪行为实施地与犯罪销赃地不在同一海关走私犯罪侦查机关辖区内的；同一走私犯罪案件的行为实施地不在同一海关走私犯罪侦查机关辖区内的等。

对于几个海关走私犯罪侦查机关都有权管辖的案件，如何确定案件的具体管辖呢？这就需要根据特殊地域管辖的原则来确定。《公安机关办理刑事案件程序规定》第十六条规定：当几个海关走私犯罪侦查机关都有权管辖的走私犯罪案件时，由最初受理的海关走私犯罪侦查机关管辖。在必要的时候，可以由主要走私犯罪地海关走私犯罪侦查机关管辖。所谓主要犯罪地，是指犯罪嫌疑人所犯数个走私罪中最严重的犯罪发生地，或者一个走私犯罪中的主要犯罪地。具体地说，主要犯罪地是指一人在不同地区犯同一走私罪，其中的主要犯罪行为实施地；一人在不同地区犯数种走私罪，其中最严重的走私犯罪行为实施地；在共同走私犯罪案件中，主犯的犯罪行为实施地。

海上走私犯罪案件的管辖，不同于陆地走私犯罪案件的管辖。对发生在海（水）上的走私犯罪案件由该辖区的走私犯罪侦查机关管辖，但对走私船舶有跨辖区连续追缉情形的，由缉获走私船舶的走私犯罪侦查机关管辖。对于在我国毗连区查获的走私犯罪案件，海关走私犯罪侦查机关可以行使管辖权。《中华人民共和国领海和毗连区法》第十三条规定："中华人民共和国有权在毗连区内，为防止和惩处在其陆地和内水或者领海内违反有关安全、海关、卫生或者入境出境管理的法律、法规的行为行使管制权。"走私犯罪侦查机关在毗连区行使管辖的走私犯罪案件包括两种：一是走私船舶已进入我国内海、领海水域，我国海关连续追击至毗连区内将其截获的案件；二是在我国毗连区内查获的运输、收购、贩卖国家禁止和限制货物、物品，没有合法证明，但经侦查和调查，确有证据证明系向我国走私的船舶的案件。

对于在公海发生的走私犯罪行为，海关走私犯罪侦查机关不具有管辖权。因为公海对所有国家开放，任何国家都不得在公海上主张权利，海关无权对公海上的行为实施监管。追击向外海逃逸的走私船只时，追击的起点应当在我国领海及毗连区以内的水域，并且同时应当满足实施的追击是连续不间断时，才可以在公海查缉走私船只。除此之外，根据《中华人民共和国海关法》（以下简称《海关法》）和国务院对缉私警察职能权限的界定，海关缉私机构对公海上发生的各类案件均无管辖权。

三、走私犯罪的级别管辖

级别管辖，是指不同级别的人民法院在受理第一审刑事案件上的权限分工，它是审判管辖的一种。各级人民法院审判第一审刑事案件上的权限划分，是根据案件性质、刑罚的轻重、案件的复杂程度、社会影响面的大小，以及管辖案件法院的性质、任务等来划分的。由于走私犯罪职能管辖，以及走私犯罪复杂程度高的特点，决定了走私犯罪的审判大多是由中级人民法院管辖。由于重点要关注具有海关特点的制度，因此，研究主要从侦查管辖的角度出发。

走私犯罪的级别管辖，是指不同级别的海关走私犯罪侦查机关在管辖走私犯罪案件上的权限分工。如果说走私犯罪案件的职能管辖是横向分工，是解决海关走私犯罪侦查机关与地方公安机关、人民检察院和人民法院的管辖问题，那么本书所研究的级别管辖是指：海关走私犯罪侦查机关系统内部级别的纵向分工，是解决哪些走私犯罪案件由哪一级海关走私犯罪侦查机关管辖的问题。走私犯罪的级别管辖，主要是根据走私犯罪行为的社会危害性大小及不同级别海关走私犯罪侦查机关的职责来确定的。

目前，海关走私犯罪侦查机关分为三级设置，即在海关总署设立海关总署缉私局；在广东分署和各直属海关设立分署和直属海关缉私局；在隶属海关设立缉私分局。走私犯罪案件的级别管辖与人民法院的大多数案件由基层法院管辖不同，它不是将大多数走私案件归于缉私分局管辖，而是以不同级别海关的业务监管区域为标准，来划分走私犯罪案件的级别管辖。海关总署缉私局按照海关总署对缉私工作的统一部署和指挥，管辖全国范围内的走私犯罪案件的侦查工作；广东分署缉私局和直属海关缉私局管辖广东分署和各直属海关业务管辖区域内的走私犯罪案件；隶属海关缉私分局管辖该隶属海关和临近隶属海关业务管辖区域内的走私犯罪案件。这是走私犯罪案件级别管辖的原则规定。由于有的直属海关下属的所有隶属海关都没有设置缉私分局，有的直属海关下属的部分隶属海关设置了缉私分局，因此，前者走私犯罪案件的级别管辖比较简单，只有一级管辖。后者情况则比较复杂：有的直属海关缉私局需要管辖两个以上的隶属海关业务管辖区域内的走私犯罪案件；有的直属海关缉私局除管辖直属海关业务管辖区域内的走私犯罪案件外，还管辖未设置缉私分局的几个隶属海关业务管辖区域内的走私犯罪案件。

为了便于对走私犯罪案件的统一审判，《最高人民法院、最高人民检察院、公安部、司法部、海关总署关于走私犯罪侦查机关办理走私犯罪案件适用刑事诉讼程序若干问题的通知》规定：海关走私犯罪侦查机关已侦查终结的案件，移送走私犯罪侦查机关所在地的分、州、市级人民检察院审查决定；人民检察院对于基层人民法院管辖的案件，可以依照《刑事诉讼法》第二十三条的规定，向当地中级人民法院提起公诉，人民法院应当依法作出判决。这种规定可以认为是国家最高司法机关对走私这一类犯罪所作出的特别审判管辖。

在刑事诉讼中，经常会发生管辖不明或者对管辖有争议的情况，这就需要指定管辖。依照《公安机关办理刑事案件程序规定》第十七条的规定，对管辖不明确的刑事案件，可以由有关公安机关协商确定管辖。

四、走私犯罪的指定管辖

走私犯罪的指定管辖，是指上级海关走私犯罪侦查机关在其辖区内指定下级海关走私犯罪侦查机关管辖某走私案件。上级海关走私犯罪侦查机关指定管辖时，通常发生在几个下级海关走私犯罪侦查机关都对走私案件有管辖权，且这些走私犯罪侦查机关协商不成出现争议；或者情况特殊的走私犯罪案件，有管辖权的海关走私犯罪侦查机关不便管辖，因而指定管辖通过变更或者确定走私犯罪案件的管辖，保证走私犯罪侦查活动顺利和及时地进行。可见，指定管辖是解决走私犯罪案件管辖问题的一项重要的诉讼程序活动。

走私犯罪案件的指定管辖一般基于以下两种情况：

1. 管辖有争议的案件。在地域管辖中，容易出现几个海关走私犯罪侦查机关对一起走私案件都有管辖权的情况，通常也可以称为是积极的管辖争议。按照公安机关办理刑事案件程序的规定，几个海关走私犯罪侦查机关都有权管辖的刑事案件，由最初受理的海关走私犯罪侦查机关管辖。必要时，可以由主要犯罪地的海关走私犯罪侦查机关管辖。但是在实践中鉴于走私犯罪案情复杂，有时会出现管辖权不明的情况。例如，走私犯罪案发生在两个海关走私犯罪侦查机关辖区的交界处，或者犯罪地不能确定，走私犯罪嫌疑人又无固定居住地，在这些情况下，首先需要由有关的海关走私犯罪侦查机关进行协商，从有利于办案出发，确定管辖的机关。如果出现协商不成的情况，对管辖权有争议，就可以由它们共同的上级海关走私犯罪侦查机关指定管辖。例如，某走私犯罪嫌疑人从广西凭祥走私腰果，然后在广东茂名销售，其走私的行为地和结果地分别在广西凭祥和广东茂名。按照刑事案件由犯罪地的公安机关管辖的原则，犯罪地包括行为地和结果地，南宁海关缉私局和湛江海关缉私局均对本案有管辖权。实践中由于在管辖问题上出现争议，湛江海关缉私局报请海关总署缉私局指定管辖。海关总署缉私局鉴于湛江海关缉私局已经对该案立案侦查，根据《公安机关办理刑事案件程序规定》第十七条第二款的规定，指定湛江海关缉私局对本案行使管辖权。

2. 情况特殊的走私犯罪案件。海关走私犯罪侦查机关在办案过程中，有时会遇到一些意外的、特殊的情况，使案件难以或者无法侦查。例如，走私犯罪嫌疑人是有管辖权的走私犯罪侦查机关的负责人；走私犯罪嫌疑人在当地的社会影响面比较大等。有时随着侦查工作的进展和案件真相的暴露，需要根据实际情况作级别上、地域上的管辖调整，重新确定管辖。在这些情况下，由有关海关走私犯罪侦查机关的共同上级机关指定管辖，以保证走私犯罪刑事案件侦查活动的顺利和公正进行。

应当注意的是，对于共同走私犯罪案件，在不同地区抓获的犯罪嫌疑人，原则上应当并案侦查，由主要犯罪嫌疑人被抓获地的海关走私犯罪侦查机关管辖；主要和次要犯罪嫌疑人难以确定的，可以由主要犯罪地的海关走私犯罪侦查机关管辖；当管辖出现争议时，可以由争议的海关走私犯罪侦查机关的共同上级机关指定管辖。此外，还有一种特殊的指定管辖，这就是海关走私犯罪侦查机关侦查终结的案件，移送走私犯罪侦查机关所在地的省、州、市级人民检察院审查决定；对于符合提起公诉条件的案件，应当向当地中级人民法院提起公诉，人民法院应当依法作出判决。

对于外国人走私犯罪案件的管辖，《最高人民法院、最高人民检察院、外交部、公安部、海关总署关于海关走私犯罪侦查机关办理涉外案件若干问题的通知》第一条规定："由犯罪地或者发案地的侦查支局以上侦查机关立案侦查；犯罪地或者发案地未设立走私犯罪侦查支局的，由走私犯罪侦查分局或者由该分局指定下属支局立案侦查。"从这里可以看出，对于外国人犯走私罪的，既可以由犯罪地的海关走私犯罪侦查机关管辖，也可以由发案地的海关走私犯罪侦查机关管辖，还可以由海关走私犯罪侦查机关指定管辖。

由于走私犯罪是一种国际性的普遍现象，在走私犯罪中还有一种普遍管辖。走私犯罪案件的普遍管辖权，即对国际走私犯罪案件的管辖，是指根据我国缔结或者参加的国际条约所规定的对特定走私犯罪案件的管辖。国际走私犯罪案件的主要特征主要有以下几点：（1）它是国际公约明文禁止的行为；（2）它是在国际公约中规定了刑事制裁措施的行为；（3）它通常以相同或者不同的罪名在国内刑法中规定为犯罪；（4）它通常涉及一个以上的国家。国际毒品走私是目前国际走私犯罪中较严重的行为，也是各国感到很棘手的问题。为此，国际社会制定了一系列国际公约，以禁止非法生产、制造、买卖、走私毒品等的犯罪行为。例如，1972 年在日内瓦修订的《修正 1961 年禁止麻醉品单一公约的议定书》，1988 年在维也纳签订的《联合国禁止非法贩运麻醉药品和精神药物公约》等。自新中国成立后，我国陆续明确承认了包括国际反走私犯罪内容的国际公约。根据这些国际公约，我国承担了条约规定的义务。为了与这些国际条约规定的义务相配合，1997 年《刑法》明确规定了普遍管辖权的原则。《刑法》第九条规定："对于中华人民共和国缔结或者参加的国际条约所规定的罪行，中华人民共和国在所承担条约义务的范围内行使刑事管辖权。"该规定解决了在刑事管辖上承担的国际义务同国内法有关规定的衔接问题。根据这一规定，我国行使刑事管辖权必须符合两个条件：第一，必须是中华人民共和国缔结或者参加的国际条约所规定的罪行；第二，必须是中华人民共和国在所承担条约义务的范围内行使刑事管辖权。所以，外国人或者无国籍人在我国境外实施了国际条约中规定的走私犯罪，不论其犯罪地在何处，只要进入我国领域，海关走私犯罪侦查机关就有权管辖，可以按照我国《刑法》、《刑事诉讼法》的规定进行立案侦查。当然，对于国际走私罪的管辖，还必须遵守有关处理涉外案件程序的规定。

第二章　走私犯罪嫌疑人

DI–ER ZHANG ZOUSI FANZUI XIANYIREN

一、走私犯罪嫌疑人的概念

在走私犯罪案件的侦查和审查起诉阶段，涉嫌犯罪的公民是走私犯罪嫌疑人。在古代纠问式诉讼中，被追诉人只是受追诉、被追究、遭刑讯的对象，没有有效的辩护权和参与诉讼的机会。我国1979年《刑事诉讼法》修正了之前有的部门一旦对公民实施拘留或者逮捕，即公开宣布其为“罪犯”，一些新闻媒体在进行报道时也是如此称呼。这表明人们在观念上都是将被追诉者认为是已经犯了罪的人，即“罪犯”。这导致侦查、起诉和审判部门在很大程度上不是积极主动地收集和调查其他证据，而是偏重于获取犯罪嫌疑人的有罪供述，甚至为此而采取一切非法手段。司法人员在办案过程中容易出现主观擅断、偏听偏信、先入为主，甚至先定后审等错误做法，犯罪嫌疑人被当做诉讼的客体，其基本权利和人格尊严得不到尊重，诉讼活动缺乏最基本的公正性。这些观念和做法不符合现代法制的基本观念和国际人权保障的发展趋势。1996年《刑事诉讼法》修订后，将侦查阶段和审查起诉阶段涉嫌犯罪的公民称为“犯罪嫌疑人”，标志着受刑事追诉者在诉讼过程中不再是“罪犯”。《刑事诉讼法》规定：“未经人民法院依法判决，对任何人都不得确定有罪。”根据这一规定，将一个人从法律上确定为“罪犯”或“有罪的人”，必须符合法律规定的一系列条件，其中最重要的是要经过人民法院正当审判程序的判决。犯罪嫌疑人不再是被动地接受传讯、追诉，消极地等待国家专门机关处理的客体，而是处于诉讼主体地位，可以通过积极主动的防御活动与追诉一方进行抗辩的当事人。因而可以说，在我国刑事诉讼的侦查和审查阶段将涉嫌犯罪的公民明确称之为“犯罪嫌疑人”是诉讼民主、文明、公正的重要标志。同时，这也是修改后的《刑事诉讼法》对于无罪推定原则的体现。无罪推定原则最早是由意大利法学家贝卡利亚在《论犯罪与刑罚》一书中提出，此后，欧洲各国纷纷采纳并将其规定为一项基本的诉讼原则，并在全世界范围内产生了广泛的影响。

走私侦查机关和检察机关在走私案件的侦查和审查起诉过程中，要顺应现代法制和国际人权保障的发展趋势，尊重犯罪嫌疑人的基本权利和人格尊严，摒弃以前主观擅断、偏听偏信、先入为主、先定后审等错误做法，实现我国刑事诉讼的民主、文明、公正。

二、走私犯罪嫌疑人的认定

人类具有趋利避害的本性，走私犯罪分子也是如此，他们总是千方百计地掩盖和逃避自己的罪行。为了有效地控制和打击犯罪，维护社会秩序，国家有必要采取一些特殊的手段查明犯罪事实和查获走私犯罪人，保障诉讼活动的顺利进行，以惩治走私犯罪。“这些特殊手段的使用不可避免地会对被确认为犯罪嫌疑人的人身自由和财产权利造成损害。从我国《刑事诉讼法》的规定来看，侦查机关可以对犯罪嫌疑人进行讯问、取保候审、监视居住、拘传、拘留，经检察机关批准可以对其逮捕；对财产可以查封、扣押、冻结，而犯罪嫌疑人有义务接受侦查机关的侦查。由此可见，当一个公民被确认为犯罪嫌疑人后，其享有的人身、财产等宪法性权利将受到合法限制和剥夺，这种对基本人权的限制和剥夺对于一个真正的犯罪分子而言是必要的，但对于一个无辜的人而言，这种对人身、财产权利的限制和剥夺即便只是程序性的，即使以后洗清了他的不白之冤，并得到了国家赔偿，使其所受到的伤害也许永远无法弥补。也正因为如此，正确地确定犯罪嫌疑人，不仅有利于将真正的犯罪分子绳之以法，使其受到应有的惩罚，更为重要的是，它是保障无辜公民不受追诉的第一道重要屏障。”① 较之其他犯罪，走私犯罪涉及跨国境，犯罪环节和形式复杂，走私犯罪嫌疑人的确定尤其困难，因此，研究走私犯罪嫌疑人的确定不仅具有重要的理论意义，更具有重要的实践意义。笔者认为在保证程序公正的基础上正确认定走私犯罪嫌疑人应当从以下几个方面着手：

（一）走私犯罪案件立案前，走私行为人不能被认定为走私犯罪嫌疑人

根据《中华人民共和国人民警察法》第九条、《公安机关办理刑事案件程序规定》第一百三十二条及《公安部关于公安机关执行〈人民警察法〉有关问题的解释》的有关规定，走私犯罪侦查机关在追捕走私犯罪逃犯、侦查走私犯罪案件、巡逻执勤、维护海关缉私秩序、走私犯罪现场调查等职务活动中，可以对形迹可疑的有违法犯罪嫌疑的人员进行盘问、检查及继续留置盘问。这些被依法盘问、检查及继续留置盘问的人员所具有的违法犯罪嫌疑只是缉私警察主观上的猜测，还没有一定的证据证实，被依法盘问、检查及继续留置盘问的人员是否应当追究刑事责任尚不能认定，对其依法盘问、检查及继续留置只是立案前的准备工作。缉私侦查机关还需在确定的侦查方向和范围内摸底排查，以确定哪些人是真正的犯罪嫌疑人。在具体走私案件的摸底排查中往往能发现有多个犯罪嫌疑人存在，如有的具备走私动机，有的拥有走私赃物，有的具备工具条件等，他们与走私案件有某种直接或间接的牵连，经盘

① 刘梅香著：《犯罪嫌疑人的确认》，载于《法学研究》2003 年第 2 期，第 105 页。

问、检查，可能被证实是走私犯罪嫌疑人，也可能被证实为不是走私犯罪嫌疑人，这些人只能是“走私嫌疑对象”。对于经盘问、检查，有明确的证据证实被盘问人系走私犯罪嫌疑人，且符合立案条件的，走私犯罪侦查机关就应当予以立案，此时，被盘问人才成为真正刑事诉讼法意义上的“走私犯罪嫌疑人”，走私犯罪侦查机关可以在规定的留置盘问期限内对该走私犯罪嫌疑人依法办理拘留或其他强制措施手续。如果发现或证实被盘问人没有走私犯罪嫌疑的，应当立即释放被盘问人，而不能对其采取任何形式的限制人身权利的侦查措施。

（二）走私犯罪侦查机关认定走私犯罪嫌疑人存在走私犯罪事实

这是认定行为人是走私犯罪嫌疑人的事实条件。走私犯罪事实，是指客观存在构成走私犯罪的诸种情况。既包括构成走私犯罪要件的各种事实，例如走私行为、走私对象、危害结果，也包括与走私犯罪构成密切相关的直接影响犯罪社会危害程度的其他事实，例如走私的目的、动机、手段、时间、地点等因素。这些走私犯罪是事实必须有一定的证据予以证明。这里的证据，主要是报案、举报、自首等材料和海关走私犯罪侦查机关初查的证据。具体来说，认为一定的走私犯罪事实系走私犯罪嫌疑人所为应当具备以下证据。

1. 走私犯罪是否发生的证据。走私犯罪是否发生可以依据《刑法》、最高人民法院《关于审理走私刑事案件具体应用法律若干问题的解释》和《最高人民法院关于审理走私刑事案件具体应用法律若干问题的解释（二）》所规定的立案标准来确定。例如，如果个人走私普通货物、物品，偷逃税额为5万元以上或者单位走私普通货物、物品，偷逃税额为25万元以上，可以确认发生了走私普通货物、物品罪的犯罪事实。如果走私武器、弹药有以下行为的也可以确定发生了走私武器、弹药罪的犯罪事实：（1）走私军用子弹10发以上的；（2）走私非军用枪2支以上或者非军用子弹100发以上的；（3）走私武器、弹药虽未达到上述数量标准，但是具有走私的武器、弹药被用于实施其他犯罪等恶劣情节的。在《最高人民法院关于审理走私刑事案件具体应用法律若干问题的解释（二）》的规定中作出了修改：“走私军用子弹、非军用子弹的弹头、弹壳的定罪量刑数量标准，按照《最高人民法院关于审理走私刑事案件具体应用法律若干问题的解释》第一条规定的关于走私军用子弹或者非军用子弹的定罪量刑数量标准的五倍执行。”

2. 走私犯罪嫌疑人作案时间的证据。走私犯罪是在一定的时间内发生的，走私犯罪分子要实施走私犯罪行为，必须是在一定的时间内实施和完成，确认走私犯罪嫌疑人必须要有其具有作案时间的证据。如果排查出来的对象根本没有作案时间的话，原则上可以将其排除在犯罪嫌疑人的范围之内。

3. 走私犯罪嫌疑人作案空间的证据。走私犯罪是在一定的空间内发生的，某人只有曾经到过或者具备接触这些空间的条件，才有可能是走私犯罪嫌疑人，所以，要认定行为人是实施走私犯罪的嫌疑人，必须有证明其到过或者接触过这些空间的证据。如果仅有作案时间，但是没有能证明在这段时间内行为人到过或者接触过作案空间的证据的话，也不能将其认定为是走私犯罪的犯罪嫌疑人。

4. 走私犯罪嫌疑人实施了走私犯罪行为的证据。走私犯罪有闯关、绕关、夹带、藏匿等多种方式，要证明是否存在上述走私犯罪行为所需要的证据也有所不同，要具体进行分析、判断。例如闯关走私中的申报不实，绕关走私中所运输货物无合法证明的事实等。

5. 走私犯罪嫌疑人是否具备犯罪主体要件的证据。根据我国《刑法》的规定，犯罪主体必须是具有刑事责任能力的人。涉嫌走私犯罪如果是不具有刑事责任能力的行为人，则其不需要承担法律责任。对于自然人来说，一是要达到一定年龄，即实施犯罪行为时年满16周岁，二是精神正常；对于单位来说，要符合《刑法》关于单位犯罪主体的规定。我国《刑法》第三十条规定："公司、企业、事业单位、机关、团体实施的危害社会的行为，法律规定为单位犯罪的，应当负刑事责任。"1999年6月，最高人民法院通过司法解释对单位主体范围又作了补充规定。最高人民法院《关于审理单位犯罪案件具体应用法律有关问题的解释》第一条规定：《刑法》第三十条规定的"公司、企业、事业单位，既包括国有、集体所有的公司、企业、事业单位，也包括依法设立的合资、合作经营和具有法人资格独资、私营公司、企业、事业单位。最高人民法院《关于办理走私罪案件具体适用刑事有关条款的解释》第四条将"进料加工"型企业引入《刑法》第一百五十四条第一款规定的单位犯罪主体。确定走私犯罪嫌疑单位是否具备犯罪主体要件，就要根据以上规定进行确认。

这里要注意的是，在侦查活动当中，作为认定行为人是走私犯罪嫌疑人的犯罪事实是海关走私犯罪侦查机关"认为"有犯罪事实，而不是"认定"有犯罪的事实。确认走私犯罪嫌疑人仍属于侦查活动，在此时还不能掌握很充分的证据，所以，认为有犯罪事实只能是海关走私犯罪侦查机关依据受案材料对客观事实的初步判断，这种判断可能会与客观的真实情况不一致，只要达到值得怀疑的合理的程度即可，不要求达到确凿、充分的程度，也就是说不要求必须查清整个走私犯罪过程和具体情节。那些证明走私犯罪嫌疑人的所有犯罪事实的全部证据，是侦查终结的要求，要通过缜密的侦查去收集并证明。所谓"合理"的程度，就是指侦查人员根据所了解的事实和情况或者所得到的可以合理信赖的信息，通过对已获得的证据的客观性、关联性、合法性和足够性进行全面的审查和分析，足以使一个正常而谨慎的侦查人员相信是犯罪嫌疑人所为。①

认定走私犯罪嫌疑人的犯罪事实，要求侦查人员以高度的责任感和使命感，以良好的业务素质对待立案程序，认真仔细地分析、研究受案的材料，努力做到不枉不纵。

（三）走私犯罪嫌疑人所实施的走私行为需要追究其刑事责任

这是认定走私犯罪嫌疑人的法律条件，没有犯罪事实就根本谈不上追究刑事责任。但是，并不是所有的犯罪事实都需要追究刑事责任，只有根据法律规定对某种犯罪事实应当或者需要追究刑事责任时，才能认定行为人为走私犯罪嫌疑人。对于走私犯罪来说具体可以表现为是对于犯罪金额和走私对象数量的界定。对走私普通货物、物品案件，只有证据证明犯罪嫌疑人实施了走私行为，而且偷逃税额达到人民币 5 万元以上，可以认定行为人为走私犯罪嫌疑人，予以立案。对非涉税走私案件，鉴于这类案件具有社会危害性大，对走私对象通常还都要做鉴定，且走私对象容易转移和容易隐藏等特点，所以只要受理了这类案件都可以认定行为人为走私犯罪嫌疑人，予以立案。经侦查没有犯罪事实的，或者不需要追究刑事责任的，应当及时撤销案件。

（四）要重视共同走私犯罪嫌疑人认定的特殊性

对于单个行为人实施的走私犯罪案件来说犯罪嫌疑人比较容易确定，但自上世纪 90 年代以来，沿海部分地区走私活动逐渐由个人的、分散的、“游击”的状况发展为群体的、团伙的形态。在浙江和福建的一些地区甚至出现了一个乡、一个镇、一个村的群众多数参与走私活动的情况。在境外、港澳台等地区的走私分子借群众性参与走私之机，坐镇境外、关外指挥，雇佣“马仔”运送私货，他们组织严密甚至装备先进，一方提供经济来源，另一方提供武装掩护，从走私物品入境、走私物品的转运与储存、走私物品的贩卖、走私赃款的收取直至走私洗黑钱，已经形成购、运、销“一条龙”的作业方式，甚至形成走私链和走私网。在这样的情况下由于共同走私犯罪案件非常复杂，犯罪嫌疑人的确定是一件非常棘手的问题。如何在众多的走私参与者中准确认定走私犯罪嫌疑人是摆在侦查人员面前的一道难题。

针对走私犯罪共同犯罪，19 世纪法国海关法理论逐渐创造了一个

① 刘梅香著：《犯罪嫌疑人的确认》，载于《法学研究》2003 年第 2 期，第 108 页。

与刑法共犯理论相对应且独立适用于海关诉讼的“走私行为关系人”理论，而共犯理论在海关法中只是起到辅助作用。1948年《法国海关法典》全面修订时，在法律上确定了“走私行为关系人”这一概念。该理论认为走私行为关系人既可以是在金钱上或主观上具备违法行为要件的人，也可以是实际参与违法行为，制定违法计划的人。与共犯的认定须具有犯罪意图不同，对走私行为关系人进行处罚须具有犯罪意图只是例外要求，法院以有罪事实的存在就能判定行为人是否是走私行为关系人，如以某种形式配合走私计划的事实或走私货物购买人和占有人的身份来推定其为走私行为关系人。①

我国只对走私普通货物罪规定了偷逃税额的起刑点，将其他走私犯罪都规定为行为犯，只要实施走私某种物品就构成犯罪。对于这些走私犯罪，笔者认为只要法律法规和最高人民法院的司法解释没有规定明确的起刑点，如果可以有证据证明行为人与共同走私有着某种利益关系，诸如在走私卡车所经道路上探风，推销走私货物，收取贩卖私货所得以及走私活动的唆使人或受益人、国外水客、中间交货人，或者走私活动的资助人、走私货物的所有人等，即使暂时不能查明其走私犯罪意图，也可以将其先认定为走私犯罪嫌疑人，以免放纵犯罪。一方面，实际上我国《刑法》已经对与走私犯罪有着诸种关系的走私行为人纳入了惩处的范围，比如，我国《刑法》总则部分规定处罚教唆犯、胁从犯，分则部分又规定“与走私犯罪人通谋，为其提供贷款、资金、账号、发票、证明，或者为其提供运输、保管、邮寄或者其他方便的，以走私罪的共犯论处”，即处罚走私帮助犯。另一方面，认为某人为走私犯罪嫌疑人毕竟是一种推测，在法律上此人仍然是无罪的，通过一定的侦查活动最终可以证明其是否存在犯罪的事实行为，将那些有证据证明与共同走私有着某种利益关系的行为人暂时确认为走私犯罪嫌疑人的做法，是由走私案件的复杂性和多样性所决定的。

三、走私犯罪嫌疑人的诉讼权利及其完善

1996年，我国《刑事诉讼法》将侦查阶段和审查起诉阶段涉嫌犯罪的公民称为“犯罪嫌疑人”标志着受刑事追诉者在诉讼过程中不再是被动地接受传讯、追诉，消极地等待国家专门机关处理的客体，而是处于诉讼主体地位，在法院作出判决认定其有罪之前，犯罪嫌疑人应有的权利是应当得到充分的保障的。充分保障走私犯罪嫌疑人的诉讼权利

---

① 关于走私行为关系人的论述，参见［法］克劳德·诺贝尔、亨利·特雷莫著:《海关法学》，黄自强译，中国社会科学出版社1991年版，第391~406页。

是现代法制的发展趋向，是依法治国的内在要求，也是诉讼民主、文明、公正的重要标志，具有非常重要的意义。

在侦查和审查起诉阶段，控辩双方天然不平等。为了保障刑事司法权的有效运作和查明案件事实，世界各国的刑事诉讼立法都规定了各自的强制处分权或强制措施，甚至于临时限制或剥夺其人身自由。强制处分权或强制措施虽不同于刑罚，但其同样表现为对犯罪嫌疑人实体人权的限制或剥夺，犯罪嫌疑人的实体人权在刑事诉讼中处于危机状态。无论是刑事司法权的运行过程还是其运行结果，由于刑事诉讼的国家强制性都直接危及被告人（包括在侦查和起诉阶段的犯罪嫌疑人）的实体人权。① 因此，任何一国的刑事诉讼法学研究与刑事诉讼立法都必须重视对犯罪嫌疑人诉讼权利的保障，切实改善其人权状况。对于走私犯罪嫌疑人也同样必须重视和加强其诉讼权利的保障。

（一）外国刑事诉讼中嫌疑人的诉讼地位与权利

“他山之石可以攻玉”，有比较才有鉴别，为了更好地加强和完善我国走私犯罪嫌疑人的诉讼权利，有必要研究和借鉴国外强化犯罪嫌疑人人权保障的有关措施。

犯罪嫌疑人在侦查阶段的诉讼权利，是许多国家法学理论和刑事司法实践着重探讨的问题之一，各国在犯罪嫌疑人权利保障的内容和方式上差异也比较大。

英美法系国家奉行当事人主义人权保障模式，从逮捕或讯问犯罪嫌疑人开始，就强调保障犯罪嫌疑人享有同侦查机关抗衡的权利。在崇尚个人自由与权力至上的观念下，强调对犯罪嫌疑人的人权保障。为了达到犯罪嫌疑人与国家追诉机关在力量上的平衡，立法上赋予了犯罪嫌疑人较多的诉讼权利。大陆法系国家奉行职权主义人权保障模式，将社会的安全和秩序作为首选的价值取向，在侦查中强调发现实质真实。在职权主义之下，因不承认双方当事人平等的原则，故在侦查程序中，犯罪嫌疑人仅属侦查对象，而无诉讼上的平等地位可言。国家侦查机关为查明案件事实真相，享有几乎不受限制的侦查权力与手段，有时以犯罪嫌疑人人权保障的牺牲为代价。但是，在国际社会日益关注刑事诉讼中犯罪嫌疑人人权保障及国际司法交流加强的潮流与趋势下，大陆法系国家也赋予了犯罪嫌疑人一些与英美法系国家相同或相近似的权利，只是对这些权利加了必要的限制，不如英美法系国家表现的充分，使之更有利于本国刑事诉讼目的的实现。这些权利大致包括以下内容：

---

① 韩德培主编：《人权的理论与实践》，武汉大学出版社 1995 年版，第 135 页。

1. **防御性权利**

防御性权利是指犯罪嫌疑人、被告人为对抗追诉方的指控．以抵消其控诉效果所享有的诉讼权利。面对强大的国家权力的运作，私人领域将有受到非法侵害的可能。即使人权受到侵害后法律能够补偿犯罪嫌疑人所受到的伤害，但侵害毕竟已经发生，补偿无法完全平复犯罪嫌疑人的人权所受到的侵害。因此，犯罪嫌疑人防御性权利的设置就显得尤为重要。纵观世界主要国家的刑事诉讼立法，犯罪嫌疑人防御性权利主要包括以下四项。

（1）沉默权。沉默权是指犯罪嫌疑人对于国家侦讯官员的提问，有保持沉默或拒绝回答的权利，且不因此而受追究，并享有被告知依法享有此项权利的权利。这一规则的核心是“对于要求个人提供自己负刑事责任根据的材料这一做法，应予限制，因为强迫宣誓或负刑事责任，侵犯个人自由和尊严”。[①] 许多国家都已开始或已经将沉默权纳入宪法性权利的范畴。美国宪法修正案第五条规定：“在任何刑事案件中不得强迫任何人证明自己有罪。”联邦德国《刑事诉讼法典》第一百三十六条第一项规定：“首次讯问被告人时，应当告知他被控诉的犯罪行为和适用的处罚条文。要告知他对于控诉有答辩的权利，也有权不予答辩；以及随时，即使在讯问前，有权和自己所选任的辩护人商议……。”意大利《刑事诉讼法典》第六十四条第三项规定：“在开始讯问前，除第六十六条第一款的规定外，还应当告知被讯问者，他有权不回答提问，且即便他不回答提问诉讼也将继续进行。”

沉默权的规定符合现代刑事诉讼构造理论的目标。强大的权力机关对犯罪嫌疑人有无与伦比的侦查手段。因此，沉默权成为犯罪嫌疑人人权保障的“护身符”。

（2）辩护权和及时获得律师帮助的权利。辩护权包括犯罪嫌疑人自行辩护和聘请律师为其辩护的权利。犯罪嫌疑人的自行辩护贯穿于刑事诉讼的始终，但犯罪嫌疑人受自身的知识、能力、经验、人身自由被限制的状态等主客观因素的影响，大多聘请律师为其进行辩护。各国刑事诉讼法都规定犯罪嫌疑人特别是在人身自由被限制或被剥夺的时候，有及时获得律师帮助的权利。如英国《法官规则》序言规定：“任何人在侦查的任何阶段都应该能够与律师进行联系，并且同律师秘密面谈。他甚至可以在受到羁押的情况下这么做。”《德国刑事诉讼法典》第一百三十七条第十一款规定：“被指控人可以在程序的任何阶段委托辩护

① 宋英辉著：《刑事诉讼目的论》，中国人民公安大学出版社 1995 年版，第 115 页。

人为自己辩护。任选辩护人的人数，不得超过3人。”《日本刑事诉讼法》第三十条规定：“被告人或被疑人可以随时选任辩护人，被告人或被疑人的法定代理人、保护人、配偶、直系亲属及兄弟姐妹，可以独立选任辩护人。”

（3）被保释权。被保释权是指被羁押的犯罪嫌疑人享有在侦查期间向追诉机关提供担保，并在履行必要的手段后，获得被释放的权利。目前，世界各国强制措施的发展趋势是“注重人权保障，限制羁押措施”，因为“失去自由就意味着政府对个人进行最严厉的剥夺之一。因此对于政府调查和拘押犯罪嫌疑人的权力应有限制。”保释制度的制定便是强制措施中注重人权保障的体现。保释制度使得犯罪嫌疑人能够走出羁押场所，近似普通人一样工作、生活，并同其律师一起进行诉讼准备和防御，它对保护犯罪嫌疑人的人权起到了无法替代的作用。

2. 救济性权利

救济性权利，是指犯罪嫌疑人、被告人在受到国家专门机关所作的对其不利的行为、决定或裁判时，有要求另一专门机关予以审查并作出改变或撤销的诉讼和得到赔偿的权利。防御性权利的设置主要目的是增强犯罪嫌疑人对非法侵害的抵制能力，但在刑事诉讼中，防御性权利的运作难免出现差错，因此，救济性权利的规设，就成为犯罪嫌疑人刑事诉讼人权保障的最后一道屏障。救济性权利大致包括以下几种权利：

（1）控告权。控告权指犯罪嫌疑人对追诉机关的工作人员在侦查活动过程中侵犯其人权的行为，有权向有关机关提出指控和告诉的权利。

（2）申诉权。申诉权指犯罪嫌疑人及其法定代理人，或者辩护律师对侦查机关的决定、裁定不服的，依法享有的要求重新处理的权利。在侦查阶段，犯罪嫌疑人认为自己的行为并不属于违法，追诉机关的立案决定不正确或没有必要，而且潜伏着侵犯人权的可能，可以向有关机关提出撤销立案、侦查决定的申诉。

（3）获得刑事损害赔偿权。刑事损害赔偿权，是指国家对因追诉机关的刑事司法侵权行为给犯罪嫌疑人造成损害时，由国家承担赔偿责任。刑事赔偿作为一项进步的法律制度，是在20世纪随着社会的进步、法制的健全和人权思想建立逐步发展起来的。现代各国不仅在宪法中规定国家对国家机关及其工作人员的职务侵权行为承担赔偿责任，而且专门用具体法律规定了系统的刑事赔偿制度。

3. 推定性权利

推定性权利是指从《刑事诉讼法》及相关法律中推定出来的诉讼权利，即法律通过赋予国家专门机关一定的法律义务，而在客观上使犯罪嫌疑人、被告人受益，这种权利通常以审判人员、检察人员或侦查人员法律义务的形式存在。推定性权利实质上并不是一个领域，它只是与防御性权利、救济性权利不同而已。但推定性权利的存在，不仅完善了立法体系，而且有助于切实、有效地保障犯罪嫌疑人的人权。推定性权利主要如下：

（1）要求解除超期羁押并立即释放的权利。在刑事诉讼中，公民的人身自由只有依法被剥夺才能予以羁押。为防止久押不决，各国立法对羁押期限和延长羁押的期限都作了明确的规定。因此，对于违法超期羁押，犯罪嫌疑人及其近亲属、监护人和律师应当有权要求案件系属的机关立即解除羁押，释放犯罪嫌疑人。但在现实中我国的刑事犯罪侦查机关对犯罪嫌疑人存在普遍的超期羁押问题。首先，在制度设计上就存在问题，我国《刑事诉讼法》规定在侦查过程中的传唤、拘传不得超过12小时。但是，我国《人民警察法》第九条规定，公安机关的人民警察对违法犯罪嫌疑人有盘问权，这种留置被盘问人的时间是至其被带至公安机关之时起不超过24小时，特殊情况下，经批准可以延长至48小时。这些规定都远远超过《刑事诉讼法》中规定的期限限制。在实践中，侦查机关一般针对一些证据不够扎实或是案情疑难的刑事案件，尽管他们已经掌握了犯罪嫌疑人，却往往不立案进入刑事诉讼程序，而是对犯罪嫌疑人先采取留置盘问的方法，在获取了口供之后再进行立案以启动刑事诉讼程序。这些做法都是严重地侵犯了犯罪嫌疑人的人身自由权利。所以赋予犯罪嫌疑人要求解除超期羁押并立即释放的权利，是进一步保护了犯罪嫌疑人的人权。

（2）获得法律援助的权利。犯罪嫌疑人享有及时获得律师帮助的权利，但是当犯罪嫌疑人因经济困难不能聘请律师时，国家有义务为犯罪嫌疑人指定律师或提供律师费用，提供法律援助。在英美法系国家，贫穷的被指控人如可能被判处一年以上的监禁时，就能得到一名免费律师的帮助。他们不仅在审判阶段为被指控人指定辩护人，而且在侦查阶段也为被指控人指定辩护人。新修订的《中华人民共和国律师法》（以下简称《律师法》）进一步完善了律师的权利，这从另一个侧面来说就是加强了对犯罪嫌疑人权利的保护。《律师法》第三十三条规定：“犯罪嫌疑人被侦查机关第一次讯问或者采取强制措施之日起，受委托的律师凭律师执业证书、律师事务所证明和委托书或者法律援助公函，有权会见犯罪嫌疑人、被告人并了解有关案件情况。律师会见犯罪嫌疑人、被告人，不被监听。”

（3）被告知权利的权利。犯罪嫌疑人在被采取强制措施或进行讯问时，侦查机关有义务告知犯罪嫌疑人涉嫌的罪名及其应当享有的权利。犯罪嫌疑人的被告知权利的权利是"正当程序"的内容之一，如果国家追诉机关没有履行相应的告知义务，而取得了某些证据，这些证据也将在以后的审判中被排除。

（4）其他推定性权利。根据无罪推定的原则，对于某些疑案或某些犯罪嫌疑人明显无辜的案件，犯罪嫌疑人有请求撤销案件的权利；在未经法院依法判决的情况下，不得被确定有罪的权利；在刑事诉讼过程中，不受侦查人员以刑讯逼供、威胁、引诱、欺骗及其他非法方法进行讯问的权利；不受非法逮捕、拘留或搜查、扣押的权利等。[①] 这一部分会在下文各章节中进行详细的论述。

（二）我国刑事诉讼中走私犯罪嫌疑人的诉讼地位与权利

权利依赖于法律的规定，走私犯罪嫌疑人的诉讼权利同样也离不开《刑事诉讼法》的有关规定。我国1979年的《刑事诉讼法》由于历史条件的限制，内容过于简略、原则，其中不少程序、制度缺乏可操作性，不利于对犯罪嫌疑人的人权保障。1996年《刑事诉讼法》进一步保障与强化了犯罪嫌疑人的合法权益，主要表现在以下几个方面：

1. 明确规定无罪推定原则，实行疑罪从无。世界上许多国家和地区的法律包括我国香港、澳门特别行政区基本法，均含有无罪推定原则的规定。新的《刑事诉讼法》吸收了无罪推定原则的合理内核与精神。新的《刑事诉讼法》第十二条规定："未经人民法院依法判决，对任何人都不得确定有罪。"第一百四十一条第四款规定："对于补充侦查的案件，人民检察院仍然认为证据不足，不符合起诉条件的，可以作出不起诉的决定。"这两项规定是《刑事诉讼法》修改的突破性成果，它对于加强犯罪嫌疑人的人权保障具有深远的历史意义和重要的现实意义。另外，规定在公诉案件中，以检察机关制作正式的起诉书并向法院提起公诉这一诉讼活动为界线，侦查机关立案侦查到人民检察院提起公诉之前，被指控犯罪或被司法机关怀疑有犯罪行为的人都称为"犯罪嫌疑人"。在检察机关提起公诉以后的受刑事追诉者则称为"被告人"。再者，新的《刑事诉讼法》规定定罪必须坚持以事实为依据，控诉权完全由控诉方行使，被告人也没有证明自己是无罪的义务，但是不能因为犯罪嫌疑人不能举证自己是无罪的，就推定其为有罪。我国《刑事诉讼法》修改吸收和运用了无罪推定，是我国人权保障制度的重大改革。

2. 律师在侦查阶段可以提前介入。《刑事诉讼法》修改后，律师在侦查阶段即可介入，《刑事诉讼法》第九十六条规定：犯罪嫌疑人在被

① 参见孙存福著：《刑事诉讼人权保障的运行机制研究》，法律出版社2001版。

侦查机关第一次讯问后或者采取强制措施之日起，可以聘请律师为其提供法律咨询、代理申诉、控告。之后，我国的最高立法机关和最高司法机关又联合作出规定："律师提出会见犯罪嫌疑人的，应当在48小时内安排会见。"相比原来的律师在审判阶段才可以介入，对于充分保障犯罪嫌疑人的诉讼权利和人身权利具有十分重要的意义。

3. 取消免予起诉。免予起诉是1979年《刑法》规定的对于犯罪情节轻微，依照《刑法》规定不需要判处刑罚或者免除刑罚处罚的，检察机关所作出的一种处理决定，免予起诉的决定实际上是一种有罪判决。在免予起诉制度中，犯罪嫌疑人的许多诉讼权利根本无法实现，例如犯罪嫌疑人在被提起正式的控诉后辩护权的行使，要求接受公开审判的权利等。在司法实践中，也确实存在着检察机关滥用免予起诉权，侵犯犯罪嫌疑人合法权益的现象，如对于一些不构成犯罪或犯罪证据不足的犯罪嫌疑人免予起诉。修改后的《刑事诉讼法》取消了免予起诉制度，并通过扩大不起诉的范围来充分体现我国的刑事政策。新的《刑事诉讼法》第一百四十二条第二款规定："对于犯罪情节轻微，依照刑法规定不需要判处刑罚或者免除刑罚的，人民检察院可以作出不起诉决定。"不起诉决定实际上是无罪释放犯罪嫌疑人，这对于犯罪嫌疑人的教育改造及其以后重返社会具有十分重要的意义。

4. 完善强制措施，取消了收容审查。收容审查措施本质上是行政强制措施，在过去的刑事诉讼中广泛使用，由于其羁押期限较长但又无须经其他机关审查，很容易侵犯犯罪嫌疑人的基本权利。修改后的《刑事诉讼法》将其取消，修改了逮捕、拘留条件，将收容审查中与犯罪作斗争有关的内容纳入到刑事拘留中。增补了许多关于取保候审、监视居住的操作性的具体规定，并增设了保证金制度，以便发挥取保候审的效力，规定被羁押的犯罪嫌疑人及其法定代理人、近亲属或犯罪嫌疑人及在侦查阶段聘请的律师有权申请取保候审。收容审查的取消解决了司法实践中长期存在的超范围收审、超期限关押的问题，加强了对犯罪嫌疑人的人权保障。但是，在实践的事实层面上还存在一些问题。在取消收容审查权后，又出现了侦查机关在没有掌握充分的证据时，并没有在法定的时间内进入立案程序，而是先对被追诉人采取留置盘问的方法，并在获取到口供后再立案启动诉讼程序。这种情况的普遍出现也是对于被追诉人人权的侵害。

5. 辩护人可以提前进行辩护。《刑事诉讼法》规定公诉案件自案件移送审查起诉之日起，犯罪嫌疑人有权委托辩护人，这使公诉案件的辩护人进行辩护活动的时间从审判阶段提前到侦查终结移送起诉阶段，使辩护人有充分的时间熟悉案情，调查、收集证明犯罪嫌疑人无罪、罪轻的材料，切实有效地提出辩护意见，保护犯罪嫌疑人的诉讼权利。

以上是1996年《刑事诉讼法》体现出的制度发展和加强保护被追诉人权利的趋势。在实践中无论是侦查还是审判活动都必须遵循《刑法》和《刑事诉讼法》的明确规定。在这里有必要明确一下根据我国《刑事诉讼法》的有关规定，在侦查和审查起诉阶段走私犯罪嫌疑人所享有的诉讼权利和相对应当承担的义务。

1. 获得法律帮助的权利。犯罪嫌疑人在被侦查机关第一次讯问后或者采取强制措施之日起，可以聘请律师为其提供法律咨询和代理申诉或控告。

2. 委托辩护人的权利。公诉案件自案件移送审查起诉之日起，犯罪嫌疑人有权委托辩护人。人民检察院应当在收到移送审查起诉的案件材料之日起3日内，告知犯罪嫌疑人有权委托辩护人。

3. 申请回避的权利。对侦查人员或者他的近亲属和本案有利害关系的，侦查人员接受当事人及其委托的人的请客送礼、违反规定会见当事人及其委托的人的，犯罪嫌疑人有权要求其回避。

4. 使用本民族语言文字进行诉讼的权利。

5. 申请取保候审的权利。被羁押的犯罪嫌疑人及其法定代理人、近亲属和聘请的律师有权申请取保候审。

6. 对与本案无关的问题的讯问，有拒绝回答的权利。

7. 要求解除强制措施的权利。犯罪嫌疑人及其法定代理人、近亲属或者犯罪嫌疑人委托的律师及其他辩护人对于人民检察院采取强制措施超过法定期限的，有权要求解除强制措施。

8. 申请补充鉴定或者重新鉴定的权利。对用作证据的鉴定结论，犯罪嫌疑人可以申请补充鉴定或重新鉴定。

9. 对人民检察院作出的不起诉决定申诉的权利。犯罪嫌疑人对人民检察院作出的不起诉决定，可向人民检察院申诉。

10. 核对笔录的权利。讯问笔录应当交犯罪嫌疑人核对，如果记载有遗漏或者差错，犯罪嫌疑人可以提出补充或者纠正。

11. 对侵权提出控告的权利。对于侦查、检察人员侵犯其诉讼权利和对其人身侮辱的行为，有提出控告的权利。

12. 获得赔偿的权利。犯罪嫌疑人的人身权利、财产权利因侦查、检察机关及其工作人员违法行使职权受到侵犯的，有获得赔偿的权利。

走私犯罪嫌疑人在享有以上诉讼权利的同时还承担以下诉讼义务：

1. 如实回答的义务。犯罪嫌疑人对侦查人员的提问应当如实回答。

2. 在符合法定条件的情况下承受逮捕、拘留、监视居住、取保候审、拘传等强制措施，接受侦查人员的讯问、搜查、扣押等侦查行为。

（三）我国刑事诉讼中走私犯罪嫌疑人诉讼权利的完善

尊重人权是一项重要的国际法原则，20世纪特别是第二次世界大战以后，人权保障问题成为日益国际化的问题，各国都十分关注这一问题。《世界人权宣言》第十一条规定：凡受刑事指控者，在未获得公开审判而依法证实有罪以前有权被视为无罪。我国政府1998年10月签署加入的联合国《公民权利和政治权利国际公约》对犯罪嫌疑人人权保障所确立的主要原则和内容有：在法庭和裁判面前人人平等；有权要求组成独立的、不偏袒的审判庭进行公平、公正的审判；无罪推定；有权立即知悉逮捕原因并应被及时审判；不得强迫自证其罪；禁止酷刑或施以残忍的、不人道的或侮辱性的待遇或刑罚；有权自行辩护和获得律师辩护；控辩双方证人出庭作证并接受询问和质证；错案有权获得赔偿；一事不再理等。我国修改后的《刑事诉讼法》在保护人权方面取得了明显的进展，大体上接近国际标准，但与国际标准还存在一些差距，应当进一步完善，这些完善也同样适用于走私犯罪嫌疑人。

1. 应当赋予走私犯罪嫌疑人反对强迫自证其罪的权利

在国际上反对强迫自证其罪作为刑事司法公正的标准，通常被视为一项权利或特权，往往被称为"反对自证其罪的权利"或者"反对自证其罪的特权"。狭义上的反对自证其罪的含义是不得以暴力或利诱等方法迫使犯罪嫌疑人自证其罪；而广义上的含义还包括为了确保反对自证其罪的实现赋予了犯罪嫌疑人以沉默权。目前，英美国家通过赋予被告人沉默权来避免一种"残酷的选择"，这种"残酷的选择"是指在美国联邦最高法院的判例中所体现出来的三种选择：一是在法庭上经过了宣誓以后再作出伪证，这种情况下是要受到伪证罪的处罚；二是宣誓后的沉默行为是要受到藐视法庭罪的处罚；三是如果如实地供述了自己的罪行，就要受到所指控的罪行的处罚。英美国家认为尊重人权也应该体现为是尊重依个人意志所作出的选择，即被追诉人可以选择如实供述、说谎、沉默，认为尊重个人选择就是尊重个人尊严。"反对自证其罪的权利"已经成为一项国际准则。联合国《公民权利和政治权利的国际公约》第十四条第三项确认："不被强迫作不利于他自己的证言或强迫承认犯罪"。联合国大会1985年11月29日通过的《联合国少年司法最低限度标准规则》(《北京规则》)还宣告：根据正当法律程序，保持沉默的权利是"公平合理审判"所应包括的基本保障之一。应当看到的是在这方面的价值选择上，以保护人权为理念的英美法系和以追求事实真相、惩治犯罪为目标的大陆法系是存在区别的。但是，英美法系的制度中也要求被告人在放弃沉默权后有如实供述的义务，而大陆法系的代表德国又规定了被追诉人有一定限制程度的说谎权。所以从中可以发现任何国家在选择法律价值取向时都是要结合本国的社会文化、经济条件和社会体制的。

尽管我国《刑事诉讼法》第四十三条明确规定了“严禁刑讯逼供和以威胁、利诱、欺骗以及其他非法的方法收集证据”，但并没有确立反对强迫自证其罪的规定和自白任意规则，对刑讯取得的证据没有明确予以排除，也没有赋予犯罪嫌疑人、被告人沉默权。而且，在反对强迫自证其罪的问题上，我国《刑事诉讼法》作了一些相反的规定，《刑事诉讼法》规定在侦查人员进行讯问时，犯罪嫌疑人应当“如实回答”，即承担如实供认有罪或如实陈述案情的义务。我国《刑事诉讼法》对犯罪嫌疑人“供述义务”的规定显然与反对强迫自证其罪的刑事司法国际准则相冲突，由此导致了我国司法实践中侦查人员对于口供的过分依赖，这样不仅助长刑讯逼供等侵犯人权的现象的发生，而且削弱了对事实证据的依赖，一定会导致司法活动的结果与事实的公平和正义的偏离。

笔者认为我国应当在《刑事诉讼法》中明确确立反对强迫自证其罪的基本原则。为了保障该原则的实施，一方面，应当赋予犯罪嫌疑人以沉默权。所谓沉默权，是指犯罪嫌疑人、被告人不能被强迫作不利于他自己的证言或强迫承认犯罪。为了保障这项权利，只有自愿作出的供述才能作为证据采纳，以暴力、威胁、利诱、欺骗和违法羁押等手段获取的供述不能作为定案的根据。犯罪嫌疑人对于侦查人员的询问有拒绝回答的权力，不能因为拒绝回答而加重对它的惩罚。应当看到，确立沉默权不仅是善意履行国际条约的需要，更是促进取证行为正当化、文明化、科学化的需要。因为沉默权的规定符合无罪推定的实质要求和举证责任制度的原理，并且有助于遏制刑讯逼供等违法现象。当然，赋予犯罪嫌疑人、被告人以沉默权，并不意味着在这一前提下不能作出某些例外的规定。我国的社会文化受传统影响深远、人口素质普遍偏低、诉讼效率有待提高、证据制度体系不完善和侦查能力的限制等，要求我国《刑事诉讼法》应在规定沉默权的同时，采取鼓励、支持犯罪嫌疑人、被告人陈述的措施，从而有利于查明案件的客观事实。但其前提是完全自愿，并且不能将其沉默或拒绝供述作为从严处罚的依据。另一方面，确立排除非法证据的任意性规则。对于侦查机关通过刑讯等非人道方式获取的有罪供述，《刑事诉讼法》要明确予以排除。

2. 完善羁押期限制度，加强对侦查羁押的监督

审前羁押，包括侦查羁押，通常是指刑事诉讼中的专门机关对涉嫌犯罪者在法庭审判前予以剥夺其人身自由的强制措施，包括审前拘留、逮捕等。与联合国文书中关于被羁押者权利与待遇的规定相比，我国侦查羁押方面与国际标准还存在很大差距。依照国际准则的规定，对受到刑事指控的人进行审前羁押应是例外而不是常规作法。《公民权利和政治权利国际公约》第九条第三款指出："等待审判的人们被拘禁不应该是一般的规则，但释放应保障能出席审判。"《联合国少年司法最低限度标准规则》规定，青少年被羁押等待审判仅应作为万不得已的手段使用，而且时间应尽可能短。如有可能，应采用其他替代办法。另一方面，《公民权利和政治权利国际公约》规定："受到刑事指控的被羁押者应当被迅速地带到法官面前或其他被授权行使司法权的官员面前，并有权在合理的时间内受到审判。"这个"迅速"多指被羁押24小时或48小时之内，甚至更短。如英国《1984年警察与刑事证据法》规定：一般情况下，警察对被逮捕人的羁押时间不得超过24小时；对于严重的犯罪，可以延长至36小时。在美国联邦和大多数州，如果超过6个小时仍未将被逮捕人解送到法官面前接受讯问，则该事实本身便成为考虑犯罪嫌疑人认罪是否自愿的一个重要因素。

与国际社会尽量减少羁押措施适用的趋势相比，在我国的刑事诉讼实践中，多年来拘留和逮捕已形成常规举措，许多犯罪嫌疑人都是在被羁押的状态下等待追诉机关的侦查、审查起诉，直至提起公诉，取保候审、监视适用的范围并不广泛。另一方面，我国《刑事诉讼法》第六十九条规定：公安机关对被拘留的人，认为需要逮捕的，应当在拘留后的3日内提请人民检察院审查批准。在特殊情况下，可延长1至4日。对于流窜作案、多次作案、结伙作案的重大嫌疑分子，可以延长至30日。人民检察院应当自接到提请批准逮捕书后的7日以内，作出批准逮捕或不批准逮捕的决定。据此，对犯罪嫌疑人拘留的时间最长可达37日，与国际标准相差甚多。如果侦查人员单独、直接控制犯罪嫌疑人的时间过长，就容易对犯罪嫌疑人实行各种强制性手段。司法实践中，刑讯逼供都发生在此期间。因此，有必要对侦查机关直接控制犯罪嫌疑人的时间予以限制。具体可采取如下措施："第一，对犯罪嫌疑人在完成《刑事诉讼法》第六十五条、第七十二条规定的询问后立即移送羁押管理机关；第二，对被移送的犯罪嫌疑人在24小时内进行人身检查，以确定是否受到刑讯；第三，在条件许可的情况下，讯问室应设监控设备，如录音、录像设备；第四，应规定每天讯问时最长不得超过12小时，中间给予一定的休息、吃饭时间，尽量安排在夜间睡眠；第五，讯问时应保证有律师在场；第六，建立检察机关对羁押超过48小时以上的嫌疑人及时介入制度，以抑制这一过程可能发生的刑讯现象[①]；第七，扩大取保候审、监视居住的适用范围，逐步减少审前羁押的使用。”

3. 建立具有我国特色的人身保护令制度

根据《公民权利和政治权利国际公约》和相关国际性法律文件的规定，对拘留、逮捕等强制措施的适用采用严格的“令状主义”，由追诉机关提出采取羁押措施的申请，由法官签发令状。该公约第九条规定：“任何因逮捕或被剥夺自由的人，有资格向法庭提起诉讼，以便法庭能不拖延地决定拘禁他是否合法，以及如果拘禁不合法时命令予以释放。”许多国家的宪法或其他法律都规定了人身保护令制度，由法院进行司法审查，以便用一种公正、有效而又简便的方法对侵犯基本人权的行为进行纠正。

在我国，逮捕就意味着羁押，不存在逮捕后的司法监督程序。拘留强制措施的适用，公安机关自行决定，自行执行，或由作为追诉机关的检察机关决定，公安机关执行，逮捕也主要是由检察机关批准，公安机关执行。只有极少数情况是由人民法院决定逮捕，公安机关执行。可见，在我国，羁押措施无论是事前还是事后，都缺乏必要的司法监督措施。因此，对于我国的逮捕制度有必要进行进一步改革，建立具有中国特色的人身保护令制度。

考虑到宪法已经规定了人民检察院的逮捕决定权，在改革时可以继续保留人民检察院对公安机关提请批捕的逮捕审批权，但对人民检察院自己侦查的案件，其逮捕审批权转移到人民法院，改变检察院自侦自捕不利于人权保护的现状。同时补充规定：被逮捕的人如果认为逮捕不合法或逮捕后超期羁押，有权向人民法院提出申诉，人民法院通过听审程序审查逮捕是否合法，是否超期羁押，如申诉理由成立，应立即作出决定释放被逮捕人。这样，既加强了法院对检察院的制约，也体现了对宪法所确认的人身自由的法律保障，有利于解决我国刑事诉讼长期存在的超期羁押问题，加强对被嫌疑人的人权保护。

（四）2012年《刑事诉讼法》对犯罪嫌疑人权利的保护

2012年《刑事诉讼法》将“尊重与保障人权”明确写入《刑事诉讼法》总则，同时通过完善证据、辩护、侦查措施、审判程序等具体制度进一步加强犯罪嫌疑人人权的实际保障。其表现在：

1. 规定了“不得强迫任何人证实自己有罪”，将“不得自证其罪”的原则落到实处；

---

① 柏平：《联合国〈公民权利和政治权利国际公约与犯罪嫌疑人、被告人全力保护〉》，载于《邯郸职业技术学院报》2001年第1期，第61～62页。

2. 确立了非法证据排除规则，细化了“证据确实、充分”的证明标准，引入了法治发达国家“排除合理怀疑”经验；

3. 强化了犯罪嫌疑人和辩护律师的辩护权；

4. 对于强制措施制度作出重大修改，如细化逮捕条件与程序，完善监视居住措施，赋予其不同于取保候审的运用条件等；

5. 在侦查程序中，规定了讯问中的录音录像制度，赋予利害关系人对于违法侦查行为的申诉、控告的权利等。

第三章　走私犯罪中的被害人

DI–SAN ZHANG ZOUSI FANZUI ZHONG DE BEIHAIREN

一、走私犯罪被害人的概念和特征

基本概念的辨析和分析工具的选择，是理论研究的基石。顾名思义，走私犯罪被害人就是遭受走私犯罪侵害的人。但如果进一步追问：如何界定“遭受”的含义？其中的“人”仅指自然人还是包括国家，或者法人及单位在内？我们会发现问题并非如此简单。例如，有人称走私犯罪是无被害人的犯罪，也有人称走私犯罪的被害人是国家。这些都会干扰我们对走私犯罪被害人的研究。

一般地讲，被害人，亦称被害者、受害者，为加害人的对称，其词源为拉丁文 Victima，最初含义是指宗教仪式上的祭祀品，后来引申为遭受侵害或不利后果的承受者。[①] 但由于被害人概念本身的跨学科性，关于被害人的概念，当前在学界是非常混乱的。走私犯罪被害人是被害人的一种，我们在研究走私犯罪时所遇到的困惑正根源于被害人概念的混乱。学者在界定被害人概念时，有的从犯罪学角度下定义，也有的从刑法学和刑事诉讼法学角度着手分析。因此，为了廓清走私犯罪被害人的概念，在进行走私犯罪被害人研究之前，有必要对犯罪被害人这一概念进行一番梳理，然后根据需要作出适合于走私犯罪程序研究目的的走私犯罪被害人界定。

当前，关于被害人的概念，主要有以下几种定义。

1. 1985 年召开的联合国第七届犯罪预防和罪犯处遇大会通过的《为罪行和滥用权力行为受害者取得公理的基本原则宣言》给被害人下的定义是：“系指个人或整体受到伤害包括身心损伤、感情痛苦、经济损失或基本权利的重大损害的人，这种伤害是由于触犯会员国现行刑事法律，包括那些禁止非法滥用权力的法律的作为或不作为所造成的。”该宣言还指出：“在本宣言中一个人可被视为受害者，而不论加害于他的犯罪者是否被指认、逮捕、起诉或判罪，亦不论犯罪者与受害者的家庭关系如何。受害者一词视情况也包括直接受害者的直系亲属或其抚养人以及出面干预以援助受难受害者或防止受害情况而蒙受损害的人。”[②]

2. 被害人是指因犯罪行为而使人身或财产遭受损害的人，是相对于犯罪人（加害人）而言的。[③]

3. 被害人是指正当权益遭受犯罪侵害的自然人、法人（单位）及

---

① 许永强著：《刑事法治视野中的被害人》，中国检察出版社 2003 年版，第 6 页。

② 转引自许永强著：《刑事法治视野中的被害人》，中国检察出版社 2003 年版，第 7 页。

③ 康树华主编：《犯罪学通论》，北京大学出版社 1992 年版，第 547 页。

国家。①

4. 被害人是指生命、身体等个人法益受到犯罪的危害的人。在由于犯罪而受到被害的场合，对加害人的责任的追究可以从刑事责任和民事责任两方面进行。②

5. 被害人是指其人身、财产及其他权益遭受犯罪行为侵害的人。③

6. 被害人是指遭受犯罪行为侵害的人，包括公诉案件的被害人、自诉案件的自诉人、附带民事诉讼的原告人及反诉成立的部分反诉人。狭义的被害人专指公诉案件中的被害人。④

7. 被害人是指直接遭受犯罪行为侵害，并在刑事诉讼中执行控告职能的人。⑤

8. 被害人是指其合法权益遭受犯罪行为直接侵害的人，既包括自然人，也包括法人和其他组织。⑥

总结以上定义，可以得出以下界定和启示：

第一，给被害人定义时，须考虑广义或狭义之分。很显然，第 6 种和第 7 种定义是刑事诉讼法意义上的概念，第 8 种定义由于是在《刑事诉讼法》教材中使用的，因此也是刑事诉讼法意义上的概念，它们可以称为狭义上的被害人定义。而第 1 种到第 5 种既包括刑法和刑事诉讼法意义上的被害人概念，也包括犯罪学意义上的被害人概念。本书研究的是走私犯罪程序中的被害人，因此只能是从《刑事诉讼法》狭义的角度来界定走私犯罪被害人，而不能包括犯罪学意义上的被害人，在加害于他的犯罪者被指认、逮捕、起诉或判罪之前，还不能进入本书研究的视野。

第二，在给被害人概念下定义时，须考虑被害人是直接还是间接遭受走私犯罪侵害的人。第 1 种是《为罪行和滥用权力行为受害者取得公理的基本原则宣言》所给出的被害人定义，它既包括直接遭受犯罪行为侵害的人，也包括间接遭受犯罪行为侵害的人，即“也包括直接受害者

---

① 汤啸天等编著：《犯罪被害人学》，甘肃人民出版社 1998 年版，第 1 页。

② ［日］大谷实：《犯罪被害人及其补偿》，黎宏译，载于《中国刑事法杂志》2001 年第 2 期。

③ 石英、吕品曜：《被害人诉讼当事人地位探析》，载于《中国刑事法杂志》2001 年第 1 期，第 104 页。

④ 刘根菊：《关于公诉案件被害人权利保障问题》，载于《法学研究》2000 年第 2 期。

⑤ 吕梁慧：《论我国保护刑事被害人诉讼权利的新发展》，载于《法学评论》1996 年第 5 期。

⑥ 卞建林主编：《刑事诉讼法学》，法律出版社 1997 年版，第 69 ~ 70 页。

的直系亲属或其抚养人以及出面干预以援助受难受害者或防止受害情况而蒙受损害的人。”第7种和第8种明确指出被害人是直接遭受犯罪行为侵害的人，排除了间接遭受犯罪行为侵害的人成为犯罪被害人的可能。而其他各定义则未指出被害人是直接还是间接遭受犯罪行为侵害的人，容易引起歧义，从定义的科学性上看有失严谨。根据我国《刑事诉讼法》的规定，其所赋予被害人的诉讼权利绝大部分必须是直接遭受犯罪行为侵害的人才能行使。例如，只是对于提起附带民事诉讼的权利，在直接遭受犯罪行为侵害的被害人已经死亡时，才赋予其近亲属代为提起附带民事诉讼的权利；或在直接遭受犯罪行为侵害的被害人是无行为能力人或限制行为能力人时，才赋予其法定代理人或者监护人代为提起附带民事诉讼的权利。但这些代为提起附带民事诉讼的人在刑事诉讼法上却并不称为“被害人”，因此，刑事诉讼法意义上的被害人只能是直接遭受犯罪行为侵害的人，我们所研究的走私犯罪也只能是直接遭受犯罪行为侵害的人。

第三，给被害人定义时，被害人的范围也是必须考虑的一个问题。从国际上对犯罪被害人学的研究对象界定来看，有一个从严到宽的过程。犯罪被害人概念的讨论兴起之初，研究的重点是暴力犯罪，尤其是强奸、伤害和杀人犯罪的被害人。21 世纪 30 年代以后，经济犯罪受到犯罪学界的重视，对犯罪被害人研究的视野也就从自然人扩大到了法人、非法人组织，甚至整个社会或是国家。①

综上分析后我们可以得出在走私犯罪中适用的被害人的概念：是指法益直接遭受走私犯罪侵害的人，包括国家和自然人及单位。

根据走私犯罪被害人的概念，可以总结出走私犯罪被害人具有以下特征：

1. 走私犯罪被害人的合法权益客观上遭受了走私犯罪的侵害。走私犯罪被害人必须具备“由于遭受走私犯罪行为侵害而使其人身、财产或其他合法权益等方面存在一定程度的损害”这一基本条件，而不是出于预计或者假想等情况。故意编造或幻觉、假想状态下出现的现象也可能使人信以为真，但却是非真实的、没有事实根据的，而非不以任何人的意志为转移的客观事实。从走私犯罪的本质来看，走私犯罪所侵犯的客体是国家对外贸易管理制度等。而实际上受到损害的绝大多数情况是国家本身。例如，我国法律规定犯走私普通货物、物品罪必须具有达到偷逃应缴税额在 5 万元以上的标准。也就是说，国家对进出口货物或物品征收税款的法定利益遭到了侵害，而侵害的程度是达到 5 万元的应缴

---

① 汤啸天等编著：《犯罪被害人学》，甘肃人民出版社 1998 年版，第 1 页。

税额。犯罪给被害人，即国家可能带来的是税收的流失，也可能是海关监管秩序的损害。对其他被害人可能造成财产上的损失，也可能造成人身的伤害，如为了获得走私物品而实施抢劫等。

2. 走私犯罪被害人遭受的侵害来源于走私犯罪。走私犯罪被害人遭受的侵害可能直接来自于走私犯罪。如行为人的行为触犯走私淫秽物品罪和传播淫秽物品牟利罪两罪，这里我们也不能把纯粹的传播淫秽物品牟利罪的被害人完全等同于走私犯罪的被害人。这种情况是基于走私犯罪被害人与牵连走私被害人的关系，下文有详细的阐述。

3. 国家是最显著的走私犯罪被害人。意大利著名法学家贝卡里亚在《论犯罪与刑罚》中一语道破："走私是对君主因而也是对国家的盗窃行为，是地地道道的侵犯君主和国家的犯罪。"① 虽然对走私罪侵害的客体刑法理论界还存在意见分歧，但不管是认为走私罪侵害的客体是国家的外贸管理制度，还是国家的对外贸易管制和进出口物品的管理制度，都不会否认国家是走私犯罪直接的被害人。至于其他被害人，只是行为人为了实施走私犯罪，其所使用的方法或犯罪结果所触犯其他罪名时的被害人，并不是走私犯罪被害人的常态。

二、走私犯罪被害人的分类

根据不同的划分标准，走私犯罪被害人可以分为不同的种类。按照被害主体是否是国家来划分，可将走私犯罪被害人分为走私犯罪国家被害人和走私犯罪非国家被害人；按照被害主体数量的单复，可将走私犯罪被害人分为单一的走私犯罪被害人和复合的走私犯罪被害人，前者是只有一个走私犯罪被害人的情况，后者是有数个走私犯罪被害人的情况；按照被害主体受侵害的程度，可将走私犯罪被害人分为基本走私犯罪被害人和牵连走私犯罪被害人。笔者认为基本走私犯罪被害人和牵连走私犯罪被害人的划分具有研究价值，拟在下文详细研讨。

（一）基本走私犯罪被害人

基本走私犯罪被害人，是指走私犯罪必然侵害的被害人，即国家成为被害人的情况。西方社会受近代启蒙时代个人自由主义思想的影响，因其权力所具有的扩张性和对公民权利侵犯的倾向性，国家一度被视为一种必要的"恶"，人们总是谨慎、警惕地看待国家权力，从而国家自身的权利也被消减。我国也有学者主张国家没有独立的利益而只有个体长远的利益，当然不存在独立的国家权利，从而排除了国家被害存在的

① ［意］贝卡里亚著：《论犯罪与刑罚》，黄风译，中国法制出版社 2002 年版，第 93 页。

可能性。[1] 因而在被害人学的发展历史中，出现“无国家被害人犯罪说”[2] 并不意外。我国对被害人学的研究是从对自然人的具体侵害入手的，随着研究的深入，逐步涉及单位被害问题。对于自然人与单位均是犯罪侵害的对象问题在学术界已经达成共识，但围绕着是否应将国家视为特定犯罪的被害人，却存在着一定的分歧。

笔者认为，随着经济和社会的发展，自由市场本身的不足凸显了国家干预的合理性，国家已经成为一种不断发展的“善”。国家在现代社会中，有自己的特定职能：一是对外防止侵略与颠覆；二是组织国内政治、经济、人口等诸方面的协调发展，维护正常的社会秩序，保障社会的良性发展，保护全体人民的利益。为了履行自己的职能，国家自身必须享有一定的权利，从而能承担一定的义务。作为一个组织，虽然国家有其特殊性，但它一旦脱离个体而成为独立的实体，就与其他组织一样，必须具备维持其有效运转和保证其履行职能所必需的自身利益，最典型的例子就是国家的税收。从长远看，国家利益和社会利益及个人利益具有根本一致性，但在具体情况下，个人、社会与国家之间的利益也会发生冲突，我们不应仅看到相对为“弱势”的个人利益受到国家侵害的情形，同时国家利益也存在被侵害的可能。例如，当前地方局部利益与国家整体利益往往发生严重冲突，在暴利的推动之下，相当一部分法人走私、武装走私都是在地方党政官员的指挥、协调下完成的。一旦走私行为成功国家就成为被害人。走私犯罪的被害人是国家，这是客观存在的一种情况。走私破坏的是国家的对外贸易管制，而国家设定外贸管制又是从一国国民的根本利益出发的，所以走私犯罪是使国家利益受到严重损害的行为。它偷逃国家税收、破坏国家经济、扰乱外贸管理、摧残民族工业，严重危害国家主权，最终危及的是国家正常的社会管理职能，所以走私罪的被害人是国家。如在厦门远华走私案件中，赖昌星走私犯罪集团及其他走私犯罪分子自 1996 年以来，在厦门关区大肆走私成品油、植物油、汽车、香烟等货物，偷逃国家关税人民币 300 亿元，使国家税款大量流失，危害国家财政。从中可以看出，任何一种走私犯罪的犯罪被害人都必然会是或者包括国家。

在走私犯罪中，不仅仅是对国家的具体税收造成损害，而且还涉及国家的其他方面利益。国家被害主要体现在以下四个方面：

1. 损害国家主权和尊严，危害国家的安全。海关是国家对外开放

---

① 参见程燎原等著：《拯救权威权利及其补救通论》，山东人民出版社 1999 年版，第 19 页。

② 美国学者埃德温·舒尔在 1965 年首次提出“无被害人犯罪说”。

的门户，对外贸易的管制权是国家主权的一部分，它代表国家行使对外贸易的管制权，实行有效的海关监管，是国家行使主权的一种表现，从另一个层面上说可以维护国家的主权和尊严。走私犯罪逃避海关监管，扰乱了国家的经济发展秩序，直接损害了国家权利。同时，走私行为还危及了国家的安全。武器、弹药、核材料等杀伤力极大，对国家安全和人民的生命以及财产的安全造成了严重的威胁，国家必须对其实行严格管制。一旦武器、弹药、核材料等走私进境，尤其是落入社会上不安定分子的手中，就会对国家的安全带来严重的威胁。

2. 影响国家财政收入。税收是国家为满足公共需要，维持整个国家机器运转的来源，是国家依照法律规定的标准，强制地、无偿地、固定地取得财政收入的一种手段，是国家赖以存在的物质基础。关税是国家财政收入的重要组成部分。走私犯罪行为一方面使国家流失了重要的财政收入来源，最终导致综合国力羸弱，另一方面使国家对进出口物资管理陷入失控状态，导致国外商品通过非法渠道大量流入国内，使我国本就不坚实的国内产业受到严重的甚至是致命的冲击，关税调节对外贸易的功能失去作用，严重损害国家利益。

3. 破坏市场经济秩序。建设社会主义市场经济，需要公平、公正、公开的市场秩序。走私进口的物品在市场上销售，其价格相对于正常进口的物品会很低，不仅会破坏公平、公正的市场经济秩序，影响民族工业的生存和发展，同时由于走私物品的质量缺乏完善的保障，还会损害消费者利益。

4. 败坏社会风气毒害人们的身心健康。一方面，走私的暴利吸引了很多人铤而走险，包括一些领导干部都产生了“走私致富”的思想。许多人为了走私成功，大肆行贿受贿，腐蚀国家干部，使腐败现象大大增加，不仅腐蚀了人们的思想，还败坏了社会风气。另一方面，走私犯罪毒害人们的心灵，危害人们的身体健康。如淫秽物品和毒品走私，它危及的不仅仅是个人，也威胁到民族与国家的精神建设。

（二）牵连走私犯罪被害人

牵连走私犯罪被害人（其他走私犯罪被害人），是指行为人实施数个犯罪行为，在构成走私牵连犯的情况下所侵害的除国家以外的人，包括自然人和单位。在行为人的行为只构成走私罪的情况下，被害人只能是国家，但如果行为人的数个犯罪行为构成牵连犯，就有可能对国家以外的人构成侵害。“牵连犯是以实施某一犯罪为目的，其方法或结果行为又触犯其他罪名的犯罪形态。”[①] 走私牵连犯是牵连犯的一种，是指

① 吴振兴著：《罪数形态论》，中国检察出版社1996年版，第272～274页。

目的行为、方法行为或结果行为至少有一个行为触犯走私罪名的牵连犯。行为人在走私前，一般都会通过各种不同的途径去获得走私所需的物品，当其主观上出于走私的故意，通过犯罪手段来获取走私所需物品并触犯其他罪名时，就构成走私牵连犯；行为人在走私完成后，为了实现或强化其走私犯罪行为的目的，可能又会实施其他犯罪活动，触犯其他罪名，也构成走私牵连犯。这些情形在实践中大量存在。比如，甲为了走私树木到国外销售牟利，在走私前，甲如果采取盗窃或非法砍伐等手段获得走私所需的树木然后走私，就分别触犯盗窃罪或非法采伐、毁坏树木罪以及走私罪，从而对林木的所有人或管理人构成侵害。又如，假币走私入境后，行为人将走私的假币销售获利，从而触犯走私假币罪和使用假币罪，不仅使国家，也使购买假币的人受到侵害。由于牵连犯在处罚时是按照一罪处断，并且适用从一重处断原则从重处罚，对于数个被害人的控诉和附带民事诉讼在刑事诉讼程序上不可能分别处理而必须同时处理。不管最后法院依据“从一重从重处断”原则所确立的罪名是否是走私罪，但因为行为人所触犯的其他犯罪或是为了实行走私犯罪，或是为了实现、加强走私犯罪的目的而牵连实施其他犯罪，因此，笔者将这些被害人称之为牵连被害人。

三、走私犯罪被害人权利保障的分析及完善

在公平、正义等价值观念的支配下，刑事被害人一直是受到保护的对象。纵观历史，可以发现，其诉讼地位和诉讼权并非一成不变，它经过了由高到低再升高的一个变化过程。在现代刑事诉讼制度建立以后，犯罪被认为是对代表统治阶级和广大人民利益的国家的侵害，国家的利益是最重要的，被害人遭受的痛苦成了第二位的，被害人的权力不断萎缩，除了少数轻微案件还允许被害人提起自诉外，对犯罪的起诉和惩罚成为了国家的权力，而不再取决于被害人的意志，而且看起来似乎与被害人无关。在刑事诉讼中，被害人仅仅被当做一个客体来对待，一个用来对罪犯定罪的工具。20 世纪 60 年代以来被害人的权利得到了重点关注，被害人的权利得到了加强和完善，各国纷纷通过立法和司法改革来加强刑事程序上对被害人的保障。加强被害人权利保障不仅有利于切实保障被害人的合法权益和正当要求，保证刑事诉讼的公正性，也有利于刑事诉讼立法的不断完善，有利于刑事诉讼的顺利进行。但是，我们应当在这一问题上对不同的被害人的权利采取分别看待的态度。一方面是国家作为被害人，另一方面是牵连走私犯罪的被害人的权利。对于除了国家之外的走私犯罪被害人，我国存在一个需要不断加强和完善其诉讼权利的问题。

（一）作为走私犯罪被害人的国家在刑事诉讼中的地位与权利

确定了国家走私犯罪被害人的地位之后，接下来的问题是，国家作为被害人在追究走私犯罪行为人的诉讼过程中是否具有相应的诉讼地位与诉讼权利？如果有的话，谁可以代表国家参与诉讼？

从理论上讲，国家作为走私犯罪被害人应当具有相应的诉讼地位与诉讼权利。

改革开放以来，我国由计划经济体制逐步向市场经济过渡，在市场经济体制下，各市场主体之间要求平等交换、自由竞争，市场主体与国家、社会各有自己的利益，它天然地排斥国家权力的干预，这也就在客观上要求各种利益（包括国家利益）相互尊重，个体利益逐步摆脱国家利益的束缚，社会主体由原来的国家、社会、集体的一元化转变为国家、社会、集体和个人主体多元化的态势，从这方面强化了国家利益的独立性。利益主体的多元化和价值取向的多元化客观上要求法律赋予各社会主体实现其合法权益的权利，即有“自己的声音”。国家利益受到犯罪侵害，法律应当赋予其实现其合法权利的途径。

从以上理论的分析，似乎应当得出这样一个结论：在走私犯罪的刑事诉讼程序中，除检察机关外，国家作为被害人还应当有自己的代表人。由于海关是国门的把守者，它理所当然地应当成为国家在走私犯罪刑事诉讼程序中的代表。例如，在人民检察院决定不起诉的走私犯罪案件，可以依据我国《刑事诉讼法》第一百四十五条的规定，即“对于有被害人的案件，决定不起诉的，人民检察院应当将不起诉决定书送达被害人。被害人如果不服，可以自收到决定书后7日以内向上一级人民检察院申诉，请求提起公诉。人民检察院应当将复查决定告知被害人。对人民检察院维持不起诉决定的，被害人可以向人民法院起诉。被害人也可以不经申诉，直接向人民法院起诉”。但是，分析过后可以得出这样的结论：国家是走私犯罪的被害人，海关依其职能可以看成是在走私犯罪中被害人国家的代理人，在刑事诉讼程序中人民检察院是代表国家刑事诉讼权利的机关。所以在这里我们有必要理清这些关系。

我们可以把人民检察院和海关同是国家利益代表的角色放进不同的司法阶段来分析：在普通的刑事犯罪中公安机关需要进行侦查，但是公安机关并不等于是刑事犯罪的被害人，在这里不存在代表关系。而在走私犯罪中国家法律直接赋予了海关代表国家利益的权利，也就是说海关的缉私机构实际扮演了被害人的代表又负有侦查的任务。可以说，在这一阶段内海关履行着这样两个角色。一旦进入诉讼程序后，我国《刑事诉讼法》第五条明确地规定：“人民检察院依照法律规定独立行使检察权，不受行政机关、社会团体和个人的干涉。”这时如果再将国家利益的代表即海关再纳入走私犯罪刑事诉讼程序，会造成人力、物力和财力的浪费。第七十七条规定：如果是国家、集体财产遭受损失的，人民检察院在提起公诉的时候，可以提起附带民事诉讼。走私犯罪行为人的刑事责任和民事责任都可以由人民检察院启动诉讼程序，并最终得到追究。虽然检察机关的部门利益、公诉人的个人利益与国家利益并不完全一致，并时有背离的情况，但法律对这些渎职行为都规定了相应的处罚措施，因此，检察机关、公诉人损害国家利益的情形只能是极少数。另外，根据《缉私警察队伍设置方案》，国家建立走私犯罪侦查机关，设在海关总署，受海关总署与公安部双重领导，以海关总署领导为主。走私犯罪侦查机关按照海关总署对缉私工作的统一部署和指挥，负责对走私犯罪案件的侦查、拘留、执行逮捕、预审工作。虽然走私犯罪侦查机关与海关不是严格意义上的一个主体，但海关与走私犯罪侦查机关之间的领导与被领导关系使得海关完全可以指示走私犯罪侦查机关依据《刑事诉讼法》第七十条和第一百四十四条的规定使国家利益得到保障，而无需作为诉讼当事人参与刑事诉讼程序。所以，在刑事诉讼开始后海关代表国家参与诉讼的权利就转移给了人民检察院。

此外，关于走私犯罪中被害人的权利和利益问题。走私犯罪给国家造成的关税损失在现有体制下也可以得到完全的补偿。我国《刑法》第六十四条规定：“犯罪分子违法所得的一切财物，应当予以追缴或者责令退赔；违禁品和供犯罪所用的本人财物，应当予以没收。没收的财物和罚金，一律上缴国库，不得挪用和自行处理。”根据该条规定，通过法院判决可以使走私犯罪给国家所造成的关税损失得到弥补。海关总署政法司关于对长沙海关《关于走私犯罪案件中法院没有判决没收走私货物海关应如何处理问题的请示》中认为，对此类问题可通过以下两种途径解决：一是依据《海关法》及最高人民法院法发〔1998〕11 号文件与法院交涉，请其以补充判决的形式对走私货物作出处理，也可请其以司法建议的方式或者其他形式书面通知海关，由海关依法作出处理。二是如交涉未果，建议依法制作处罚决定书，对涉案走私货物径予没收。走私犯罪侦查机关《关于法院没有判决没收销售走私货物所得款项应如何处理的请示的批复》规定：“所冻结的存款是违法所得，应依法予以没收。走私犯罪侦查机关应与检察院、法院沟通，通过法院的补充裁定没收违法所得。若无法达成一致意见，由海关对法院未判决的违法所得依据《海关法》及《海关行政处罚实施细则》做行政没收。”

（二）其他走私犯罪被害人在刑事诉讼中的权利

其他走私犯罪被害人在刑事诉讼中的地位与权利由《刑事诉讼法》规定。根据现行《刑事诉讼法》，走私犯罪被害人在刑事诉讼中处于当事人的地位，具有直接起诉权。根据现行《刑事诉讼法》第一百七十条的规定，自诉案件包括：告诉才处理的案件；被害人有证据证明的轻微的刑事案件；被害人有证据证明被告人侵犯了自己的人身、财产权利的行为应当依法追究刑事责任，而公安机关或人民检察院不予追究的案件。同时，根据第一百四十五条的规定，被害人对人民检察院维持不起诉决定时，可以先进行申诉，也可以不经申诉直接向人民法院起诉。可见在一定条件下，公诉案件可以转化为自诉案件。另外，走私犯罪被害人还可以委托代理人参加诉讼来维护自己的合法权益。

综观现行《刑事诉讼法》，走私犯罪被害人具体享有以下各项诉讼权利：

1. 报案权，即其他走私犯罪被害人发现侵犯其人身、财产权利的犯罪事实，有权向公安司法机关报案。

2. 控告权，即其他走私犯罪被害人对侵犯其人身权利、财产权利的犯罪嫌疑人有权向公安司法机关控告并要求依法查处。对公安司法机关的工作人员侵犯自己诉讼权利的行为有权提出控告。

3. 申请复议权，即对公、检、法机关不立案的决定，其他走私犯罪被害人有权申请复议。

4. 委托诉讼代理人权。

5. 直接起诉权。

6. 申请回避权，即其他走私犯罪被害人及其法定代理人有权依法要求审判人员、检察人员、侦查人员、书记员、翻译人员和鉴定人回避。

7. 申请权，即其他走私犯罪被害人对鉴定结论有权申请补充鉴定或重新鉴定，在法庭审理过程中，有权申请通知新的证人到庭、调取新的物证、申请重新鉴定或勘验。

8. 陈述权和发表意见权，即人民检察院在审查起诉过程中必须听取其他走私犯罪被害人及其委托人的意见。在法庭上，其他走私犯罪被害人可以就起诉书指控的犯罪进行陈述，并且经审判长许可后，有权向被告人、鉴定人、证人发问，有权就证据和案件情况发表意见并且与辩方进行辩论。

9. 被告知权，即其他走私犯罪被害人对于侦查机关将用做证据的鉴定结论享有被告知权。开庭时，被害人享有申请回避权的被告知权。

10. 享有诉讼参与权，即根据现行《刑事诉讼法》的规定，其他走私犯罪被害人有权参加法庭审理，就起诉书指控的犯罪进行陈述，辩认法庭出示的物证，经审判长许可，向被告人、鉴定人和证人发问，就案件事实和证据发表自己的意见。审判人员应当听取其他走私犯罪被害人及其诉讼代理人的意见，法院的判决书应当送达其他走私犯罪被害人。

11. 申请抗诉权，即现行《刑事诉讼法》第一百八十二条规定："被害人及其法定代理人不服地方各级人民法院第一审判决的，自收到判决书5日内，有权请求人民检察院提出抗诉。人民检察院自收到被害人及其法定代理人的请求后5日内，应当作出是否抗诉的决定并且答复请求人。"

12. 申诉权，即其他走私犯罪被害人对生效裁判不服时，有权进行申诉。

13. 提起附带民事诉讼的权利，即其他走私犯罪被害人对因犯罪行为造成的直接损失，有权通过提起附带民事诉讼的方式获得赔偿。

14. 其他权利，包括享有法律文书的被送达权、使用本民族语言文字进行诉讼的权利，对于某些案件享有不公开审判的权利等。

（三）其他走私犯罪被害人刑事诉讼权利的完善

根据我国修订后的《刑事诉讼法》，其他走私犯罪被害人被界定为当事人并赋予了其一系列重要的诉讼权利，这是我国刑事诉讼制度改革的重大进步，将对我国的法制进程产生深远的影响，在总体上是值得肯定的。但同时我们也应当认识到由于被害人还不是完全的当事人，并不享有完全的当事人的权利，对于当事人所享有的诉讼权利，法律规定还有相当的不完善之处，司法实践中，被害人正处于一种"进退两难"的境地。为了进一步完善走私犯罪被害人的诉讼权利，笔者认为应当加强被害人权利保护的基础理论研究，增加被害人的诉讼权利。

1. 国外刑事诉讼中被害人的诉讼地位与权利

被害人在世界各国刑事诉讼法中的角色是不同的，在英美法系国家的刑事诉讼法中，被害人一般没有当事人地位，而只享有证人的地位。但是从总体来看，法律对被害人的保护力度并不小，赋予了被害人较多的诉讼权利，如在审判前的参与起诉决定权、参与辩诉交易决定权，在审判中进行陈述的权利、免受再次被害的权利，在审判后参与决定服刑人是否被有条件释放的权利及要求犯罪人赔偿和国家补偿的权利等。

欧洲大陆法系国家的刑事诉讼法中，被害人一般具有当事人的地位，法律明确规定了被害人所享有的诉讼权利。同时，德国又是被害人学的发源地之一，对被害人的关注由来已久。突出的一点是德国的刑事诉讼法中的被害人具有独立于检察官的上诉权；法国刑事诉讼法中的被害人因为具有当事人的地位，在一些情况下被害人可以不受检察官的帮助，甚至在与检察官意见相反的情况下启动公诉并享有上诉权，可以说是具有完整当事人的诉讼权利。

目前，随着国际范围内对刑事被害人人权保障的加强，世界各国在被害人权益保护的许多方面已形成共识，有关被害人人权保障的国际标准正逐步形成。1985 年 12 月 11 日联合国大会通过了第 43/40 号决议《为罪行和滥用权利行为受害者取得公理的基本原则宣言》（《Declaration of Basic Principles of Jutice for Victims of Crime and the Abuse of Power》，以下简称《宣言》），刑事被害人人权保障的国际标准主要体现在《宣言》中，其他则散见于《世界人权宣言》、《公民权利和政治权利国际公约》、《关于刑事诉讼中人权问题的决议》等国际性文件中，刑事被害人人权保障国际标准的基本内容如下。

第一，被害人有获得公正和公平的待遇权。《世界人权宣言》第三条规定："人人有权享有生命自由和人身安全。" 第八条规定："任何人当宪法和法律所赋予他的基本权利遭受侵害时，有权由合格的国家法庭对这种侵害行为作有效的补救。"《公民权理和政治权利国际公约》第十六条规定："人人在任何地方有权被承认在法律面前的人格。" 1994 年 9 月 10 日，国际刑法协会第十五届代表大会通过的《关于刑事诉讼中人权问题的决议》第一条规定："人权必须在刑事诉讼程序的每一阶段获得保障。" 这些权利的主体显然包括刑事被害人。《宣言》中的第四条至第七条，详细且具体地规定了刑事被害人的基本权利和待遇。这些基本权利和待遇大致包括：对待罪行受害者应给予同情并尊重他们的尊严（《宣言》第四条）；使受害者能迅速、公平、便利地得到补救（《宣言》第四条、第五条、第七条）；受害者有获知有关信息、参与诉讼和提出有关主张的权利（《宣言》第六条）；采取各种措施，尽可能减少对受害者的不便，必要时保护其隐私，并确保他们及其家属和为他们作证的证人的安全而不受威吓和报复（《宣言》第六条）。另外，国际刑法协会第十五届代表大会通过的《关于刑事诉讼中人权问题的决议》第二十五条规定："声称自己财产受毁损者，应当有机会充当'控告方'（民事原告人或特殊控告人），必要时可免除其控告费用，而且应该让他有机会要求法院或其他独立机关审查原起诉机关拒绝对犯罪人起诉的决定。如属公诉案件，受损害方还有权影响刑事追诉的进行。此外，民事原告人还可以参与证据审查，在审查时发言，或者有权上诉。" 其第二十七条又规定："认为自己的基本权利受到刑事诉讼行为的侵犯的任何人，除可以使用上述第八条和第九条所规定的权利外，还应具有要求宪法法院、最高法院或任何国际人权法院进行审查的实际机会。"

第二，被害人享有获得赔偿权。在案件处理过程中及时的解决对被害人的赔偿问题，使得财产蒙受损失的被害人得以正常生活或进行生产，对被害人精神上受到的伤害进行抚慰或平复，维护其合法权益，同时对被害人损失的赔偿也是一种对被告人有效的制裁方式，甚至在某些案件中，还可能修复和缓和被破坏了的被告人与被害人之间的关系，有利于维护社会秩序的稳定。《宣言》肯定了对被害人的赔偿制度，《宣言》第八条至第十一条对被害人的赔偿作了明确的规定："犯罪人或应对其行为负责的第三人应视情况向被害人及其家属或受扶养的人作出公平的赔偿。"而且，关于赔偿问题的解决必须及时，避免不必要的拖延。

第三，被害人享有获得补偿权。给刑事被害人以必要的抚慰与补偿，是社会经济发达，社会文明民主的重要标志，也是刑事被害人人权保障的重要内容之一。建立国家补偿制度的理论根据在于，认为国家对被害人予以补偿，是社会增进人民福利的一项重要任务。从社会来看，国家要通过社会政策来改善和关心每个社会成员的生活，这是整个社会的一种责任。如果每个社会成员因犯罪人之害而伤残或贫困，社会应当给予其适当援助。为使不能从加害人或应负责任的人那里得到赔偿或不能得到充分赔偿的被害人的损害得到弥补，《宣言》规定了国家补偿原则，并将之规定为刑事被害人一项最基本的权利与待遇。《宣言》第十二条规定："当无法从罪犯或其他来源得到充分的补偿时，会员国应设法向下列人等提供金钱上的补偿：（1）遭到严重罪行造成的重大身体伤害或身心健康损害的受害者；（2）由于这种受害情况致使受害者死亡或身心残障，其家属，特别是受养人。"为使符合条件的受害者能够得到补偿，《宣言》提出了设立专门受害者提供补偿的国家基金的做法。《宣言》第十三条规定："应鼓励设立、加强和扩大向受害者提供补偿的国家基金的做法。在适当情况下，还应为此目的设立其他基金，包括受害者本国无法为受害者所遭受伤害提供补偿的情况。"根据这一原则，被害人的获得国家补偿权得到了切实有效的保障，在这方面，《宣言》规定的原则，与各国立法相比，已使被害人补偿制度迈上了一个新的阶梯。

第四，受害人的获得援助权。为使被害人早日融入社会生活，恢复正常的工作、学习与生活，避免被害人在社会中"再次被害"并清除因犯罪在被害人身上留下"后遗症"，可以说对被害人的保护是一项综合的系统的工程。《宣言》第十四条至第十七条对援助被害人作了具体的规定。在整个法律过程中，"受害者应从政府、自愿机构、社区方面及地方途径获得必要的物质、医疗、心理及社会援助。应使受害者知道可供使用的医疗和社区服务及其他有关的援助，并且能够利用这些服务和援助"（《宣言》第十四条、第十五条）。为了确保被害人得到适当、迅速的援助，"应对警察、司法、医疗保健、社会服务及其他有关人员进行培训，使他们认识到受害者的需要，并使他们对准则有所认识，以确保适当和迅速的援助"（《宣言》第十六条），并且"向受害者提供服务和援助时，应注意那些由于受伤害的性质或由于种族、肤色、性别、年龄、语言、宗教、国籍、政治或其他见解、文化信仰或经历、财产、出生或家世地位、民族本源或社会出身以及伤残等种种因素而具有特殊需要的受害者”（《宣言》第十七条）。①

2. 我国《刑事诉讼法》关于其他走私犯罪被害人诉讼权利的规定存在的缺陷

通过国外被害人诉讼权利的介绍，并结合我国的实际国情和法治发展程度，可以总结出我国《刑事诉讼法》关于其他走私犯罪被害人诉讼权利的规定存在以下缺陷：

第一，被害人的控告权缺少法律保障。《刑事诉讼法》第八十四条规定：“被害人对侵犯其人身、财产权利的犯罪事实或者犯罪嫌疑人，有权向公安机关、人民检察院或者人民法院报案或者控告。”“公安机关、人民检察院或者人民法院对于报案、控告、举报都应当接受。”《刑事诉讼法》第八十四条又规定，控告人如果对公安机关、人民检察院或者人民法院不予立案的决定不服，可以申请复议。但法律并没有明确规定被害人应当向哪些机关申请复议以及复议机关复议的期限，这无疑会使被害人所享有的权利很难得到实现。与此相类似，《刑事诉讼法》第八十七条规定，被害人认为公安机关应当立案侦查而不立案侦查的，有权向人民检察院提出，人民检察院有权对公安机关的不立案决定进行监督，但同样也没有规定人民检察院对公安机关监督并作出裁决的期限。

第二，被害人的提起自诉权很难实现。《刑事诉讼法》第一百四十五条规定：对于有被害人的案件，决定不起诉的，人民检察院应当将不起诉决定书送达被害人，被害人如果不服，可以自收到决定书后 7 日内向上一级人民检察院申诉，请求提起公诉。人民检察院应当将复查决定告知被害人。对人民检察院维持不起诉决定的，被害人可以向人民法院起诉。被害人也可以不经申诉，直接向人民法院起诉。人民法院受理案件后，人民检察院应当将有关案件材料移送人民法院。这一规定表明，被害人对不起诉的决定有两条制约途径：一是向上级人民检察院申诉，二是向人民法院提起自诉。第一种途径属于系统内部的监督、制约，所以其力度是有限的。第二种途径是所谓公诉转自诉的情形，提起自诉是被害人的一项重要诉讼权利，但一方面被害人作为个人很难取得犯罪的证据，另一方面在被害人得不到不起诉决定书的情况下，人民法院又不受理，案件成了公检法之间踢来踢去的皮球，被害人的合法权益就难以

---

① 参见孙孝福著：《刑事诉讼人权保障的运行机制研究》，法律出版社 2001 年版，第 148 ~ 155 页。

得到保护。

第三，被害人没有上诉权。根据《刑事诉讼法》的有关规定，对于一审判决，如果被害人不服，他只有提起上诉的请求权，而没有决定权，即没有直接启动二审程序的权利，处于极为尴尬的境地。

第四，缺少完善的被害补偿制度。目前，我国的刑事补偿立法还处于理论探讨阶段。由于缺少被害补偿制度，除了少数人获得有限的损害赔偿或补偿外，大部分被害人无法从罪犯那里获得赔偿，他们所得到的只能是法律对犯罪人的公正判决所带来的心理上的安抚和平衡，实际所受到的损害并没有挽回。被害人是犯罪的受害者，由于受犯罪侵害，其身心已经遭受很大的痛苦，所受到的损害又无法挽回，这无疑极不公正，也不利于社会的稳定。

针对以上法律制定和司法实践中的不足，特对其他走私犯罪被害人诉讼权利的完善提出以下意见：

第一，树立法院的司法权威，进行司法审查。针对公、检两机关不立案的决定，由人民法院进行审查，审查后以决定的形式作出裁决，可以驳回申请，也可以决定立案。

第二，针对立法上被害人对不起诉决定进行制约的缺陷，建议借鉴德国的强制起诉程序及日本的准起诉程序，将法院的司法审查引入制约机制。对被害人针对不起诉决定的申请经司法审查以决定的形式作出裁决，可以驳回申请，也可以决定提起公诉。当作出提起公诉的决定时，检察官必须执行该决定，正式提起公诉，加强对被害人合法权益的保护。

第三，赋予被害人以上诉权。如果被害人对一审判决不服，检察机关又决定不提起上诉的话，被害人可以在规定期限内直接向上一级人民法院提起上诉。

第四章　走私犯罪的刑事辩护

DI-SI ZHANG ZOUSI FANZUI DE XINGSHI BIANHU

一、走私犯罪刑事辩护概述

刑事辩护制度是刑事诉讼制度的重要组成部分，在现代刑事司法制度中占有举足轻重的地位，其主要内容包括辩护权和辩护人制度。论述走私犯罪刑事辩护，首先涉及的概念是走私犯罪辩护权。

走私犯罪主要侵害的是国家的利益，控、辩双方之间的利益冲突更为尖锐。国家为控制走私犯罪，投入了大量的人力和物力，组建了缉私局，专门负责走私案件的侦查工作。与国家力量相比较，走私犯罪嫌疑人和被告人更处于弱势地位，更需要辩护人的帮助。因此，所谓走私犯罪辩护权就是指在刑事诉讼中走私犯罪嫌疑人、被告人及其辩护人针对被指控或起诉的走私罪行为进行辩解和反驳所享有的一系列诉讼权利的总称。

辩护权可以分为广义的辩护权和狭义的辩护权。狭义的辩护权仅指犯罪嫌疑人自己行使的辩护权；广义的辩护权则还包括辩护人为其当事人进行防御所拥有的各项诉讼权利。[①] 本书是以广义上的辩护权为视角进行研究的。

辩护权有以下特征：

第一，辩护权的性质是由一国宪法规定并通过《刑事诉讼法》体现的刑事诉讼民主权利，存在于刑事诉讼中，并随着刑事诉讼活动的结束而消灭。

第二，辩护权的存在前提是控诉、起诉行为的发生。没有控诉和起诉行为，就没有辩护，只有当行为人被控诉、起诉，具有犯罪嫌疑人、被告人身份时，才享有辩护权。一旦在刑事诉讼过程中控诉、起诉被撤销，行为人也就不再具有犯罪嫌疑人、被告人身份，辩护权也就消灭。

第三，辩护权专属于犯罪嫌疑人、被告人及其辩护人。在刑事诉讼整个过程中，走私犯罪嫌疑人、被告人都可行使辩护权。至于辩护人行使辩护权，是依附于犯罪嫌疑人、被告人或其法定代理人委托及人民法院指定。也就是说，辩护人的诉讼权利并非来源于法律的规定，而是源于特定人的委托或是法院的指定。基于这种权利来源，必要时犯罪嫌疑人、被告人或其法定代理人可随时终止辩护人的辩护权。

第四，辩护权运用的手段主要表现为辩解和反驳。这种辩解和反驳不是毫无根据的狡辩，而是要根据事实和法律，针对指控和起诉的罪行。

第五，辩护权行使目的或所要达到的结果，是为了使犯罪嫌疑人、

---

① 田文昌主编：《刑事辩护学》，群众出版社2001年版，第131页。

被告人无罪、罪轻或减轻、免除其刑事责任，维护其合法权益。[①]

二、犯罪嫌疑人、被告人自我辩护

根据《刑事诉讼法》第三十二条的规定，犯罪嫌疑人、被告人除自己行使辩护权以外，还可以委托一至两人作为辩护人。即犯罪嫌疑人、被告人在辩护权行使上有两种方式，其一为自行辩护，其二为委托辩护人或人民法院指定辩护律师为其辩护。但在整个刑事诉讼过程中，法律规定只有在审查起诉和审判阶段才有辩护人的参与，而且在实践中，辩护人往往在审判阶段才参与诉讼，甚至有一部分案件在整个诉讼过程均没有辩护人的参与。只有犯罪嫌疑人、被告人才是在整个司法程序过程中全程参与的人，其行使自我辩护的条件和期限也贯穿于整个司法程序过程。另外，即使有辩护人参加诉讼，犯罪嫌疑人、被告人的自我辩护在辩护权的行使上也有不可替代的作用。现结合《刑事诉讼法》的规定，对犯罪嫌疑人、被告人的自我辩护权作一阐述。至于犯罪嫌疑人、被告人自我辩护权的完善将在相关部分中进行阐述，在此不再赘述。

首先，根据《刑法》和《刑事诉讼法》的规定，犯罪嫌疑人和被告人所享有的辩护权有以下几种：

1. 控告权。走私犯罪嫌疑人、被告人对侦查、检察、审判机关及其工作人员侵害其合法权利的行为有权提出控告。《海关法》第八十条规定："任何单位和个人均有权对海关及其工作人员的违法、违纪行为进行控告、检举……"例如，在讯问的过程中，海关走私犯罪侦查机构的缉私警察为了取得犯罪嫌疑人的口供而对其施以暴力或威胁手段，而侵犯到犯罪嫌疑人的合法权益时，犯罪嫌疑人有权就该侵权事实提出控告。

2. 申请回避权。走私犯罪嫌疑人、被告人享有辩护权，有权对侦查人员、检察人员及合议庭组成人员、书记员、公诉人、鉴定人和翻译人员申请回避。根据《海关法》第八十一条的规定，如果负责侦查工作的缉私警察与案件的相关人之间存在利害关系；或是缉私警察在侦查过程中存在违反法律、法规的行为，以至于可能影响到侦查案件的公正性时，犯罪嫌疑人、被告人可以在侦查阶段或是进入诉讼程序后行使申请回避权。

3. 申辩和陈述权。《刑事诉讼法》第九十三条规定："侦查人员在

① 蒋人文：《犯罪嫌疑人、被告人辩护权保障研究》，载于《广西师范大学学报》2001年第2期，第11页。

讯问犯罪嫌疑人的时候，应当首先讯问犯罪嫌疑人是否有犯罪行为，让他陈述有罪的情节或者无罪的辩解，然后向他提出问题。犯罪嫌疑人对侦查人员的提问，应当如实回答。但是对与本案无关的问题，有拒绝回答的权利。”《刑事诉讼法》第一百三十九条规定："人民检察院审查案件，应当讯问犯罪嫌疑人，听取被害人和犯罪嫌疑人、被害人委托的人的意见。”第一百八十七条规定："第二审人民法院对上诉案件，应当组成合议庭，开庭审理。合议庭经过阅卷，讯问被告人、听取其他当事人、辩护人、诉讼代理人的意见，对事实清楚的，可以不开庭审理。对人民检察院抗诉的案件，第二审人民法院应当开庭审理。犯罪嫌疑人、被告人对于追诉机关的有罪追诉，有权申辩和陈述。”

走私犯罪嫌疑人、被告人自身的申辩和陈述从某种角度上说是要比其辩护律师的辩护更为重要的，这种权利是不应当有任何减损的。主要关注的问题是我国目前的指定辩护制度现状，在满足指定辩护的条件下，法院所指定的律师往往具有随机性，这就存在着很大的问题。例如，法院所指定的律师并不是擅长为走私犯罪辩护的，或者是这种指定律师多数是在履行法律援助义务，在实践中存在着大量的律师无心辩护或是形式上辩护的情形，这样就可能在不是很了解具体案情的情况下进行辩护。这种情况是对犯罪嫌疑人、被告人合法权益的重大损害。所以，在这种情况下走私犯罪嫌疑人、被告人自己进行的申辩和陈述就显得至关重要。

在本书关注的视野范围内，走私犯罪嫌疑人在侦查阶段进行自我申辩的权利应当尤为受到关注。缉私警察讯问犯罪嫌疑人在运用合法侦查手段的情况下，应该给予犯罪嫌疑人充分的辩解机会。因为一般在走私案件立案之前侦查机关已经掌握了相当的证据，所以应对所有可能的犯罪行为的细节进行讯问，并让犯罪嫌疑人充分地申辩。例如，对于走私犯罪行为的逃避海关监管的手段和任何具体环节、走私犯罪的次数、在犯罪中担任的角色和所起到的作用及走私犯罪标的数量等，让犯罪嫌疑人进行申辨，是赋予犯罪嫌疑人为自己的行为进行无罪或是罪轻的辩护机会。当然，侦查工作最后还是主要依据客观的证据链来完成工作的。但是，在这个过程中犯罪嫌疑人的申辩和陈述的权利是要得到充分保障的。

4. 对证据进行确认和质证的权利。《刑事诉讼法》第九十五条规定："讯问笔录应当交犯罪嫌疑人核对，对于没有阅读能力的，应当向他宣读。如果记载有遗漏或者差错，犯罪嫌疑人可以提出补充或者改正。犯罪嫌疑人承认笔录没有错误后，应当签名或者盖章。侦查人员也应当在笔录上签名。犯罪嫌疑人请求自行书写供述的，应当准许。”第一百六十七条规定："法庭审判的全部活动，应当由书记员写成笔录，经审判长审阅后，由审判长和书记员签名。法庭笔录中的证人证言部分，应当当庭宣读或者交给证人阅读。证人在承认没有错误后，应当签名或者盖章。法庭笔录应当交给当事人阅读或者向他宣读。当事人认为记载有遗漏或者差错的，可以请求补充或者改正。当事人承认没有错误后，应当签名或者盖章。"

《刑事诉讼法》第一百二十一条规定：侦查机关应当将用作证据的鉴定结论告知犯罪嫌疑人、被害人。如果犯罪嫌疑人、被害人提出申请，可以补充鉴定或者重新鉴定。《刑事诉讼法》第一百五十六条规定：公诉人、当事人①和辩护人、诉讼代理人经审判长许可，可以对证人、鉴定人发问。审判长认为发问的内容与案件无关的时候，应当制止。公诉人、辩护人应当向法庭出示物证，让当事人辨认，对未到庭的证人的证言笔录、鉴定人的鉴定结论、勘验笔录和其他作为证据的文书，应当当庭宣读。审判人员应当听取公诉人、当事人和辩护人、诉讼代理人的意见。第一百五十九条规定："法庭审理过程中，当事人和辩护人、诉讼代理人有权申请通知新的证人到庭，调取新的物证，申请重新鉴定或者勘验。"《刑事诉讼法》第一百六十条规定：经审判长许可，公诉人、当事人和辩护人、诉讼代理人可以对证据和案件情况发表意见并且可以互相辩论。审判长在宣布辩论终结后，被告人有最后陈述的权利。

根据以上规定，走私犯罪嫌疑人、被告人对于其供述有要求核对和确认的权利，这是证据的任意性规则的必然要求。同时，任何作为定案根据的证据都必须经过质证，因此被告人对于证据有进行质证的权利。

5. 法庭辩论权。《刑事诉讼法》第一百六十条规定：走私犯罪嫌疑人、被告人经审判长许可，可以对证据和案件情况发表意见并且可以互相辩论。

6. 最后陈述权。在审理阶段，走私犯罪嫌疑人、被告人在法庭辩论结束后，有向法庭进行最后陈述的权利。

7. 上诉权。根据《刑事诉讼法》第一百八十条的规定，走私犯罪被告人及其法定代理人，不服地方各级人民法院第一审的判决、裁定，有权用书状或者口头向上一级人民法院上诉。走私犯罪被告人的辩护人和近亲属，经被告人同意，也可以提出上诉。对被告人的上诉权，司法机关不得以任何借口加以剥夺。

---

① 此处需要明确的是，《刑事诉讼法》中诉讼当事人的概念当然地包括被告人。

8. 申诉权。《刑事诉讼法》第二百零三条规定：走私犯罪被告人及其法定代理人、近亲属，对已经发生法律效力的判决、裁定，可以向人民法院或者人民检察院提出申诉，但是不能停止判决、裁定的执行。

三、走私犯罪辩护人制度研究

（一）走私犯罪辩护人制度概述

走私犯罪案件中的辩护人是指在刑事诉讼中，专门帮助走私犯罪嫌疑人、被告人进行辩护，维护其合法权益的人。我国《刑事诉讼法》第三十二条规定："犯罪嫌疑人、被告人除自己行使辩护权以外，还可以委托一人至二人作为辩护人。"根据该规定，在走私犯罪案件的刑事诉讼中，辩护权除了走私犯罪嫌疑人、被告人行使以外，还可以由其他人协助行使，即辩护人行使。《公民权利和政治权利国际公约》第十四条第三款也规定被控有罪的人有权出席受审，并亲自替自己辩护或经由他自己所选择的法律援助进行辩护。

走私犯罪案件中的辩护人可以从不同的角度划分为不同的种类。

1. 委托辩护和指定辩护。这种分类是从辩护人产生方式的角度来划分的。委托辩护是由走私犯罪嫌疑人、被告人或者其近亲属委托律师或者其他公民担任辩护人进行的辩护，世界各国的刑法大多也都规定辩护人可以由委托产生。指定辩护往往与法律援助制度相关，是指在某些特定情形下的案件中，当犯罪嫌疑人、被告人没有委托辩护人时，由国家通过指定方式为其指定辩护人。在我国，辩护也有委托辩护人和指定辩护之分。《刑事诉讼法》第三十二条对委托辩护作了规定，第三十四条则对指定辩护作了规定。根据该规定，公诉人出庭公诉的案件，走私犯罪被告人因经济困难或者其他原因没有委托辩护人的，人民法院可以指定承担法律援助义务的律师为其提供辩护；走私犯罪被告人是盲、聋、哑或者未成年人而没有委托辩护人的，以及可能被判处死刑而没有委托辩护人的，人民法院应当指定承担法律援助义务的律师为其提供辩护。

2. 律师辩护和非律师辩护。这是从辩护人身份不同的角度来划分的。由律师担任辩护人的，就是律师辩护，由其他公民充当辩护人的，就是非律师辩护。在这方面，英美法系国家一般只允许律师担任刑事辩护人，而大陆法系国家存在律师辩护和非律师辩护。在我国也存在律师辩护和非律师辩护，如《刑事诉讼法》第三十二条规定："犯罪嫌疑人、被告人除自己行使辩护权以外，还可以委托一至二人作为辩护人。下列的人可以被委托为辩护人：（一）律师；（二）人民团体或者犯罪嫌疑人、被告人所在单位推荐的人；（三）犯罪嫌疑人、被告人的监护人、亲友。正在被执行刑罚或者依法被剥夺、限制人身自由的人，不得担任辩护人。”

3. 强制辩护和非强制辩护。这是从法院审判走私犯罪案件时走私犯罪被告人是否必须有辩护人的角度来划分的。走私犯罪强制辩护是指法院审判走私犯罪案件时必须有辩护人参加，否则法院不能进行审判。如根据《刑事诉讼法》第三十四条的规定，走私犯罪案件中的被告人是盲、聋、哑或者未成年人而没有委托辩护人的，以及被告人可能被判处死刑而没有委托辩护人的，人民法院应当指定承担法律援助义务的律师为其提供辩护，如果没有辩护人参加诉讼，人民法院就不能开庭审判。走私犯罪非强制辩护是指有辩护人参加辩护并非作为法院审判走私犯罪案件必备条件的辩护。

4. 多人辩护和一人辩护。这是从走私犯罪嫌疑人、被告人同时有几个辩护人为其辩护的角度来划分的。我国《刑事诉讼法》第三十二条规定："犯罪嫌疑人、被告人除自己行使辩护权以外，还可以委托一人至二人作为辩护人。"因此，我国的刑事辩护也有多人辩护和一人辩护之区分，但多人辩护实际上也就是两人辩护。如果一个走私犯罪嫌疑人、被告人同时有两个辩护人为其辩护是多人辩护，一个走私犯罪嫌疑人、被告人只有一个辩护人为其辩护是一人辩护。

（二）走私犯罪刑事辩护人的诉讼权利

这里值得特别加以强调说明的是我国新的《律师法》在2008年已经正式生效。较之原来的《律师法》，新修订的《律师法》发生了很大的变化。其主要体现在两个方面：一是律师在侦查阶段会见当事人的权利大大增强；二是律师代理刑事案件的风险也大幅降低。修订后的《律师法》的生效体现了增强保护和提升律师在诉讼中的权利，也是我国在不断完善程序公平道路上的一大进步。不过应该看到的是，修改后的《律师法》的一些规定与《刑事诉讼法》的规定衔接不紧密，甚至还有相互冲突的地方。以下结合我国《刑事诉讼法》和《律师法》的规定，主要对于律师作为走私犯罪辩护人所拥有的诉讼权利加以阐释。律师作为辩护人在刑事司法程序中的权利体现在以下几个方面：

1. 与在押的走私犯罪嫌疑人、被告人的会见权和通信权。根据《刑事诉讼法》第三十六条的规定，走私犯罪辩护律师自人民检察院对案件审查起诉之日起及自人民法院受理案件之日起，可以同在押的走私犯罪嫌疑人会见和通信，其他辩护人经人民检察院或人民法院许可，也可以同在押的走私犯罪嫌疑人会见和通信。《律师法》第三十三条规定："犯罪嫌疑人被侦查机关第一次讯问或者采取强制措施之日起，受委托的律师凭律师执业证书、律师事务所证明和委托书或者法律援助公函，有权会见犯罪嫌疑人、被告人并了解有关案件情况。律师会见犯罪嫌疑人、被告人，不被监听。”

从上述规定中可以看出，首先，《律师法》规定将律师可以会见犯罪嫌疑人的时间提前到了犯罪嫌疑人被侦查机关第一次讯问或者采取强制措施之日起，使得律师在侦查阶段就开始享有辩护权，并且会见方式以律师持有“三证”的形式被确定下来，使得律师无需像以前一样等待侦讯机关的申请会见批复，这样的规定具有积极的程序意义。其次，虽然我国法律未规定讯问时的律师在场权，可《律师法》的修改内容里增加了律师的“了解有关案件情况”权利。了解案件进度可以使律师对于犯罪嫌疑人的辩护更迅速、更全面有效，这也是保护被追诉人权利的一大进步。最后，第三十三条还规定了：“……律师会见在押的犯罪嫌疑人、被告人，不被监听。”而我国《刑事诉讼法》第九十六条第二款规定：“律师会见在押的犯罪嫌疑人与被告人时，侦查机关根据案件情况和需要可以派员在场。”在这里我们会发现两种规定之间发生了冲突：关键点就在于如何界定“监听”一词的范围，是特指不能够对律师和犯罪嫌疑人的谈话进行录音，除不能进行录音外，还不能有侦查人员听到谈话内容。如果按照《刑事诉讼法》的规定，当侦查机关认为有必要派员在场时，在场的侦查员按照规定是否是只能看、不能听的状态。这样模糊界定的法律规定，会使犯罪嫌疑人的权利保护大打折扣，在实践中也为侦查机关的工作带来不便。

2. 阅卷权。根据《刑事诉讼法》第三十六条的规定，走私犯罪辩护律师自人民检察院对案件审查起诉之日起，可以查阅、摘抄、复制走私犯罪案件的诉讼文书、技术性鉴定材料，其他辩护人经人民检察院许可，也可以查阅、摘抄、复制上述材料。同时，走私犯罪辩护律师自人民法院受理案件之日起，可以查阅、摘抄、复制走私犯罪案件中所指控的犯罪事实的材料，包括本案的诉讼文书、技术性鉴定材料。《律师法》第三十四条规定：“受委托的律师自案件审查起诉之日起，有权查阅、摘抄和复制与案件有关的诉讼文书及案卷材料。受委托的律师自案件被人民法院受理之日起，有权查阅、摘抄和复制与案件有关的所有材料。”对案件起诉、受理后的律师阅卷权范围都有扩大。在案件审查起诉后到法院受理案件之前，律师的阅卷权范围扩展为“与案件有关的诉讼文书及案卷材料。”此处，在作为整体的可阅材料范围扩大为“与案件有关”，说明只要与证明案件实体内容有关的材料都在律师阅卷权的范围内，而且案卷材料的范围肯定是包括并广于技术性鉴定材料的范围。

3. 调查取证权。根据《刑事诉讼法》第三十七条和第一百五十九条的规定，走私犯罪辩护律师经证人或者其他有关单位和个人同意，可以向他们收集与走私犯罪案件有关的材料，也可以申请人民检察院、人民法院收集、调取证据，或者申请人民法院通知证人出庭作证。在法庭审理过程中，走私犯罪辩护人有权申请通知新的证人到庭，调取新的物证，申请重新鉴定或者勘验。《律师法》第三十五条第二款规定："律师自行调查取证的，凭律师执业证书和律师事务所证明，可以向有关单位或者个人调查与承办法律事务有关的情况。"从中可以看出，《刑事诉讼法》对律师的调查取证权的规定，使得律师在实践中想要行使调查取证权困难重重，甚至毫不夸张地说这种规定让律师的调查取证权形同虚设。而《律师法》的规定使律师在调查取证方面拥有主动权，为律师能更好地行使辩护权提供了更强有力的保障。

4. 申请解除或变更强制措施权。根据《刑事诉讼法》第七十五条的规定，走私犯罪嫌疑人、被告人委托的律师及其他辩护人对于人民法院、人民检察院或者走私犯罪侦查机关采取强制措施超过法定期限的，有权要求解除强制措施。人民法院、人民检察院或者走私犯罪侦查机关对于被采取强制措施超过法定期限的走私犯罪嫌疑人、被告人应当予以释放、解除取保候审、监视居住或者依法变更强制措施。

5. 申请取保候审权。根据《刑事诉讼法》第九十六条的规定，走私犯罪嫌疑人被逮捕的，聘请的律师可以为其申请取保候审。

6. 代理控告、申诉权。根据《刑事诉讼法》第九十六条的规定，走私犯罪嫌疑人在被侦查机关第一次讯问后或者采取强制措施之日起，可以聘请律师为其提供法律咨询、代理申诉、控告。

7. 出庭辩护权。《刑事诉讼法》中有关该项权利的规定较多，主要有：人民法院决定开庭审判走私犯罪案件后，应当最迟在开庭三日以前向走私犯罪辩护人送达通知书；在庭审中，走私犯罪辩护人经审判长许可，可以向被告人、证人、鉴定人发问；走私犯罪辩护人有权向法庭出示物证，让当事人辨认，对未到庭的证人的证言笔录、鉴定人的鉴定结论、勘验笔录和其他作为证据的文书，有权当庭宣读。审判人员应当听取其意见；法庭审理过程中，走私犯罪辩护人、诉讼代理人有权申请通知新的证人到庭，调取新的物证，申请重新鉴定或者勘验；在庭审中，走私犯罪辩护人经审判长许可，可以对证据和案件情况发表意见并且可以与公诉人、被害人等互相辩论。《律师法》第三十六条规定："律师担任诉讼代理人或者辩护人的，其辩论或者辩护的权利依法受到保障。"第三十七条规定："律师在执业活动中的人身权利不受侵犯。律师在法庭上发表的代理、辩护意见不受法律追究。但是，发表危害国家安全、恶意诽谤他人、严重扰乱法庭秩序的言论除外。"这样的规定是赋予了辩护律师以辩护豁免权。在走私犯罪这类刑事诉讼程序中，辩护律师的工作是最大限度地保护被告人的合法权益，较之公诉机关代表国家行使的公诉权来说，辩护权毋庸置疑地处于弱势地位，也可以理解成是社会正义与个人正义之间的较量。出于法律的天平应当向弱者倾斜理念的考虑，赋予辩护律师在法庭审判中的辩护豁免权是程序正义完善的另一种重要体现，具有十分重要的意义。

8. 上诉权。根据《刑事诉讼法》第一百八十条的规定，走私犯罪案件中的辩护人经被告人同意，可以对地方各级人民法院第一审的判决、裁定提出上诉。

（三）走私犯罪案件中辩护人辩护权利的完善研究

从1979年《刑事诉讼法》到1996年修改后的《刑事诉讼法》，再到2008年生效的《律师法》，关于辩护人的辩护权在逐渐完善和强化。其主要表现在：一是将律师帮助从原来的审判阶段提前到侦查阶段，确认犯罪嫌疑人在被侦查机关第一次讯问后或采取强制措施之日起，可以委托律师为其提供法律咨询、代理申诉、控告，并且律师在侦查阶段可以不通过有关机关同意会见犯罪嫌疑人。这对于增强侦查活动的透明度，发挥律师的社会监督、制约作用，充分保障犯罪嫌疑人的诉讼权利具有十分重要的意义。二是对于走私犯罪这类公诉案件自案件立案之日起，犯罪嫌疑人有权委托辩护人。将辩护人进行辩护的时间从审判阶段提前到侦查阶段，使辩护人有充分的时间熟悉案情，调查、收集证明犯罪嫌疑人无罪、罪轻的材料，切实有效地提出辩护意见。三是规定对可能判处死刑的被告人，如果没有委托辩护人，应当指定律师帮助其辩护，这是一个重大进步。如果从形式上理解国际标准中关于“在诉讼各个阶段都有获得律师帮助”的规定，我国的现行规定已经达到要求。然而，如果认真分析我国法律的有关规定，并且仔细考察我国的司法现实，就会发现，律师帮助辩护权在中国刑事诉讼中，仍然是一个尚待落实的权利。有鉴于此，对于走私犯罪案件中辩护人辩护权利的继续完善应当加以认真研究。

1. 应当进一步明确律师在走私犯罪侦查阶段具有辩护人身份。根据《刑事诉讼法》第九十六条的规定，律师在走私犯罪犯罪嫌疑人第一次被讯问或者被采取强制措施之日起，就可以接受犯罪嫌疑人的聘请。修订后的《律师法》将律师能够介入司法程序的起点提前到了走私犯罪嫌疑人被第一次讯问或者被采取强制措施之日起。虽然这种规定提前了律师能够成为辩护人的时间，但是，在审判阶段辩护律师的辩护人身份尚不明确。所谓辩护中的“辩”是带有对抗性质的，也就是说在辩护律师尚未了解侦查机关所掌握的证据和材料及要对犯罪嫌疑人进行怎样的指控时，辩护律师就没有为犯罪嫌疑人的行为进行“辩”的基础。即使是修改后的《律师法》，也只是规定了律师只有自案件审查起诉之日起才享有阅卷权。所以，有的学者提出辩护律师在犯罪侦查阶段的身份只是代理人或是提供法律咨询者，并不能说享有完全的辩护权利。这也与国际上通行的标准不一致，如联合国《关于律师作用的基本原则》第一条就要求：律师在“刑事诉讼的各个阶段”为被指控人辩护，也就是说侦查阶段介入的律师具有辩护律师的身份。因此，在刑事诉讼中，确立律师在侦查阶段具有完全的辩护人身份，通过扩大律师职权，如阅卷权、完全保密的会见权等，来完善对于辩护权和对犯罪嫌疑人权利的保护。

但是，结合国家的实际情况和法治理念，对于扩张律师的辩护权也应当与其他相应的制度设计相配套，以避免过大的辩护权对于实体正义的侵害。例如，如果在侦查阶段赋予辩护律师可以对海关侦查机关正在收集的走私证据材料享有阅卷权，辩护律师很有可能充分地了解哪些证据是侦查机关尚未掌握的，加之当前律师已经享有不被监听的会见权，很有可能增加缉私警察讯问犯罪嫌疑人的阻力，也会给走私犯罪分子提供逃避法律惩罚的机会，会使法律追求的实体正义严重受损。所以，如何具体细致地安排控辩之间的权利平衡是值得继续深入研究的问题。

2. 应当设置走私犯罪案件辩护人的讯问在场权。在走私犯罪案件侦查过程中存在着一些刑讯逼供等侵犯犯罪嫌疑人权利的行为，其原因之一是我国《刑事诉讼法》没有规定辩护人的讯问在场权。由于侦查活动具有秘密性的特点，在侦讯过程中发生的许多违法侵权行为为外人不得而知，检察机关也无法对公安机关的侦讯活动进行及时监督，对检察机关自行侦查案件的监督更无从谈起。律师讯问在场权最直接的作用就是及时制止侦讯人员的违法侵权行为，将侦讯工作置于律师的监督之下。因此，走私犯罪侦查机关在讯问走私犯罪嫌疑人时可以通知律师旁听讯问，使违法侵犯人权的行为及时得到扼制或纠正，从而保障走私犯罪嫌疑人的权利。

3. 应当继续完善走私犯罪案件辩护人的会见权、通信权。联合国《关于律师作用的基本原则》第八条规定：“遭逮捕、拘留或监禁的所有人应有充分机会、时间和便利条件；毫无迟延地在不被窃听、不经检查和完全保密情况下接受律师来访和与律师联系协商。这种协商可在执法人员能看得见但听不见的范围内进行。”《保护所有遭受任何形式拘留或监禁的人的原则》与《囚犯待遇最低限度标准规则》也对这种会见、联络权作出详细具体的规定。我国《刑事诉讼法》第九十六条和第三十六条肯定了律师与犯罪嫌疑人、被告人的会见权和通信权，但对会见权、通信权的具体内容及其保障却没有作出具体的规定，以至于在走私犯罪案件刑事诉讼过程中，律师的会见权、通信权受到了极大的限制。新修订的《律师法》虽然规定了律师可以不用经过侦查机关的同意，携带“三证”就能在保证不被监听的情况下与犯罪嫌疑人进行会面。但在实践中仍然存在着非常大的问题，尽管修订后的《律师法》已生效，但在实践中，律师将会见函交给缉私侦查机关后，一般很难马上得到许可，而是在经过数次催促和反复奔波下，侦查机关才一拖再拖后勉强同意。无论是否涉及国家秘密的案件，侦查机关总是派员参加，有的还进行录像、录音；许多地方的侦查机关为了自己办案需要，自行规定律师会见走私犯罪嫌疑人、被告人的时间或次数，如规定走私犯罪嫌疑人在被羁押期间律师只能会见一次，每次会见不超过30分钟；对于律师与在押犯罪嫌疑人、被告人之间的信件，有的地方就规定须经羁押机关审查后方可转交等。这些做法均与国际上所规定的“会见应在保密的情况下进行”、“在押的被指控人应有充分机会、时间和便利条件会见律师”等要求相违背。因此，继续完善辩护人的会见权和通信权，对于保障走私犯罪案件辩护人充分行使其辩护权是非常必要的。

（四）2012年《刑事诉讼法》对辩护制度的最新规定

为了克服1996年《刑事诉讼法》中辩护制度存在的问题，考虑到与《律师法》的衔接，新修订的《刑事诉讼法》强化了辩护权。其主要表现在：

1. 将犯罪嫌疑人、被告人委托辩护人的时间提前到侦查阶段；

2. 规定除危害国家安全犯罪、恐怖活动犯罪，特别是重大贿赂犯罪案件外，律师凭借执业证书、律师事务所证明和委托书或者法律援助公函即可要求会见，无需经过侦查机关批准，并规定会见内容及会见过程不被监听，进一步保障了律师的会见权；

3. 完善了律师阅卷权的规定，扩展了辩护律师在审查起诉阶段阅卷的范围；

4. 将法律援助的范围从可能被判处死刑扩大到可能被判处无期徒刑的案件；同时，将应当提供法律援助的对象范围扩大到对尚未完全丧失辨认或者控制自己行为能力的精神病人而没有委托辩护人的犯罪嫌疑人、被告人；

5. 细化了辩护人的义务。

第五章　走私犯罪侦查中的强制措施

DI-WU ZHANG ZOUSI FANZUI ZHENCHA ZHONG DE QIANGZHI CUOSHI

一、走私犯罪侦查中的强制措施概述

（一）走私犯罪侦查中强制措施的概念和特点

1. 走私犯罪侦查中强制措施的概念

刑事诉讼中的强制措施是司法机关为保证刑事诉讼的顺利进行，依法对现行犯、刑事犯罪嫌疑人、被告人采用的强制限制人身自由的各种方法的统称。强制措施是一把“双刃剑”，运用好就是刑事司法程序顺利进行的重要保障手段，运用不好就会造成对刑事司法程序中人权保障的侵害。强制措施的本质功能决定了它是同走私犯罪分子作斗争不可缺少的手段。因此，研究在走私犯罪侦查中如何正确适用强制措施，对于打击走私犯罪，严厉惩罚走私犯罪分子，维护国家的经济利益，特别是对保障国家法治建设的良性发展具有重要意义。走私犯罪侦查中的强制措施，是指海关走私犯罪侦查机关为了保证走私犯罪侦查活动的顺利进行，对走私犯罪嫌疑人所采取的暂时限制或者剥夺其人身自由的各种法定强制方法。由于强制措施尤其是剥夺自由的强制措施，本质上是对公民基本权利的妨碍，因此国外法律无不对此予以严格限制，并且将决定权赋予法官，只有在紧急情况下，检察官和其助手（主要是刑事警察）才有权采取临时性强制措施。

需要特别说明的是，由于我国的海关制度设置很特别，即海关侦查走私犯罪机关依法执行的职务既包括缉私部门的刑事执法活动，也包括其行政执法活动。所以在海关每年处理的上万起走私行为中，一部分行为所涉及的偷逃税额和数量达到走私犯罪行为的标准，未达到犯罪标准的部分只能按照行政处罚处理。为了不使这两种执法权力混淆甚至于被滥用，两种程序之间存在着严格的界限和程序转换制度。这里研究的主要是针对走私犯罪在海关侦查机关侦查阶段的强制措施，而并不是《中华人民共和国行政处罚法》（以下简称《行政处罚法》）及《海关办理行政处罚案件程序规定》中规定的行政处罚的强制措施。

2. 走私犯罪侦查中强制措施的特点

根据侦查中的强制措施的概念，可以看出其具有以下四个特点。

（1）特定性。走私犯罪侦查中的刑事强制措施是对走私犯罪嫌疑人的行为，而不是对走私物品的行为。对走私物品所采取的有关强制性的侦查行为如扣押、冻结等不属于强制措施，仅仅是侦查活动中收集证据的一种侦查行为，它们不具有强制措施的本质特征，不可能替代强制措施。走私犯罪侦查中的强制措施针对的“人”，只能是走私犯罪嫌疑人，而对其他诉讼参与人则不能适用。

（2）强制性。在走私犯罪侦查中，适用强制措施的直接后果就是使走私犯罪嫌疑人的人身自由受到不同程度的限制或剥夺。这种强制性主要表现在三个方面：第一，任何一种强制措施的运用，都是海关走私犯罪侦查机关行使刑事侦查权的表现，它是以国家强制力为后盾的；第二，任何一种强制措施的运用，都在一定程度上强行限制或剥夺了走私犯罪嫌疑人的人身自由；第三，强制措施的实施不以被强制人的意志为转移。一旦海关走私犯罪侦查机关依法采取了强制措施，无论被强制人是否愿意，都必须无条件地接受和服从。

（3）保障性。作为刑事诉讼的一种保障机制，其着眼点在于防止逃避或妨碍诉讼活动的各种行为的发生，并非一种实体上的处罚。这种保障性决定了走私犯罪侦查中的强制措施的非罚性，因而在对走私犯罪嫌疑人决定适用强制措施时，如果适用强制程度较轻的强制措施可以达到刑事诉讼的目的，就不能采取强制程度高的强制措施，否则就会侵害公民的合法权利。

（4）暂时性。在走私犯罪侦查过程中，各种强制措施的适用都有一定的期限规定。在诉讼终结或者期限届满，或者发现不应当追究走私犯罪嫌疑人的刑事责任以及根据案件情况的变化和需要及时变更强制措施时，即应解除所执行的强制措施。

（二）走私犯罪侦查中强制措施的原则

1. 合法性原则

强制措施的适用具有严格的法律规范性。海关走私犯罪侦查机关在对走私犯罪嫌疑人适用强制措施时，应当严格依法进行。必须根据《刑事诉讼法》、《公安机关办理刑事案件程序规定》和《海关稽查条例》等法律、法规规定的法定条件，按照法定程序，对走私犯罪嫌疑人的人身自由予以限制或剥夺，并且不得超过法定期限。

2. 合理性原则

强制措施并非万能，因而没有必要也不可能对每一个走私案件的犯罪嫌疑人均采取强制措施。对于一个具体的走私案件，是否采取强制措施及采取何种强制措施，必须综合考虑以下因素：（1）犯罪行为的性质、严重程度及其社会危害性大小；（2）犯罪嫌疑人的人身危险性程度；（3）犯罪嫌疑人是否有妨碍刑事诉讼顺利进行的可能；（4）侦查机关对犯罪嫌疑人的犯罪行为的掌握程度；（5）犯罪嫌疑人的悔罪表现；（6）犯罪嫌疑人是否有特殊的身份，如正在怀孕、哺乳期的妇女、人大代表，外国人等身份；（7）犯罪嫌疑人的个人情况等。侦查机关适用强制措施的过程，就是对上述各种因素进行取舍判断并作出理性选择的过程。

3. 人道主义原则

强制措施在适用走私犯罪嫌疑人的过程中从以下三个方面体现人道

主义原则。首先是比例性原则，比例原则的实质在于将限制公民基本权利的国家权力的行使，保持在适度、必要的限度内，即侦查机关采取的强制措施的种类、宽严程度要和走私犯罪嫌疑人的人身危险性相适应。对于罪行较轻、社会危险性不大的，能够采取程度较轻的强制措施就不采用程度较重的强制措施；对于能够不采取强制措施也能够达到目的的，就尽量不采取强制措施。其次是在刑事诉讼过程中，随着诉讼的发展和案情的变化，有的已不需要采取严厉的强制措施就应该相应地变更为较缓和的强制措施。最后是对于超过法定羁押期限而不能结案的或者发现不应该采取强制措施的，就应当及时解除强制措施。

（三）走私犯罪侦查中的强制措施的意义

走私犯罪侦查中的强制措施对于发现真实、控制犯罪、保障人权、法制教育具有重要意义。强制措施是与走私犯罪分子作斗争的不可缺少的手段，是实现刑事诉讼目的和任务必不可少的内容。所以，必须明确依法、合理的适用强制措施的意义所在。

1. 强制措施有利于发现真实，从而保证刑事实体法的正确实施

要确定走私犯罪嫌疑人的行为是否构成犯罪以及追究犯罪行为的刑事责任，就必须得发现真实即查明案件事实。因为只有当查明实际发生的案件事实是什么的时候，才能依照刑事实体法来判断该事实是否符合法定的构成要件，并依此作出公正的处理。但是基于走私犯罪的特点和人趋利避害的本性，走私犯罪分子在实施犯罪以后，一般不会主动地到司法机关“甘愿受罚”或“坐以待毙”，总怀有一定的侥幸心理，往往会伪造、变造、隐匿、毁灭犯罪证据；转移赃款、赃物；与同案犯串供；威胁证人或者寻找假证人作假证；破坏犯罪现场或制造假象，妄图转移侦查视线；甚至会出现自杀的情形，从而形成“无头案”等等。其目的无非是为了千方百计地阻碍侦查机关查明案情，以逃避法律的制裁。针对上述各种不同情况，如果侦查机关采用了相应的强制措施，就在很大程度上降低了走私犯罪分子实施上述行为的可能性，就会大大增加获取犯罪证据的成功率。而一旦获取了走私犯罪证据，案件事实就能显出“庐山真面目”，从而对案件作出正确处理。

2. 强制措施有助于控制犯罪

走私犯罪分子实施犯罪行为以后，为了逃避司法机关的追诉活动，往往逃匿他处，有相当一部分走私犯罪嫌疑人是境外人员和流动人员，如果不及时准确地对其采取强制措施，犯罪嫌疑人可能逃之夭夭，使走私犯罪的侦查工作陷入困境。如果不及时对走私犯罪嫌疑人采取强制措施，不仅使其可能逃避法律制裁，而且这些走私犯罪嫌疑人还有可能铤而走险，继续实施走私犯罪或者其他违法犯罪行为。相反，如果司法机关能够准确、及时、合法、有效地对被追诉者采取适当的强制措施，通过强行限制或剥夺被追诉者的人身自由，使其处于司法机关的控制之下，就会避免被追究的走私犯罪嫌疑人游离于刑事诉讼活动之外，保证侦查机关及时、顺利地收集证据，保证将来的判决得以顺利执行，这样就能使走私犯罪分子受到应有的刑事处罚，进而达到控制犯罪的目的。

3. 正确适用强制措施能够促进保障人权

走私犯罪侦查机关对走私犯罪嫌疑人采取强制措施，就必然要限制或剥夺其人身自由，有人据此认为强制措施不是保障人权而是在侵犯人权，笔者认为这种观点是片面的。实际上，侦查机关通过对走私犯罪嫌疑人采取强制措施，一方面保证司法机关准确、及时地揭露犯罪以惩罚犯罪，另一方面可以有效地防止其继续犯罪，这不仅在客观上保障了社会大多数人的人权，而且也保障了犯罪嫌疑人的人权，而这一点往往是被人们忽略和曲解的。每个人都享有人身自由和安全的权利，这是人权保障的基本标准。因此，我国法律设定了十分严格的强制措施标准，并在不断地改革和完善，以确保走私犯罪嫌疑人所享有的人权不受到侵害。在走私犯罪侦查过程中，强制措施对于保障犯罪嫌疑人的人权主要体现在以下方面：首先，立法上的人权保障，如我国《刑事诉讼法》规定的五种严厉程度不等的强制措施，其主要根据就是犯罪嫌疑人的人身危险程度。这种规定本身就体现了保障人权，犯罪嫌疑人所犯的犯罪行为轻、人身危险性小却适用较为严厉的强制措施；应该适用限制人身自由的却适用了剥夺人身自由的强制措施，这种不相适应就是对人权的侵犯。同时，《刑事诉讼法》对于强制措施的适用条件、适用程序、适用期限的规定都比较严格，在一定程度上防止了因错误适用强制措施而侵犯犯罪嫌疑人人权的发生。其次，运用上的人权保障。在司法实践中，侦查机关为准确、及时地适用强制措施，必须遵守以下原则：合法性原则、必要性原则、相当性原则、适时变更或解除原则。这些原则无不体现了保障人权的理念。再次，适用过程中的人权保障。在适用强制措施过程中，被追诉者拥有一系列对抗司法机关权力滥用的诉讼权利；诉讼以民族语言文字进行的权利、辩护权、控告权、申请回避权、申请变更强制措施权、申请解除违法超期羁押权、供述自由权、法律帮助权、知情权、因遭受错误适用强制措施而获得的刑事赔偿权。最后，在某些特殊情况下，也体现了保障人权的思想。如对有些犯罪嫌疑人采取强制措施以后，就使其处于被控制状态之中，从而防止了犯罪嫌疑人自残、自杀等事件的发生。

4. 强制措施对于推动法制教育有积极意义

首先，对普通公民的教育。侦查机关对走私犯罪嫌疑人采取强制措施，可以使普通公民了解到哪些行为可能是走私犯罪行为，哪些行为或利益需要得到国家法律的保护，以及惩罚犯罪的意义，从而使其自觉遵守宪法和法律，极大地调动公民同走私犯罪行为作斗争的积极性。其次，对走私犯罪嫌疑人本人的教育。侦查机关对走私犯罪嫌疑人适用强制措施过程中，会使他们认识到自己的走私犯罪行为早晚要被揭露，自己的人身自由也难免受到国家强制力的拘束，从而幡然醒悟，不敢重蹈覆辙。最后，对其他走私犯罪分子和社会上一些不稳定分子的教育。在刑事诉讼过程中，侦查机关通过采取强制措施，进而揭露犯罪、惩罚犯罪，就会对他们产生巨大的威慑和教育作用，从而促使其他走私犯罪分子投案自首、悔过自新，使那些有犯罪意识的人不敢毫无顾虑地以身试法。

二、走私犯罪侦查中的拘传

拘传是《刑事诉讼法》所规定的五种强制措施中强制程度最轻的一种，是公安机关、人民检察院和人民法院在刑事诉讼过程中都有权对犯罪嫌疑人、被告人采取一种强制到案、接受讯问的强制措施。走私犯罪侦查中的拘传，主要是指在侦查活动中所采用的强制方法。具体而言，走私犯罪中的拘传是指海关走私犯罪侦查机关，对未被拘留、逮捕的走私犯罪嫌疑人，经合法传唤无正当理由拒不到案或者根据案件情况的需要应当强制到案时，所采取的一种强制其到案接受讯问的强制措施。

走私犯罪侦查中的拘传与传唤不同，拘传是一种强制措施，它本身不具有通知的性质，具有强制性，而传唤是带有通知性质的。海关走私犯罪侦查机关可以强制走私犯罪嫌疑人到案接受讯问。如果走私犯罪嫌疑人抗拒拘传，执行人员可以使用械具。而走私犯罪侦查中的传唤是侦查机关为了查明案情，要求走私犯罪嫌疑人接到传唤通知书后自行按照指定的时间到指定的地点接受讯问的行为。传唤本身是通知性质，不具有强制性，不能使用械具或者押解走私犯罪嫌疑人到案。另外，《刑事诉讼法》和《公安机关办理刑事案件程序规定》等法律法规赋予海关侦查机关对需要拘传的走私犯罪嫌疑人可以直接拘传的权力，并没有要求拘传必须以传唤为条件。因此，传唤并不是拘传的必要前提程序，海关走私犯罪侦查机关既可以对经过合法传唤无正当理由拒不到案的走私犯罪嫌疑人采取拘传，也可以不经过传唤直接拘传走私犯罪嫌疑人，这主要取决于海关走私犯罪侦查机关根据案件的实际情况自行决定。在司法实践中，对于绕关走私、海上走私的犯罪嫌疑人，为了查明案情，收集证据，防止其逃避侦查，必要时可以直接采取强制措施。而对于间接走私、后续走私的犯罪嫌疑人，一般先通过传唤的方式再决定是否采用拘传。

（一）走私犯罪侦查中拘传的适用

拘传虽然是《刑事诉讼法》规定的五种强制措施中强制力度最小的，但是我们也不应该轻视其是作为一种强制措施而存在的对于犯罪嫌疑人人身自由的限制。在现代法治社会中，评价任何一种制度是否是完备、先进并充分保障人权的，一般不是从最严厉的措施或惩罚设置上体现，而往往是从其制度设计是否保障犯罪嫌疑人的人权方面来评价。在走私犯罪侦查活动中适用拘传，应当严格遵守法律规定的适用标准。在走私犯罪侦查中适用拘传符合三个条件。

1. 走私犯罪嫌疑人的身份已经确定

只有对走私犯罪嫌疑人才可以采取拘传，对一般公民不能适用。因此，在适用拘传时，首先需要确定走私犯罪嫌疑人的身份，而确定行为人有走私犯罪嫌疑，必须有一定的证据予以证明。不能仅凭办案人员的主观想象来确定犯罪嫌疑人。当侦查机关通过收集到的证据证明行为人有走私犯罪嫌疑，需要进一步查明案情或者继续侦查时，才可以对其采取拘传措施。至于如何确定走私犯罪嫌疑人，笔者在上文已进行了专门论述。

2. 犯罪嫌疑人经过合法传唤无正当理由拒不到案，或者根据走私犯罪案件的实际情况需要强制其到案接受讯问

是否适用拘传还要根据具体案情需要。如果走私犯罪嫌疑人配合侦查机关的侦查，保证随传随到，也不宜采取拘传。此外，侦查机关对有走私犯罪嫌疑的人员经过传唤后，走私犯罪嫌疑人没有正当理由，拒绝按照侦查机关指定的时间到指定的地点去接受讯问，在这种情况下，侦查机关可以对走私犯罪嫌疑人采取拘传强制措施，强制其到案接受讯问。但在司法实践中，侦查机关在对经合法传唤无正当理由拒不到案的犯罪嫌疑人进行拘传时，犯罪嫌疑人往往借口有“正当理由”。那么，哪些情况可以视为“正当理由”呢？根据实践经验，“正当理由”主要是指：（1）患有严重疾病；（2）家中发生紧急事件不能离开；（3）因不可抗力的阻挡无法前往；（4）正在进行紧急公务活动；（5）其他类似情况。有这些正当理由的，可以继续传唤，而不必适用拘传，但犯罪嫌疑人必须提供证据证明。

3. 走私犯罪嫌疑人未被拘留、逮捕

拘留、逮捕直接剥夺了走私犯罪嫌疑人的人身自由，随时就可以进行传讯，根本谈不上再适用拘传。在司法实践中，取证难、证人不愿作证的问题较突出，有的走私犯罪侦查机关对证人采用拘传，且为数不少，尤其是在证人无故不到庭拒绝作证的情况下。笔者认为，拘传证人不符合《刑事诉讼法》的规定。证人是了解案情的案外人，本身与诉讼案件并无利害关系。证人不愿或不敢作证的原因比较复杂，多数是因为怕负责任，怕受牵连，怕得罪人，怕打击报复等。对于拒不作证的，应当认真分析其中的原因。对于经教育仍拒不作证的证人，由于《刑事诉讼法》对此并没有规定可以采取任何惩戒措施。所以，对证人只能适用传唤。被传唤的证人不到指定的地点接受询问的，侦查人员应当去找证人当面进行询问，绝不允许用拘传的措施强制证人到指定的地点接受询问，任意扩大拘传的对象范围。

（二）走私犯罪侦查中拘传的程序

海关走私犯罪侦查机关根据案件情况，需要拘传走私犯罪嫌疑人的，应当填写呈请拘传报告书，并附有关材料，经隶属海关缉私分局以上的海关走私犯罪侦查机关负责人批准后，签发拘传证。

执行拘传时的海关走私犯罪侦查人员不得少于 2 人。执行拘传时，侦查人员应当向被拘传人出示拘传证，并令其在拘传证上签名、按指印。对拒绝拘传的，执行人员可以使用械具。1998 年 4 月 20 日，公安部发布的《公安机关办理刑事案件程序规定》第一百三十三条规定："对犯罪嫌疑人执行拘传可以依法使用约束性警械。办理未成年人犯罪案件不得使用警械。但确有行凶、逃跑、自杀、自伤、自残等现实危险除外。"由于未成年人在心理上、生理上都与成年人有较大的差异，要充分考虑到未成年人的身心健康应当实行教育感化、挽救的方针。所以，对未成年走私犯罪嫌疑人在使用械具上必须慎重对待，必须严格按照适用条件的规定去执行，对于可用可不用的，原则上不用。这样可以减轻其不必要的心理压力，体现了对其的司法保护。在实践中，对于妇女和年龄较大的犯罪嫌疑人及体弱有病的犯罪嫌疑人也应当慎重对待，尽量不使用或少用械具。当然，这也不能绝对化，应视具体情况而定，关键要看是否具有现实危险的情况。

海关走私犯罪侦查机关拘传走私犯罪嫌疑人，应当在该犯罪嫌疑人所在市、县内地点进行。犯罪嫌疑人的工作单位、户籍地与居住地不在同一市、县的，海关走私犯罪侦查机关可以根据犯罪嫌疑人生活、工作、学习的实际情况及侦查办案的实际需要，确定拘传的地点。

走私犯罪嫌疑人到案后，侦查人员应当责令其在拘传证上填写到案的时间，并立即进行讯问。讯问结束后，应当责令其在拘传证上填写结束的时间。走私犯罪嫌疑人拒绝填写的，侦查人员应当在拘传证上注明。这样做的目的在于规范侦查机关严格遵守《刑事诉讼法》关于拘传的时间规定，同时为其后犯罪嫌疑人控告侦查机关违法办案提供依据。

海关走私犯罪侦查机关到关区以外地区执行拘传，应携带拘传证、办案协作函件和工作证，并事先通知犯罪嫌疑人所在地的海关走私犯罪侦查机关。犯罪嫌疑人所在地的海关走私犯罪侦查机关应协助将犯罪嫌疑人拘传到指定地点进行讯问。严禁用拘传手段将被拘传人带离本地。

对于需要对被拘传的人变更为其他强制措施的，应当在拘传期间内作出批准或者不批准的决定；对于不批准的，侦查机关应当立即结束拘传。

（三）走私犯罪侦查中拘传的时间限制

新修订的2012年《刑事诉讼法》规定，拘传持续的时间不得超过12小时；案情重大、复杂，需要采取拘留、逮捕措施的，拘传持续的时间不得超过24小时。对走私犯罪嫌疑人一次拘传持续的时间不得超过12小时或24小时。但在实践中应如何确定拘传开始的时间呢？正确确定拘传开始的时间，有利于严格执行《刑事诉讼法》关于拘传的规定。有人认为应从向被拘传人宣布时开始计算时间。也有人认为，应从讯问被拘传人时开始计算拘传时间。但《人民检察院刑事诉讼规则》第三十四条明确规定："拘传持续的时间从犯罪嫌疑人到案时开始计算。"因此，对走私犯罪嫌疑人拘传持续的时间应当从被拘传人到案时开始计算。

2012年《刑事诉讼法》第一百一十七条第三款规定："不得以连续传唤、拘传的形式变相拘禁犯罪嫌疑人。传唤、拘传犯罪嫌疑人，应当保证犯罪嫌疑人的饮食和必要的休息时间。"但缺乏进一步的配套措施和制约的规定。何为"连续拘传的形式"内容不明确，如12小时的拘传时间不够，下一次采用拘传需要间隔多长时间才能不被认为是变相拘禁？因为《刑事诉讼法》和相关司法解释中并没有明确规定两次拘传之间的间隔时间，在实践中侦查人员执行拘传时不好操作，缺乏统一的标准。目前，有一种观点认为，拘传的间隔时间应当不少于12小时，理由是从立法保护被拘传人的合法权益的本意来说，这样可以使被拘传人有充分的时间休息和调整。[①] 笔者认为，案件的具体情况不同，每次拘传的持续时间也会长短不同，如果简单规定两次拘传之间的间隔时间不得少于12小时或8小时或若干小时等不利于发挥拘传的作用。例如，第一次拘传走私犯罪嫌疑人2小时结束后，侦查机关发现其要逃跑而需要再次拘传，是否必须待12小时以后再执行拘传呢？笔者认为，这个

---

① 王学林主编：《公安机关办理刑事案件程序规定释义》，群众出版社1998年版，第69页。

问题需要从拘传的目的、意义、对人身自由拘束的程度，以及具体走私案件的实际情况等，进行具体分析和判定。首先，侦查机关必须严格依法办案，不得变相拘禁走私犯罪嫌疑人，因为拘传是针对那些不需要逮捕、拘留的走私犯罪嫌疑人适用的，而拘传其人身自由的目的在于使其接受讯问。如果一直对其连续拘传，没有间隔，或仅有短暂的间隔则其根本不可能有人身自由，实质上拘传就成了变相拘禁。其次，要切实保护走私犯罪嫌疑人的基本人权，必须保障走私犯罪嫌疑人为维持生存所必需的饮食及睡眠时间，不能实施疲劳讯问。所以，考虑到司法实践中办案的具体实际情况，从既要有利于打击走私犯罪，又要有利于保护公民的合法利益的角度出发，不宜作简单机械的规定。但是，切实保障走私犯罪嫌疑人为维护生存所必需的饮食时间和一定的睡眠时间是应该遵守的前提条件，可以将其作为确定两次拘传之间的间隔时间的标准。2012 年《刑事诉讼法》明确规定了“应当保证犯罪嫌疑人的饮食和必要的休息时间”，是尊重和保障人权的重要体现。

需要指出的是，2012 年《刑事诉讼法》在拘传时间上作了不得超过 12 小时的一般限制，但增加了对于特别重大、复杂的案件需要采取拘留、逮捕措施的，拘传可以延长至 24 小时的规定，这一增加规定主要为了回应侦查部门提出的到案讯问时间过短，难以突破口供的难题，有限制地增加了拘传的时间。然而，这一规定从根本上不利于保障被追诉人的人权。一方面，犯罪嫌疑人被传唤或者拘传后，人身自由可能经受连续 24 小时的考验，这是对“法律上无罪”的公民人权潜在的巨大威胁。同时，24 小时的跨度很大，必然包含了犯罪嫌疑人正常的饮食与休息时间，这与后面规定的“应当保证犯罪嫌疑人的饮食和必要的休息时间”是相矛盾的。另一方面，“案情特别重大、复杂”笼统、缺乏细化，容易造成侦查人员借此延长拘传的时间，使得“特别重大、复杂”案件范围人为地扩大化。因此，该新增规定是立法上的一种失误，是人权保障上的退步。

三、走私犯罪侦查中的取保候审

取保候审是《刑事诉讼法》的一种重要的强制措施。在办理走私犯罪的刑事案件中，取保候审也被经常使用。走私犯罪侦查中的取保候审，是指海关走私犯罪侦查机关为了防止走私犯罪嫌疑人、被告人逃避侦查，责令他们提出保证人或者交纳保证金，以保证人或者保证金形式担保其不逃避或者妨碍侦查，并且随传随到的一种强制措施。

我国的取保候审制度与外国的保释制度不同。外国刑事诉讼中的保释是指被羁押待侦查、审判的人提供担保，并履行必要的手续后而获释放的制度。保释制度在保障犯罪嫌疑人和被告人的人身自由权利，保证诉讼程序的正常进行，以及减少关押犯罪嫌疑人、被告人费用等方面发挥着重要作用。美国、英国、日本等国家都在单行法或刑事诉讼法典中对保释制度作了较为系统的规定。尽管此制度与我国的取保候审制度在性质、目的、申请主体、附加条件、保证金等方面有很多相同之处，但又有很大的区别。这种区别主要表现在：

第一，理论基础不同。外国保释制度给了符合保释条件的犯罪嫌疑人、被告人不予羁押的权利，这样的设置是对无罪推定的彻底的贯彻。犯罪嫌疑人、被告人的自由权利并不因被指控犯罪而丧失，因而犯罪嫌疑人、被告人在被法庭定罪之前应当是自由的。而且只有仅当这种自由可能会严重妨害诉讼的正常运行或发生危害社会的后果时，它才受到限制。保释制度正是建立在无罪推论的基础上，充分地体现了刑事诉讼保障人权的功能。而我国《刑事诉讼法》虽然也在某种程度上体现了无罪推论原则的精神，但这项原则并不构成取保候审制度的理论基础。第二，适用范围不同。从表面上看，我国取保候审制度的适用范围较外国保释制度的范围要大。如英国的《保释法》明确规定，有下列情况之一的被告人无权获得保释：（1）被指控有叛国罪的；（2）逃犯；（3）有与所指控罪行相同的前科；（4）曾被保释但未按时到庭受审者。除此之外的被告人均可获得保释。总的来说在外国的法律规定中，保释一般不适用于死刑或是重罪犯罪嫌疑人和被告人。而我国《刑事诉讼法》第五十一条第一款规定：“可能判处有期徒刑以上刑罚，采取取保候审不致发生社会危险性，可以取保候审。”可见没有特别的规定对于死刑、重罪犯罪嫌疑人和被告人不可适用取保候审。第三，适用的对象不同。保释的适用对象必须是在押的犯罪嫌疑人、被告人。而取保候审的适用不是以羁押为前提，表现出一定的灵活性。第四，有关撤销与改变措施的规定不同。在日本，如果犯罪嫌疑人有《刑事诉讼法》第九十六条规定情形之一的，法官可以依据检察官的申请或依职权撤销保释，保释还可能因为被告人被判处监禁以上刑罚而失效。《美国1984年联邦保释改革法》第三十一条规定：“违反任何一项释放条件的人，应当撤销保释，决定羁押，并以藐视法庭罪起诉。”在英国，如保释人无正当理由不按时到庭，除没收保险金、撤销保释外，还可以逮捕被保释人，以潜逃罪论处。所以，在观念上不能把保释制度和取保候审制度混为一谈。

（一）走私犯罪中取保候审的对象

根据2012年《刑事诉讼法》和《公安机关办理刑事案件程序规定》、《最高检刑事诉讼规则》等有关规定，结合走私犯罪的司法实践，对下列情形的走私犯罪嫌疑人、被告人，可以取保候审：

1. 可能判处管制、拘役或者独立适用附加刑的；

2. 可能判处有期徒刑以上刑罚，采取取保候审，不致发生社会危险性的；

3. 患有严重疾病生活不能自理，怀孕或者正在哺乳自己婴儿的妇女，采取取保候审不致发生社会危险性的；

4. 羁押期限届满，案件尚未办结，需要采取取保候审的；

5. 对拘留的走私犯罪嫌疑人，证据不符合逮捕条件的；

6. 提请逮捕后，检察机关不批准逮捕，需要复议、复核的；

7. 走私犯罪嫌疑人被羁押的案件，不能在法定期限内办结，需要继续侦查的；

8. 移送起诉后，检察机关决定不起诉，需要复议、复核的；

9. 持有有效护照或者其他有效出境证件，可能出境逃避侦查，但不需要逮捕的。

一般而言，取保候审主要适用于犯罪情节较轻的犯罪嫌疑人、被告人，如行为人涉嫌走私违禁品数量较小；或者购买走私普通货物、物品，情节较轻；或者未经海关许可擅自将保税货物销售牟利等，这些可能判处管制、拘役或者独立适用附加刑的走私犯罪，或者虽然可能判处有期徒刑以上刑罚，但采取取保候审不致发生社会危险性的走私犯罪，可以采取取保候审的强制措施。此外，出于人道主义的考虑，对一些罪行严重需要逮捕的走私犯罪嫌疑人，如果其患有严重疾病，或者是正在怀孕、哺乳自己婴儿的妇女，也可以取保候审。这样做有利于走私犯罪嫌疑人治疗疾病或者胎儿、婴儿的健康成长，体现《刑事诉讼法》的人文关怀精神，更有利于保障人权。但需要指出的是，对于这些特殊的走私犯罪嫌疑人，法律只是规定“可以”取保候审，如果该犯罪嫌疑人具有很大的社会危险性，也可以不取保候审，而予以逮捕。走私犯罪中的取保候审还可以作为一种临时的变通措施，以此保证诉讼的顺利进行。如走私犯罪侦查机关对于被拘留的走私犯罪嫌疑人，经过讯问发现其罪行严重，但是在法定的拘留期限内不能将有关证据收集齐全，提请逮捕的证据尚不充分，释放犯罪嫌疑人使其脱离侦查机构的监督又可能发生社会危险；对于人民检察院不批准逮捕的走私案件，需要补充侦查或者侦查机关认为人民检察院不批准逮捕的决定有错误，需要要求复议或者复核的；在法定的侦查羁押期限内不能结案，仍需要继续侦查的走私犯罪案件等，由于这些犯罪嫌疑人的犯罪嫌疑尚未排除，还需要继续查证、审理，不限制其人身自由，将其放入社会仍有很大的社会危险性时，就可以采取取保候审措施，继续开展侦查工作。因此，适用取保候审的对象必须是有犯罪嫌疑，可能被判处刑罚，采取取保候审不致发生社会危险的人。在办理走私案件的实践中，应当综合考虑犯罪行为的性质与危害程度、可能判处的刑罚及走私犯罪嫌疑人的个人情况来决定是否采取取保候审。其中一个实质要件是看取保候审对象取保后是否具有社会危险性。

相对于拘留、逮捕等羁押措施而言，取保候审是一种较轻的强制措施，并没有剥夺其人身自由。在走私犯罪的侦查活动中，如果由于案情需要进一步开展侦查，对犯罪嫌疑人羁押后在法定期限内不能结案，而将其放入社会又有很大的社会危险性时，就应该把较重的强制措施变更为较轻的强制措施。也就是说，适用取保候审的强制措施更有利于保障走私犯罪嫌疑人的人权。

取保候审主要适用于犯罪情节较轻，不致发生社会危险性的犯罪嫌疑人和被告人。对于累犯、犯罪集团的主犯，以自伤、自残办法逃避侦查的犯罪嫌疑人，危害国家安全的犯罪、暴力犯罪，以及其他严重犯罪的犯罪嫌疑人，《公安机关办理刑事案件程序规定》明确规定不得取保候审。该规定使《刑事诉讼法》取保候审的适用范围更加明确具体，具有可操作性。走私犯罪是一种严重危害社会主义市场秩序的犯罪活动，对一些严重的走私犯罪嫌疑人适用取保候审时，应当严格按照规定执行。笔者总结对下列走私犯罪嫌疑人，不适用取保候审：（1）走私累犯、惯犯；（2）走私犯罪集团的主犯和主要责任人；（3）武装掩护走私和以暴力、威胁方法抗拒缉私的；（4）有自伤、自残行为的犯罪嫌疑人；（5）可能判处死刑、无期徒刑的犯罪嫌疑人。

（二）走私犯罪中取保候审的申请主体

走私犯罪中取保候审的申请主体，即申请取保候审的主体资格问题，1996 年《刑事诉讼法》第五十二条明文规定："被羁押的犯罪嫌疑人、被告人及其法定代理人、近亲属有权申请取保候审。"第九十六条规定："犯罪嫌疑人被逮捕的，聘请的律师可以为其取保候审。"2012 年《刑事诉讼法》规定，辩护律师可以为犯罪嫌疑人申请变更强制措施，当然包含着申请取保候审，但取消了原《刑事诉讼法》第五十二条的规定。我们认为在走私犯罪中，申请取保候审的主体为已被羁押的走私犯罪嫌疑人、被告人本人或其法定代理人、近亲属、律师。律师申请取保候审，不应限制在走私犯罪嫌疑人被逮捕后，应当在走私犯罪嫌疑人被采取强制措施后。而走私犯罪嫌疑人、被告人本人和他们的法定代理人、近亲属申请取保候审，可以在犯罪嫌疑人被羁押的任何时候，包括被拘留期间。

把申请取保候审的主体资格赋予律师，有利于对走私犯罪嫌疑人权利的保护。但现行法律没有将犯罪嫌疑人、被告人本人或其法定代理人、近亲属、其他辩护人也列入这一主体资格范围内，笔者认为这是一个缺陷。2012 年《刑事诉讼法》显然缩小了申请取保候审的主体范围。作为相对较轻的一种强制措施，应当赋予犯罪嫌疑人，被告人或其法定代理人、近亲属申请取保候审的权利，这样有利于对人权的保护。同时，根据我国法律的规定，犯罪嫌疑人、被告人有权委托律师提供法律帮助和进行辩护，也有权委托符合《刑事诉讼法》规定条件的其他人进行辩护，既然都是为其进行辩护，律师可以申请取保候审，其他辩护人则无权申请，这对没有请律师的犯罪嫌疑人和被告人来说是不公平的，也背离了《刑事诉讼法》设置的可以由律师以外的其他人进行辩护的立法初衷。法律在设定程序权利的时候会赋予律师以其他当事人所没有的权利，这是基于律师有专业的法律教育背景和法律实践经验，以及受到律师从业规则的限制，是出于律师较一般普通人享有法定的权利义务和承担相应的法律责任。而从申请取保候审行为的本质上看，并不需要一定是有律师这种具有法律专业技术的人与辩护人的身份才能行使。况且，新的《刑事诉讼法》第九十七条也规定：犯罪嫌疑人、被告人及其法定代理人、近亲属或者辩护人对于人民法院、人民检察院或者公安机关采取强制措施超过法定期限的，有权要求解除强制措施。这里的辩护人包括除律师外的其他辩护人。既然其他辩护人对采取强制措施超过法定期限的有权要求解除该强制措施，那么为什么就不赋予他们申请取保候审的权利呢？因此，笔者建议，应当将律师以外的其他人申请取保候审的资格予以明确。

2012 年的《刑事诉讼法》增加了被取保候审人应当遵守的规定。《刑事诉讼法》第六十九条第二款规定：“人民法院、人民检察院和公安机关可以根据案件情况，责令被取保候审的犯罪嫌疑人、被告人遵守以下一项或者多项规定：（一）不得进入特定的场所；（二）不得与特定的人员会见或者通信；（三）不得从事特定的活动；（四）将护照等出入境证件、驾驶证件交执行机关保存。”根据这一规定，对被取保候审的走私犯罪嫌疑人、被告人，应当责令其在取保候审期间不得从事与涉嫌的走私犯罪相关联的场所、人员及相关的活动，并将相关证件交执行机关保存，保障诉讼活动顺利进行，同时防止被取保候审人再次违法犯罪。”

（三）走私犯罪侦查中取保候审的程序

根据 1996 年《刑事诉讼法》和《公安机关办理刑事案件程序规定》：

1. 在走私犯罪的侦查中，如果被羁押的走私犯罪嫌疑人及其法定代理人、近亲属、聘请的律师申请取保候审，应当以书面形式提出。

2. 走私犯罪侦查机关在接到取保候审的申请后，应当在7日内作出同意或不同意的答复。同意取保候审的，依照《刑事诉讼法》以及《公安机关办理刑事案件程序规定》办理取保候审手续；不同意取保候审的，应当书面通知申请人，并说明理由。对侦查机关作出时间上的限制，是为了加强侦查机关执法的严肃性，充分保障当事人的权利。走私犯罪侦查机关认为可以对走私犯罪嫌疑人取保候审的，应当制作呈请取保候审报告书，说明取保候审的理由及采取的保证方式，经缉私分局以上的负责人批准后，并签订取保候审决定书。取保候审决定书应当向走私犯罪嫌疑人阅读，由走私犯罪嫌疑人签名（盖章）、捺指印。

3. 依据《刑事诉讼法》第五十条和《公安机关办理刑事案件程序规定》第六十三条的具体规定，审查是否同意对犯罪嫌疑人采取取保候审措施。但在实践中，走私犯罪嫌疑人及其近亲属、代理人和聘请的律师提出取保候审申请后，由于缺乏有关受理程序规则的保障，结果往往导致取保候审申请如泥牛入海，杳无音讯。走私犯罪侦查机关作出是否取保候审的决定，是在单方、秘密的情况下进行的，走私犯罪嫌疑人及其聘请的律师不能在场，不能进行理性的争辩和说服，对决定结果不能施加影响。当他们对取保候审决定不服的时候，也不能获得司法救济。所有这些，都极大地影响了取保候审功能的发挥。

4. 根据有关规定，走私犯罪侦查机关决定对走私犯罪嫌疑人取保候审时，应当责令走私犯罪嫌疑人提出保证人或者交纳保证金。对同一走私犯罪嫌疑人，不得同时责令其提出保证人和交纳保证金。

在走私犯罪中，是适用保证人担保还是保证金担保呢？有学者认为应优先考虑保证人的担保，只有在走私犯罪嫌疑人无法提出保证人，或所提出保证人都不愿担保时，才适用财产保。其理由在于：一是保证人担保在一般情况下更为有效。在目前中国，一般来说，人们的家庭观念依旧较浓，亲情友谊也基本为人们普遍重视。因而基于亲情友谊而设的保证人担保，比较能制约被担保人的行为，更能达到取保候审的目的。二是保证人担保比保证金担保更方便易行。对适用保证金而言，在确定其交纳的保证金数额时，往往要考虑犯罪嫌疑人、被告人可能判处的罪行轻重、其经济状况等多种因素，而他的罪行尚未确定，经济状况要明确查明也往往比较复杂，因而要确定保证金数额比较困难。如果确定不当，过多则有失公平，过少则缺乏制约力，这都将影响取保候审的目的，也不符合设立取保候审的宗旨。三是由于增设了对保证人的制约处罚措施，《刑事诉讼法》修改前的那种保证人担保软弱无力的问题已较好地得以解决。也有学者认为保证金担保优于保证人担保。

笔者认为，适用保证金担保还是保证人担保，要根据案件的具体性质来决定。一般而言，对财产犯罪案件适用保证金担保，对非财产犯罪案件适用保证人担保更容易实现刑事诉讼的目的。走私犯罪作为一种财产犯罪，为了使走私犯罪嫌疑人不逃避侦查和审判，应当责令其提供保证金担保。保证金的数额可以根据走私犯罪嫌疑人走私的物品的价值计算。如果犯罪嫌疑人走私违禁物品，无法计算其价值，保证金的收取标准应在2000元以上5万元以下；如果犯罪嫌疑人走私普通货物、物品，保证金的数额可以按照偷逃应缴税额的1至3倍确定。当然，走私犯罪嫌疑人也可以提出保证人担保。只是在走私犯罪嫌疑人既可以提供保证人，又可以交纳保证金的情况下，应当优先适用保证金担保。在走私犯罪嫌疑人无力交纳保证金时，也可以提供保证人进行担保。

5. 如果采用担保人进行担保的方式，那么就需要明确能够成为担保人需要满足的条件。有人认为保证人可分为两类：一类是自然人，一类是法人。可作为保证人的法人，主要是犯罪嫌疑人、被告人所在工作单位或所在学校的保卫部门，以及其居住地或住所地的居委会。笔者认为，单位（法人）不具有保证人资格。其理由如下：《刑事诉讼法》明确规定保证人必须同时具备四个条件：（1）与本案无牵连；（2）有能力履行保证义务；（3）享有政治权利，人身自由未受到限制；（4）有固定的住处和收入。而单位（法人）起码是不具备上述第三个条件的。因此，从《刑事诉讼法》规定的条件来看，应当排除单位（法人）担当保证人的情况。虽然有些国家，如苏联规定了取保候审有人保和社会团体保，但是单位（或称团体或法人）的法定代表人经常因种种原因发生人员变动，而继任者很可能对前任遗留的某些事务推诿，加之单位仅仅只是抽象的人格化的组织，从而无法使保证人的义务落到实处。当然，单位的法定代表人以私人名义担当保证人则另当别论。此外，律师也不能担任保证人。选取保证人除应把握《刑事诉讼法》规定的条件外，还应注意以下几个方面：（1）保证人是否具有担任保证人的意愿；（2）保证人是否具有良好的监督保证能力；（3）保证人与被保证人关系是否密切；（4）保证人是否具有良好的社会信誉。

6. 开始执行取保候审措施后，海关的侦查机构工作人员应向被取保候审人清楚地交代在取保候审阶段犯罪嫌疑人应当遵守的规定：（1）未经执行机关允许，不得擅自离开所居住的市、县；（2）在海关侦查机关传讯的时候及时到案；（3）不得以任何形式干扰证人作证；（4）不得毁灭、伪造证据或者串供。2012年《刑事诉讼法》增加了“住址、工作单位和联系方式发生变动的，在24小时以内向执行机关报告”的规定，这是为了保证办案机关和执行机关随时掌握被取保候审人的行踪，保证其能够随时到案。

7. 关于取保候审的执行机关，走私犯罪侦查机关决定对走私犯罪嫌疑人采取取保候审的，应通知并移送走私犯罪嫌疑人居住地公安机关执行。这主要考虑到走私犯罪侦查机关警力不足，无法有效地发挥对走私犯罪嫌疑人的监督。

（四）取保候审的变更和撤销

1996 年《刑事诉讼法》第五十六条第二款规定："被取保候审的犯罪嫌疑人违反前款规定，已交纳保证金的，没收保证金，并且区别情形，责令犯罪嫌疑人、被告人具结悔过，重新交纳保证金、提出保证人或者监视居住、予以逮捕。"第五十八条规定："对于发现不应当追究刑事责任或者取保候审、监视居住期限届满的，应当及时解除取保候审、监视居住。"第七十三条规定："人民法院、人民检察院和公安机关如果发现对犯罪嫌疑人、被告人采取强制措施不当的，应当及时撤销或者变更。"2012 年《刑事诉讼法》将 1996 年《刑事诉讼法》中的"没收保证金"修改为"没收部分或全部保证金"，避免了原来"一刀切"的规定，有利于保护犯罪嫌疑人、被告人及其保证人的合法财产利益，减轻其经济负担。增加"对于违反取保候审规定，需要予以逮捕的，可以对犯罪嫌疑人、被告人先行拘留"的规定，使被取保候审人在逮捕决定作出之前处于一种被控制状态，防止其逃逸，妨碍刑事诉讼的顺利进行。在走私犯罪中，人民法院、人民检察院和走私犯罪侦查机关都有对已经采取的强制措施的决定进行变更或者撤销的权力。在这里，主要指的是走私犯罪侦查机关适应案件的不同进展情况而对取保候审措施的变更和撤销。

1. 取保候审措施的变更

基于什么样的原因或者理由才能将已经作出的取保候审决定予以变更呢？根据《刑事诉讼法》的有关规定，如果发现走私犯罪嫌疑人有下列情形之一的，走私犯罪侦查机关就可以将其强制措施变更为监视居住或者提请批准逮捕：（1）走私犯罪嫌疑人违反应当遵守的规定，即未经批准离开所居住的市、县的，在传讯的时候不及时到案的，干扰证人作证的，毁灭、伪造证据或者串供的；（2）犯罪嫌疑人在取保候审期间又进行违法、犯罪活动的；（3）发现采取取保候审决定不当的。

侦查机关对走私犯罪嫌疑人取保候审后，应当积极开展侦查活动，收集证据，而不得停止对案件的侦查。在侦查过程中，如果发现原取保候审的决定不符合法律和司法解释的规定，就应当及时决定变更取保候审。如果犯罪嫌疑人、被告人符合法律和司法解释规定，可以采取其他强制措施的，即应依法变更为其他强制措施。

走私犯罪嫌疑人在取保候审期间内，因违反取保候审规定而导致变更或取消取保候审措施的，需要依法没收保证金。没收保证金要经过严格的审核，应当报处级以上负责人批准，并签发没收保证金决定书。决定没收的保证金金额在50万元人民币以上的，应当报缉私局审查批准。

对于在取保候审期间潜逃的走私犯罪嫌疑人，如何变更强制措施？根据《中华人民共和国公安部关于被取保候审的犯罪嫌疑人逃跑后如何处理有关问题意见的函》，对走私犯罪嫌疑人在取保候审期间逃跑的，取保候审期限自其逃跑之日起中止，走私犯罪侦查机关应当根据《刑事诉讼法》、《最高人民检察院、公安部关于依法适用逮捕措施有关问题的规定》的有关规定，依法提请检察机关批准逮捕。人民检察院作出批准逮捕决定后，原取保候审自动解除，不用再办理解除取保候审的法律手续。

2. 取保候审措施的撤销

走私犯罪侦查机关在办理走私案件过程中，如果发现有下列情形之一的，就应当解除对走私犯罪嫌疑人的取保候审：（1）被取保候审人没有犯罪事实的；（2）不应当被追究刑事责任的，所谓“不应当被追究刑事责任”，是指具有《刑事诉讼法》第十五条规定的六种情形之一的：情节显著轻微，危害不大，不认为是犯罪的；犯罪已过追诉时效的；经特赦令免除刑罚的；犯罪嫌疑人死亡的；其他法律规定免予追究刑事责任的；（3）取保候审期限届满的。

另外，根据司法实践经验，对于有下列情形之一的，也应当撤销或者变更取保候审：（1）走私犯罪嫌疑人死亡的。走私犯罪嫌疑人是取保候审的被保证人或者说是保证对象，既然保证对象都不存在了，取保候审也就失去了存在的前提和意义，当然也应当予以撤销。（2）保证人死亡、重伤或者出现其他丧失保证能力情形的。保证人是取保候审的义务主体，保证人资格的存在以其具有保证能力为前提条件，如果没有或者丧失了保证能力，保证义务的履行就成为事实上的不可能，取保候审也就随之应当予以变更。对于这种情况，如果犯罪嫌疑人、被告人能够另行找到保证人的，撤销原取保候审措施，可重新办理取保候审手续；如果不能找到保证人的，可依法变更为其他强制措施。（3）海关侦查机关提请逮捕以后，检察机关不批准逮捕，案件需要复议、复核的，或者移送起诉后，检察机关决定不起诉，需要复议、复核的。

在取保候审期间内，犯罪嫌疑人没有违反取保候审规定的，在撤销取保候审措施后，在缴纳保证金的情况下，应当全数将保证金退还给犯罪嫌疑人。决定退还保证金时，应当报请处级以上负责人批准，并签发退还保证金决定书。

（五）适用取保候审中出现的问题及制度完善

1. 适用取保候审时出现的问题

在司法实践中，走私犯罪侦查机关在对走私犯罪嫌疑人实施取保候审方面存在着大量的问题，主要表现在：

（1）超越取保候审法定条件、范围、对象进行取保的现象较为普遍，在整个刑事强制措施中运用比重过大。造成这种局面的原因一方面是一些侦查机关受经济利益驱使，将理应提请逮捕的犯罪嫌疑人取保候审，有的甚至将不应追究刑事责任的人取保候审。另一方面，有些侦查机关对已经刑事拘留的犯罪嫌疑人，在羁押期间为了收取一定数目的保证金，就以诸如疾病、办案需要等理由变更强制措施而取保候审，这在客观上不仅造成了放纵犯罪嫌疑人的现象，更严重的是还侵犯了那些不应追究刑事责任的人的合法权益。

（2）保人不保，放任自流。依据法律要求，保证人必须保证被保证人员在取保候审期间随传随到，发现被告人有逃避侦查、继续犯罪、毁灭罪证、串供的行为时，要设法制止，并立即报告走私犯罪侦查机关。而在侦查机关办案实践中发现，由于侦查机关对保证人要求不严格，造成许多保证人对被保证人违反法律规定的行为不闻不问，听之任之，取而不保，审而不到，影响了侦查活动的正常进行。

（3）对同一犯罪嫌疑人决定取保候审的，同时使用保证人保证和保证金保证。目前，采用所谓的“双保险”做法，在侦查机关比较普遍。这直接与有关的法律及规定相抵触，形成这种情况一方面是由于经济利益的驱动，另一方面是因为有些侦查机关的部分办案民警对取保候审有关担保方式的规定认识不清、掌握不准。

（4）取保候审理由不正确。部分取保候审案件，取保理由不能按照法律规定和要求去填写，在一部分取保候审决定书中，在取保候审一栏有的空白不填，有的笼统写上“案件需要”，有的填写涉嫌的罪名。

（5）保证金的数额确定和收取、保管混乱。由于对保证金数额缺乏一个统一的标准，各地公安机关在执行时也大多各行其是，少则几千元，多则几万元不等。在收取上有的由办案单位收取，有的由审核把关的法制部门收取，有的由侦查机关的财务部门统一收取，这些做法都与有关规定的保证金由指定银行代为收取相违背。2012 年《刑事诉讼法》新增了对保证金数额及交纳方式的规定：“取保候审的决定机关应当综合考虑保证诉讼活动正常进行的需要，被取保候审人的社会危险性，案件的性质、情节，可能判处刑罚的轻重，被取保候审人的经济状况等情况，确定保证金的数额。”“提供保证金的人应当将保证金存入执行机关指定银行的专门账户。”

（6）对犯罪嫌疑人取保候审后，中断对案件的继续侦查。根据新修订的《刑事诉讼法》第五十八条第二款的规定，在取保候审期间不得中断对案件的侦查。但具体由哪个部门负责侦查，条文没有作进一步的规定，加上有些部门受警力不足、经费紧张等客观因素的制约，导致个别地方存在着“人取保了，案件锁在柜子里”的现象，保而不审，在取保候审期间不进行任何调查，不询问一份笔录，就是偶尔找被取保人一次也是为了没收其保证金，这样就造成事实上中断对案件继续侦查的现象，把取保候审措施变相当成了一种结案方式。

（7）不能及时解除取保候审和退还保证金。根据《刑事诉讼法》的规定，取保候审最长期限不得超过12个月，而在长期的执法实践中，对一些取保到期的人员不能及时解除，使一些取保候审人员长期处于取保候审状态。更有甚者，有的案件已被撤销，可案件当事人仍处于被取保候审状态。根据法律及有关规定要求，犯罪嫌疑人在取保候审期间未违反有关规定的，取保候审结束时，应当退还保险金，但在侦查执法实践中，却有相当一部分办案单位没有按照这一规定执行，严重侵犯了公民的财产权。

2. 完善走私犯罪中取保候审

完善走私犯罪侦查机关实施取保候审制度的几点建议：

（1）应明确规定取保候审的适用条件。关于取保候审的条件，世界各国普遍以法定主义为主，以酌定主义为辅。例如，美国规定，“对轻罪被告人，所有的司法都适用保释，对死罪被告人均不适用保释。对非死刑、重罪被告人适用与否，有些司法是由法官或司法官酌情决定，有的州的法律则规定不予适用。”又如，日本《刑事诉讼法》规定，除法定情形外，应当准许保释。此外，法院可以依职权作出保释裁定。我国可以借鉴这一世界通例，结合刑事诉讼的具体情况，对准许取保候审或不准许取保候审的条件作出列举性规定，同时坚持原则性和灵活性相结合，赋予司法机关若干自由裁量权，以实现一般公正和个别公正的统一。

（2）应明确规定取保候审的具体程序。现代刑事诉讼，是以“裁判为中心”的诉讼构造，因而西方各国普遍都建立了司法授权、审查和救济机制，以诉讼的方式规范强制措施的运用。在这些国家，运用强制性措施要经过中立的司法机构进行合法性审查，发布许可令状，被运用强制措施的人必须被及时带到法官面前，由法官决定是否羁押或保释，被羁押人不服不予保释裁定的，有权以上诉等方式获得司法救济。我国可以吸收这些合理因素，以诉讼构造的方式来规范取保候审程序。具体地说，首先，应当实行令状主义，检、侦机关要求取保候审，应当向人民法院申请许可令状，不能自行采取取保候审措施。其次，人民法院应当在犯罪嫌疑人和检、侦机关到场的情况下，公正听取各方陈述和辩解，审查各方提供的证据资料，依法作出是否授予许可令状的裁定。最后，犯罪嫌疑人不服采取强制措施令状的，有权上诉。另外，在犯罪嫌疑人被羁押的场合，犯罪嫌疑人有权以类似的程序申请法院进行程序性审查，作出是否予以取保候审的裁定。不过，必须注意到取保候审完全诉讼化必须以整个侦查构造诉讼化为前提，在侦查构造尚未诉讼化的情况下，可以考虑设立类似于诉讼的听证程序，以保障犯罪嫌疑人能够充分地参与同自己利益直接相关的程序。

四、走私犯罪侦查中的监视居住

监视居住是公安司法机关为了防止犯罪嫌疑人、被告人逃避或妨碍侦查、起诉和审判，而采取的限定其不得擅自离开住处或居所，并予以监视的一种强制措施。监视居住是一种保证案件顺利进行的强有力手段，也是我国在强制措施领域中的独创，纵观世界其他各国，很少有国家规定或类似规定监视居住措施。

走私犯罪侦查中的监视居住主要是指走私犯罪侦查机关在办理走私犯罪案件过程中所采用的强制措施。在走私犯罪的侦查过程中，对走私犯罪嫌疑人采取监视居住强制措施，具有不可替代的作用。从监视居住在人身自由强制措施中的位置和强度来看，走私犯罪的监视居住介于取保候审和拘留之间，属于最严厉的限制人身自由的强制措施。但与对走私犯罪嫌疑人采取剥夺人身自由的拘留、逮捕相比，监视居住的强度要小得多，与走私犯罪中的取保候审相比，监视居住则要严厉得多。其严厉之处表现为：一是在走私犯罪侦查中，监视居住的空间范围比取保候审要小许多，按规定，被监视居住人的活动空间范围是其住处或指定的居所，而被取保候审人的活动空间可达其所居住的市、县内的所有空间。二是在适用期限内对行为的限制内容不同。除了在被适用期间不得以任何形式干扰证人作证，不得毁灭、伪造证据或者串供等相同的要求外，对被监视居住的人还要求“未经执行机关批准不得会见他人”，这一限制的严厉程序是不难想象的。对被监视居住人活动空间和行为种类的严格限制，说明他是最严厉的限制人身自由的强制措施。但是，这种严厉性仍然是与剥夺人身自由是有本质区别的。在当前人口流动性强，异地作案越来越多，走私犯罪嫌疑人或被告人在找不到保证人或没有保证金，又不符合拘留条件的情况下，不对他们采取监视居住强制措施，会放纵罪犯，妨碍刑事诉讼的顺利进行。

（一）走私犯罪侦查中的监视居住的适用

1996 年的《刑事诉讼法》对监视居住与取保候审两种强制措施规

定了相同的适用条件，未能区分其强制性程度位阶，导致监视居住适用极少或被错误运用。考虑到监视居住的特点和实际执行情况，2012 年《刑事诉讼法》对监视居住规定了与取保候审不同的适用条件。根据新修订的《刑事诉讼法》，海关走私犯罪侦查机关对具有下列情形之一的走私犯罪嫌疑人，可以监视居住：(1) 应当逮捕的犯罪嫌疑人患有严重疾病、生活不能自理的；(2) 怀孕或者哺乳自己婴儿的妇女；(3) 系生活不能自理的人的唯一抚养人；(4) 因为案件的特殊情况或者办理案件的需要，采取监视居住措施更为适宜的；(5) 羁押期满，案件尚未办结，需要采取监视居住措施的；(6) 对符合取保候审条件，但犯罪嫌疑人、被告人不能提出保证人，也不交纳保证金的。

笔者认为，1996 年的《刑事诉讼法》对取保候审与监视居住两种不同强制措施的适用条件未作任何区分，显然是不科学、不准确的。实际上，取保候审和监视居住是两种不同的强制措施，存在一定的区别。监视居住的严厉程度重于取保候审。在走私犯罪的侦查过程中，同等条件下，是对犯罪嫌疑人适用取保候审还是适用监视居住呢？目前有两种观点，一种主张二者的适用上应是分别适用的，认为能对犯罪嫌疑人适用取保候审时，就不能适用监视居住。“监视居住，一般是在犯罪嫌疑人、被告人找不到保证人时采用。”① 首先，强制措施的目的在于保证侦查、审判工作的顺利进行，只要走私犯罪嫌疑人能够保证不逃避侦查和审判，就没有必要采取更严厉的强制措施；其次，根据无罪推定的原则，走私犯罪嫌疑人在人民法院依法定罪之前，不能认为他有罪，因而出于保障人权的需要，就应该在同等条件下，采取较缓和的强制措施。只有对无法适合取保候审的走私犯罪嫌疑人，才可以监视居住。即符合取保候审条件的走私犯罪嫌疑人既无力交纳保证金，又无保证人担保的，可以监视居住。另一种观点认为，走私犯罪是一种比较严重的经济犯罪，在证据不充分又不宜采取其他强制措施的情况下，对走私犯罪嫌疑人采取监视居住强制措施，具有不可替代的作用。其原因在于走私犯罪分子多系境外人员或流动人口，社会关系复杂，取证查证难，串供毁证容易，对他们在证据不充分而确有犯罪嫌疑的情况下，不能取保候审，而应监视居住，坚决将他们与外界隔离开来，将有利于案件的侦破。

在这一问题上笔者认为，走私犯罪侦查中具体应对走私犯罪嫌疑人采取何种强制措施，一定要依据走私犯罪案件性质、走私犯罪嫌疑人的

① 武延平著：《中国刑事诉讼法教程》，中国政法大学出版社 2001 年版，第 85 页。

具体情况等诸多因素来具体确定。由于监视居住处于限制与剥夺人身自由的临界位置，较之取保候审严厉，被监视居住的犯罪嫌疑人的活动范围比取保候审的犯罪嫌疑人要小，因此，出于保障人权的需要，对一般走私案件，应尽量适用取保候审；但根据案件需要应当对犯罪嫌疑人监视居住的，应当采取监视居住强制措施。例如对加工贸易渠道的走私案件的侦查，因其大多数作案持续时间长、涉案环节多、取证工作量大，一时难以确定罪重还是罪轻；对有重大犯罪嫌疑的境外人员或流动人口，在不适用刑事拘留时，适用其他较轻强制措施也能达到目的的情况下，应适用监视居住，使侦查工作始终处于主动。此外，对一些走私犯罪案件即使适用取保候审也不能达到有效的控制犯罪嫌疑人，而适用羁押性强制措施又过于严厉的情况下，可以适用监视居住措施。由于法律规定的选择适用，给侦查机关很大的自由裁量权，不利于走私犯罪嫌疑人权利的保护。要从根本上解决这个问题，最好的办法是从法律上分别规定取保候审和监视居住的适用条件。《刑事诉讼法》第五十一条规定的情形，以限于适用取保候审为宜，对监视居住的适用条件应当另行规定。2012 年《刑事诉讼法》的出台，很好地解决了两种不同强制措施的适用条件，可以说是立法上的一大进步。

（二）走私犯罪侦查中的监视居住的地点

对于监视居住的地点，1996 年《刑事诉讼法》对监视居住原来“指定区域”不明的缺陷进行了修改，规定“未经执行机关批准不得离开住处，无固定住处的，未经批准不得离开指定的居所”。“固定住处”和“指定的居所”比“指定的区域”明确具体。从文字定义看，“固定住处”，是指犯罪嫌疑人在办案机关所在的市、县内生活的合法住处；指定的居所，是指办案机关根据案件情况，在办案机关所在的市、县内为犯罪嫌疑人指定的生活居所。对有固定住处的人，不得再“指定居所”。《刑事诉讼法》明文规定，对被监视居住的人，“没有固定住处的，未经批准不得离开指定的居所”。显然，针对被监视居住的对象，以指定居所的方式只限于没有固定住处的人，而不能针对在本地有固定住处或与家人同住的人。对有固定住处的犯罪嫌疑人，侦查、检察机关再为其“指定居所”显然是违反《刑事诉讼法》的。

在走私犯罪的侦查中，监视居住的地点是被监视人的固定住处或指定居所，那么，住处和居所的空间范围如何界定呢？现在，人们一般都将住处和居所理解为人所居住的房屋之内的空间，如果超出了这一空间，就不属于住处或居所的范围。根据立法上的文字表述，这一解释是无可非议的。但是，由于监视居住的期限在每一诉讼阶段都可达六个月，试想，如果某一犯罪嫌疑人、被告人在刑事诉讼的全过程都被监视居住，这甚至比采用剥夺自由的拘留方式更具有强制力。事实上，有的学者已经注意到了这一点，他们指出：从字面理解监视居住的范围仅限于犯罪嫌疑人的住所或居所，但事实上被监视居住人不可能整天在住所不出房门，应当有一个活动的空间和范围，所以，不宜将监视居住的范围仅理解为住所或居所。① 笔者认为，监视居住的住所和居所，不能解释为居住的房子以内的空间，而应当是被监视居住人必要的，能进行基本生活的空间范围，诸如在居住地附近采购生活用品的区域。换句话说，住处和居所应当是以居住的房屋为核心的生活区域。

监视居住是限制人身自由而不是剥夺人身自由的强制措施。虽然《刑事诉讼法》有明确规定，司法机关的有关文件也强调不得以监视居住为名实施变相拘禁，但在司法实践中，这种变相拘禁的现象仍然很严重。从对走私犯罪嫌疑人监视居住的适用情况看，一些地方的侦查机关常以《刑事诉讼法》第五十七条第一款第一项规定的："指定居所"为由，将被监视居住的走私犯罪嫌疑人关押在特定场所，如饭店、招待所、旅馆，或自建的"工作站"，有的甚至被关在"黑房子"里，完全限制了被监视居住人的人身自由。即使被适用的走私犯罪嫌疑人有固定的住处，仍然为其指定居所并派人看守，形成实质上的监禁。以该款第二项"未经执行机关批准不得会见他人"为由，拒绝律师会见，或者必须经过办案机关批准才准许律师会见。这在性质上，把限制人身自由的强制措施变成了剥夺人身自由的强制措施。实际上形成了对被监视居住人的变相拘禁，严重违反了《刑事诉讼法》的规定，违反了立法本意和精神。

1996 年 6 月 13 日，公安部发出的《关于贯彻实施刑事诉讼法有关问题的通知》规定：禁止将被监视居住的犯罪嫌疑人关押在羁押场所或公安机关，更不能设立专门的监视居住场所。同年 12 月最高人民检察院发出《关于印发检察机关贯彻《刑事诉讼法》若干问题的意见的通知》也明确了"监视居住是一种非关押的强制措施"，"绝不能允许把监视居住搞成变相羁押"。公安部《公安机关办理刑事案件程序的规定》也明确规定："公安机关不得建立专门的监视居住场所，对犯罪嫌疑人变相羁押。不得在看守所、行政拘留所、留置室或者公安机关其他工作场所执行监视居住。"

1996 年《刑事诉讼法》虽然规定"未经批准不得离开指定的居所"，但是并没有规定运用"指定居所"的情形、程序、注意事项等问题。2012 年修订的《刑事诉讼法》，较为详细地规定了指定居所监视居

① 徐静村著：《刑事诉讼法学（上）》，法律出版社 1997 年版，第 208 页。

住制度。

对于充分发挥监视居住在惩治犯罪、保障犯罪嫌疑人、被告人诉讼权利方面具有重要作用。《刑事诉讼法》第七十三条规定："监视居住应当在犯罪嫌疑人、被告人的住处执行；无固定住处的，可以在指定的居所执行。对于涉嫌危害国家安全、恐怖活动犯罪、特别重大贿赂犯罪，在住处执行可能有碍侦查的，经上一级人民检察院或者公安机关批准，也可以在指定的居所执行。但是，不得在羁押场所、专门的办案场所执行。"

（三）走私犯罪侦查中的监视居住的方式

要使对走私犯罪嫌疑人监视居住达到预期目的和取得真实效果，对被监视人进行监视是必不可少的。问题在于《刑事诉讼法》及相关的司法解释没有就此作任何规定，监视方式成为适用该种强制措施的一大难题。没有行之有效的监视方式，监视居住的目的就难于实现。这也是实践中发生将监视居住变为变相羁押的因素之一。关于监视居住的监视方式，学界有人已进行了有益的探讨。借鉴这些研究成果，我们认为，走私犯罪监视居住的监视方式可以用下列形式进行。

1. 直接监视与间接监视

直接监视是指：监视人员对被监视人进行直接的监控，可以在既定的空间范围内跟踪监视或者在被监视人居住的建筑物外的适当地方设置监视点。直接监视的优点在于如果被监视人违反应当遵守的规定，如未经批准离开住处或指定的居所，未经批准会见不应会见的人，进行毁灭、伪造证据或者串供，就可以立即干预、制止，从效果考虑这种方法当然是最理想的；但在实践中我们不可能忽视这种方法的不足之处，即在于难度较大，警力不足等问题。需要指出的是，直接监视不能干预被监视人实施没有被禁止的活动。间接监视，是指监视人员不直接进行监控，而是通过其他方式、渠道掌握被监视人的活动情况，如向其邻居了解被监视人的活动，从而达到进行监视的目的。

2. 持续监视与间断性监视

持续性监视，是指监视人员对被监视人进行全天候的、不间断性的监视，使被监视人一直处于被监控之中。持续性监视的效果肯定好，但也存在监视有难度和警力不足等问题。间断性监视，是指监视人员不进行持续性的监视，可以间接地进行。间断性监视可以定期进行，也可不定期进行，根据具体情况而定。

3. 主动监视与被动监视

主动监视，是指监视人员积极、主动地对被监视人实施监视。主动监视既可以亲自到被监视人的住处进行，也可以通过其他方式掌握被监视人的情况。被动监视，是指监视人员不主动出击，而是要求被监视人定期向监视人员报告其活动情况，从而达到监视的目的。

上述监视方式，相互之间可能存在交叉、重合，但并不矛盾，而是从不同的角度体现了监视的形态，如直接监视与持续性监视及主动性监视就有其一致性。这些监视方式可在走私犯罪的司法实践中选择适用，诸如对违反应遵守规定可能性大的走私犯罪嫌疑人采用直接、持续、主动的监视方式，而对社会危害性小的走私犯罪嫌疑人采用其他较为温和的方式进行监视。

2012 年《刑事诉讼法》增加了对被监视居住人在监视居住期间监督监控的规定："执行机关对被监视居住的犯罪嫌疑人、被告人，可以采取电子监控、不定期检查等监视方法对其遵守监视居住规定的情况进行监督；在侦查期间，可以对被监视居住的犯罪嫌疑人的通信进行监控。"

（四）走私犯罪侦查中的监视居住的执行

当走私犯罪侦查机关决定对走私犯罪嫌疑人实施监视居住时，走私犯罪侦查部门应当制作呈请监视居住报告书，说明监视居住的理由，经分署和直属海关缉私局以上的负责人批准后，签发监视居住决定书。在正式执行之前，应当向其宣读监视居住决定书，由走私犯罪嫌疑人签名（盖章）、捺指印。为了对被监视居住的走私犯罪嫌疑人进行必要的限制，对其实施有效的监督和管理，促使他遵守有关规定，走私犯罪侦查机关根据案情需要，可以暂扣其身份证件、机动车（船）驾驶证件。

对于走私犯罪嫌疑人监视居住的执行，根据《公安机关办理刑事案件程序的规定》第一百零一条的规定，公安机关决定监视居住的，由犯罪嫌疑人住处或指定的居所所在地的派出所执行。由于海关走私犯罪侦查机关没有派出机构，因此，可以由其侦查部门执行监视居住，也可以由其法制部门承担执行监视居住的任务。必要的时候，如需地方公安机关配合，应通报有关地方公安机关，地方公安机关应予配合。

监视居住能否由海关走私犯罪侦查机关委托犯罪嫌疑人的所在单位或者基层治保组织执行？笔者认为，"监视居住由公安机关执行"的规定，包含了由公安机关委托犯罪嫌疑人的所在单位或者基层治保组织执行的内容。由海关走私犯罪侦查机关自身的警力执行，固然是"由公安机关执行"；由海关走私犯罪侦查机关委托被监视居住人的所在单位或者基层治保组织执行，海关走私犯罪侦查机关必须办理委托执行手续，交代委托执行事项，受委托的单位或者组织也必须执行规定和遵守执行纪律，这实质上也是由海关走私犯罪侦查机关执行。目前，海关走私犯罪侦查机关工作任务繁重，而警力相对偏少，单纯依靠自身的力量执行监视居住，显然是有一定困难的。而委托执行条件较好的单位或者组织执行监视居住，不但可以缓解海关走私犯罪侦查机关任务与警力的矛盾，而且还能发挥基层组织参与国家管理活动的积极作用。这也是符合修改后的《刑事诉讼法》规定的“人民法院、人民检察院和公安机关进行刑事诉讼，必须依靠群众”的原则。当然，具体接受委托承担执行监视居住的人员，应当具备一定的条件，例如政治思想好，有很强的责任心；有执行监视的能力；与本案无牵连等等。还应当明确交代受委托承担执行监视居住的权利和义务。其权利为：有权对被监视的对象进行批评教育；有权向委托的司法机关汇报被监视对象的有关情况，确保被监视对象不逃离住处或者指定的居所；在司法机关传讯的时候保证被监视居住人及时到案，等等。这样，才有利于监视居住这一强制措施的落实，并得到较好的效果。执行机关能否雇用一般公民进行监视？笔者认为，为减小司法机关的压力，司法机关在人手紧缺时，可视案件的具体情况有选择的适用。对被雇用者可给予适当的报酬，但也应加强他的责任。司法机关在选用人员时一定要考虑监视效果，不可随便选用。

在执行监视居住时，海关走私犯罪侦查机关应当向被监视居住的人宣布必须遵守下列规定：（1）未经执行机关批准不得离开监视居住的处所；（2）未经执行机关批准不得会见聘请的律师以外的其他人或者通信；（3）在传讯的时候及时到案；（4）不得以任何形式干扰证人作证；（5）不得毁灭、伪造证据或者串供；（6）将护照等出入境证件、身份证件、驾驶证件交执行机关保存。违反上述规定的事项，情节严重的，应当变更强制措施，予以逮捕。对此，司法实践中下两个问题值得研究：

第一，被监视居住的走私犯罪嫌疑人在指定的活动区域内到底有多大自由？哪些事情可以做，哪些事情不可做？就这一问题存在不同的观点和意见。笔者认为，被监视居住者除必须遵守《刑事诉讼法》第五十七条所作的禁止性规定外，在指定的活动区域内不应再受其他的约束。走私犯罪嫌疑人可以看书、看电视，还应享有通信、通讯自由及保守通讯秘密的权利。那么，能否在其住所或居所安装电子监控设备进行监视？笔者认为不可，特别是在固定住所内更是不行。因为，在被监视居住者的住所中还有与其共同居住、共同生活的亲属，如果允许进行电子监控的话，必然会给其他无辜公民的合法权益造成侵害。既然在住所内不能进行电子监视，那么，在指定居所内也不可行。因为，被监视居住者应具有相同的自由与权利。

第二，如何理解不遵守监视居住的规定事项“情节严重”的行为？《公安机关办理刑事案件程序的规定》第九十九条规定：“被监视居住的犯罪嫌疑人违反应当遵守的规定，有下列情形之一的，公安机关应当提请批准逮捕：（1）在监视居住期间逃跑的；（2）以暴力、威胁方法干扰证人作证的；（3）毁灭、伪造证据或者串供的；（4）在监视居住期间又进行犯罪活动的；（5）实施其他违反本规定第九十七条规定的行为，情节严重的。”笔者理解，这里的“情节严重”，是指不遵守监视居住的规定事项达到了妨碍刑事诉讼顺利进行的程度，即具有社会危险性，而不能理解是指一般的不遵守规定事项的情形，例如被传讯到案时有个别次数迟到，经批准会见他人时间稍有拖延的情况，显然不属于情节严重的行为。此外，被监视居住者未经执行机关批准，与其没有共同居住的亲属或其他辩护人会见和谈话，只要会见对刑事诉讼的进行没有影响，也不能认为情节严重。对这种情况，执行机关应当给予批评、警告而不能直接提请批准逮捕。

（五）走私犯罪侦查中的监视居住的变更和解除

监视居住期间，海关走私犯罪侦查机关不得中断对案件的侦查，对被监视居住的走私犯罪嫌疑人，应当根据案情变化及时解除监视居住或者变更为其他强制措施。监视居住最长不得超过6个月，监视居住期限届满10日前，执行机关应当通知原决定机关。

1. 走私犯罪中监视居住的变更

如果需要变更监视居住的，原决定机关应当做出变更监视居住的决定，并且予以执行。监视居住变更为拘留、逮捕的，在变更的同时，原强制措施自动解除，不再办理解除法律手续。案件在监视居住期间移送审查起诉的，是否需要重新办理监视居住手续或者变更强制措施，由人民检察院决定。人民检察院决定重新监视居住手续或者变更强制措施的，海关走私犯罪侦查机关应当办理解除原监视居住的手续。

在监视居住期限届满仍不能结案的走私犯罪案件，能否变更为取保候审的强制措施？根据《公安部关于监视居住期满后能否对犯罪嫌疑人采取取保候审强制措施问题的批复》，海关走私犯罪侦查机关因侦查犯罪需要，对于监视居住期限届满的走私犯罪嫌疑人，如果确有必要采取取保候审强制措施，并且符合取保候审条件的，可以依法决定取保候审，但是不得未经过依法变更就转为取保候审，不能中止对案件的侦查。

2. 走私犯罪中监视居住的解除

海关走私犯罪侦查机关在办理走私犯罪案件侦查过程中，如果发现有下列情形之一的，就应当解除监视居住：（1）被监视居住的人没有走私犯罪事实；（2）被监视居住的人走私行为的情节显著轻微、危害不大，不认为是犯罪的；（3）走私犯罪已过追诉时效期限的；（4）经特赦令免除刑罚的；（5）走私犯罪嫌疑人死亡的；（6）其他法律规定免于追究刑事责任的；（7）监视居住期限届满的。需要解除监视居住的，由原决定机关制作解除监视居住决定书，及时通知执行监视居住的机关，由执行机关向被监视居住人宣读和通知有关单位。

（六）走私犯罪侦查中的监视居住实践存在的问题

由于1996年《刑事诉讼法》关于监视居住的法律规定仍然比较原则，造成在走私犯罪中适用监视居住强制措施的困境。比如对走私犯罪嫌疑人人身自由限制程度，因为法律没有具体规定，造成执法机关在司法实践中很难把握：对监视居住对象人身自由限制太小，其活动范围太大，则难以达到监管之目的；对人身自由限制太大，其活动范围太小，又有变相拘禁之嫌。再如就是否为达到监视居住目的，对犯罪嫌疑人采取监控、窃听等措施，加强对被监视居住人的有效控制，法律亦未明确。而《刑事诉讼法》关于监视居住目的得以实现的方式又过于单一，全靠司法机关履行监督、检查职责未确保其目的得以实现，这势必挤占较多的警力、财力，而这正是目前司法机关面临的一个难题。由于立法上的不完善，一些走私犯罪侦查机关面临“三难”境地：不采取监视居住措施，有些案件可能会导致放纵走私犯罪，妨碍刑事诉讼的顺利进行；严格按法律规定的“住处”或者指定的居所采取监视居住措施，又难以防止走私犯罪嫌疑人串供、伪造、毁灭证据；放在拘留所、看守所执行监视居住又违反了法律规定，侵犯了犯罪嫌疑人的合法权益。这样，在实践中出现两种极端：一种是控制适用这种强制措施，从而未能使监视居住在打击走私方面充分发挥作用；另一种是在追求破案率的思想指导下，借口法律关于监视居住的规定超前，不符合实际情况，因此采取变相羁押的措施。其中后一种是司法实践中发生最多的问题，在走私侦查过程中由于适用监视居住的操作不慎或打“擦边球”，造成变相羁押，进而导致发生致被监视的走私犯罪嫌疑人自杀的意外事件时有发生。

针对这种情况，走私犯罪的侦查机关要树立正确的执法观念，严格按照《刑事诉讼法》和《公安机关办理刑事案件程序的规定》行使职权，履行职责。对监视居住这项事关当事人人身自由合法权益的强制措施，必须不折不扣地执行法律的规定，而不能以“立法超前”，不适应实际为借口，随意变通适用。绝不能以损害法律的尊严和侵犯当事人的合法权益为代价，片面追求个案的所谓“公正”。同时要加强办案干警的业务培训，提高侦查办案水平；要从严治警，增强办案干警的责任心和宗旨观念，严格依法定程序办案；对于违法适用监视居住强制措施损害犯罪嫌疑人合法利益或者变相羁押导致犯罪嫌疑人伤亡的，侦查机关要承担国家赔偿责任，以此加强办案机关和侦查人员的责任心，防止监视居住强制措施的滥用。需要说明的是，2012 年《刑事诉讼法》对于监视居住措施进行了详细规定，有效地克服了以往监视居住流于形式的弊端。

五、走私犯罪侦查中的拘留

刑事诉讼中的拘留，是指公安机关在侦查活动中，对于罪该逮捕的现行犯或者重大嫌疑分子，由于情况紧急，依法采用的临时剥夺其人身自由的一种强制方法。“刑事拘留是根据公安机关在侦查过程中，根据《刑事诉讼法》的规定，为了保证侦查、起诉和审判活动的顺利进行，对于现行犯或重大嫌疑分子，在紧急情况下所采取的强制措施。”① 拘留是五种强制措施中仅次于逮捕的一种。根据以上阐述，走私犯罪侦查中的拘留是指海关走私犯罪侦查机关对于走私现行犯或者重大嫌疑分子，在法定的紧急情况下，依法采用的临时剥夺其人身自由的临时性强制措施。走私犯罪侦查中的拘留是在紧急情况下采取的强制方法，正确运用该项措施，可以及时制止走私犯罪，查获现行犯和重大嫌疑分子，迅速收集证据，查明案情，防止其逃避和阻碍侦查活动的进行，因此，刑事拘留是对走私犯罪作斗争的重要手段。

（一）走私犯罪侦查中拘留的特点

在走私犯罪侦查中，为保障诉讼的顺利进行，追求侦查效益，防止走私现行犯和重大犯罪嫌疑人自杀、逃跑、隐匿、毁灭、伪造证据或串供，防止其继续犯罪、危害社会，给侦查工作造成难度，立法机关赋予了海关走私犯罪侦查机关在紧急情况下适用拘留措施，以保障国家和社会利益。但由于这一强行措施，直接涉及对人身自由这一基本权利被国家权力的直接剥夺，所以立法机关规定了较短的时间。其立法精神是：赋予权利，保障侦查；时间限制，维护人权。具体来说，走私犯罪侦查中拘留的特征有：

1. 保障性

拘留的目的是保障诉讼的顺利进行，如其他较轻的措施足以达到该目的，就不要适用拘留。这就是拘留转作其他措施的原因。另外，在时间上具有可变性，只要能达到该保障目的，就可缩短时间。

2. 非罚性

拘留是强制措施，不是处罚。然而，它具有实实在在的惩罚性，这就留下了惩罚性的消除问题。这是慎重使用拘留的根本原因所在。

---

① 陈光中、严军星著：《新刑事诉讼法通论》，法律出版社 1996 年版，第 154 ~155 页。

3. **短暂性**

通常在三日以内提请批捕，有特殊情况或法定情形才延长。时间短，利于处罚性的消除，纵然不能，也有利减轻损害，不致因错误拘留，对他人的工作、生活影响巨大，造成社会不安定的积累，从而也就保障了社会生产和生活秩序。所以在作出延长决定时，要慎重。

4. **严厉性**

拘留是直接剥夺人身自由的强行措施，与此手段相对应的应该是罪行的严重性，从而程序结果是批准逮捕予以羁押，这符合国际诉讼通行的适度原则。所以在适用时，要考虑对象上的限定条件。如果根据拘留后查明的事实来看，不足以逮捕不宜适用拘留。

5. **应急性**

发现行为人有重大的走私嫌疑或是出现走私现行犯时，如果不立刻对犯罪嫌疑人采取强制措施的话，就会出现不能控制犯罪嫌疑人的风险，导致侦查工作不能顺利进行。而在这时由于办理逮捕是需要经过严格的程序，所以处于应急的考虑，海关侦查机构可以对犯罪行为人实施拘留的强制措施。

综上所述，走私犯罪侦查过程中的刑事拘留是指海关走私犯罪侦查机关对于走私现行犯或重大犯罪嫌疑人，在遇有法定情形下，为保障诉讼的顺利进行，依法采取的暂时羁押的一种应急性措施。

（二）走私犯罪侦查中拘留的适用

根据《刑事诉讼法》和《公安机关办理刑事案件程序规定》等法律法规的有关规定，海关走私犯罪侦查机关对于走私现行犯、重大嫌疑分子，如果有下列情形之一的，可以先行拘留：（1）正在预备走私犯罪、实施走私犯罪或者在走私犯罪后即时被发觉的；（2）被害人或者在场亲眼看见的人指认他走私犯罪的；（3）在身边或者住处发现有走私犯罪证据的；（4）走私犯罪后企图自杀、逃跑或者在逃的；（5）有毁灭、伪造证据或者串供可能的；（6）不讲真实姓名、住址与身份不明的；（7）有流窜作案、多次作案、结伙作案重大嫌疑的。

根据该规定，可以看出海关走私犯罪侦查机关采取刑事拘留强制措施必须具备两个条件。一是拘留的对象必须是走私现行犯或者重大嫌疑的行为人。所谓走私现行犯，是指正在预备、实行走私犯罪或走私犯罪后被即时发现的人，如为走私犯罪准备工具、制造条件的行为人；又如在对一般贸易、旅检渠道、毒品走私案件的侦查中，在口岸监管现场（包括通道、车站、码头、机场、货场等）直接抓获的走私行为人；所谓“走私重大嫌疑人”，是指有一定的证据证明，很可能是实施走私犯罪行为的人。二是必须有法定的紧急情况。如果不具有紧急情况，就应当报请批捕、逮捕，或者在查清犯罪事实后，采取其他强制措施。另外，对走私犯罪嫌疑人适用刑事拘留的目的主要是预防性，旨在防止走私犯罪嫌疑人和犯罪分子逃跑、自杀、继续犯罪或妨碍刑事诉讼活动等，但适用时必须有相当的理足以怀疑走私犯罪嫌疑人和犯罪行为人有逃跑、自杀或继续犯罪的可能，即第三个条件，否则，即使符合前述两个条件，不具备第三个条件也不应适用刑事拘留。

由于刑事拘留是一种非常严厉的强制措施，因而，在走私犯罪侦查中，要防止它的滥用。应特别关注以下几种特别适用对象：

1. 未成年人。我国法律法规乃至司法解释对这种人如何实施“刑事拘留”没有明确规定。笔者认为，考虑到未成年人身心发育和智力发展状况等的特殊性，应严格控制和尽量减少“刑事拘留”的强制措施。未满16周岁的人实施走私行为的，由于其不具有刑事责任能力，对其行为不具有可罚性，所以不得适用“刑事拘留”措施，可责令其监护人等严加管教；对于已满16周岁不满18周岁的人实施走私犯罪行为的，若必须适用刑事拘留，则应尽可能地采取适合未成年人身心特点和成长需要的做法。

2. 精神病人。这种人在法学理论上具体可分成三种情况，即完全丧失辨认或控制自己行为能力的精神病人、尚未完全丧失辨认和控制自己行为能力的精神病人以及间歇性精神病人。对于他们如何适用“刑事拘留”，法律法规乃至司法解释均没有明确的规定。参照其他法律的规定，对于第一种人实施的任何违法行为，都不得给予“刑事拘留”，对于已经拘留的，应当立即解除，可责令其监护人严加看管和治疗；对于第二种若必须给予“刑事拘留”，则应尽可避免采取具有精神刺激内容的方法；对于第三种人分精神正常和不正常两种情况，对于其精神不正常时，按照第一种人的方法处理；对于其精神正常时，按第二种人的方法处理。

3. 人大代表，包括各个级别的所有的人大代表。对于这种人，其人身权利等受宪法和法律等的特别保护。宪法和法律对他们适用刑事拘留措施作出了特别的保护规定，在对这种人适用刑事拘留时，必须依法履行特别手续，否则就是违法拘留。

4. 政协委员。这种人虽然不是宪法明文规定的特别保护的对象，但从我国现有的宪法惯例来看，这种人也应像人大代表那样，在诸如适用拘留等方面得到特别保护。而且，司法实践中也有相关规定。因此，对这种人适用拘留措施时也应参照对人大代表的做法履行特别的程序手续。

5. 外国人。这种人应分为享有外交特权和豁免权的人与不享有外交特权和豁免权的人两种情况。根据国际惯例，前者不得适用“刑事拘留”措施，已经适用的应当立即解除；而后者根据我国的管辖权原则，我国有权对其适用“刑事拘留”，但这种人毕竟不同于我国公民，对他们适用拘留措施既关系到国家的主权问题，又关系到国与国间的关系和其他需要。

（三）走私犯罪侦查中拘留的期限

根据《刑事诉讼法》第六十九条的规定，公安机关对被拘留的人，认为需要逮捕的，应当在拘留后的3日以内，提请人民检察院审查批准；在特殊情况下，提请审查批准的时间可以延长1日至4日。对于流窜作案、多次作案、结伙作案的重大嫌疑分子，提请审查批准的时间可以延长至30日。因此，海关走私犯罪侦查机关对于走私犯罪嫌疑人最长的拘留期限应为37日。但只有对流窜作案、多次作案、结伙作案的重大走私嫌疑分子提请批准逮捕时才可延长至30日，加上检察院批捕期限7日，最长的拘留期限为37日。

对已拘留的走私犯罪嫌疑人，海关走私犯罪侦查机关经过审查后，认为符合逮捕条件，需要逮捕的，应当在拘留后3日内，写出提请批准逮捕书，连同案件材料、证据，一并移送走私犯罪侦查机关所在地的州、市级人民检察院审查。这是一般走私犯罪案件必须遵守的时限规定。但以下特殊情况，侦查机关提请审查批准逮捕的时间可以延长1日至4日：（1）走私犯罪嫌疑人的行为构成了犯罪的重大嫌疑，但走私犯罪事实尚未查清的；（2）案情复杂，证据资料的收集尚不足以提请批准逮捕；（3）作为认定案件事实的主要证据的鉴定结论尚未作出，影响确定案件性质的。对于流窜作案、多次作案、结伙作案的重大走私嫌疑分子提请批准逮捕时才可延长至30日。所谓流窜作案，是指跨市、县管辖范围连续作案，或者在居住地作案后跑到外市、县继续作案；多次作案，是指行为人实施了三次以上的犯罪行为；所谓结伙作案，是指两人以上的犯罪嫌疑人共同实施了犯罪行为。这里的作案不限于走私犯罪，但在侦查机关拘留时涉嫌走私犯罪。走私犯罪嫌疑人不讲真实姓名、住址，身份不明的，在30日内不能查清提请批准逮捕的，经海关走私犯罪侦查机关负责人批准，拘留期限自查清身份之日起计算，但不得停止对其犯罪行为的侦查。对有证据证明有犯罪事实的案件，也可以按其自报的姓名提请批准逮捕。

但是，这条规定在实际执行中却时常会出现偏差。首先，是对在本辖区内没有户籍但长期居住的外来打工人员、临时工等作案的或者在县（市）交界处居住跑到另一辖区边界作案的均以流窜犯对待，将报捕前的刑拘时间延长至30日，曲解了流窜作案的真实含义；其次，对一人三次以上作案或三人以上一起作案一次的案件不区别其涉嫌走私犯罪是否重大，均按30天时间报捕，严重违反了适用最长刑拘时间的法定条件。由于“流窜作案、多次作案、结伙作案”，仅在公安部的《办案程序规定》中有概念性规定，但实际情况复杂，认定困难，通常作扩大适用。如对多次走私违法犯罪行为作为犯罪情节构成犯罪的情形；特别是对“结伙作案”的认定，实践中只要有两人以上，皆延至30日。加上公安部《办案程序规定》第一百一十二条的解释，拘留期限自查清身份之日起计算，致使拘留成为一种由侦查机关一家决定并可任意羁押的手段。这种随意延长羁押期限的做法严重损害了走私犯罪嫌疑人的合法权益。

基于以上司法实践中存在的弊端，笔者建议：（1）增加细化规定，减少立法的空白。延长1～4日的特殊情形，根据立法精神，可作如下列举：走私犯罪嫌疑人在外地或当地无住所的；经常在外地打工，长期不归，没有固定工作的；走私同案犯在逃的；有多次走私犯罪或多次违法犯罪情节的；走私累犯；使用暴力手段走私犯罪的；其他案情复杂，取证困难的。（2）增加限制规定，减少拘留的随意性。拘留的前瞻性目标为逮捕，应该适用较为严重的走私犯罪，延长情形更要如此。如对三种延至30日的特定对象，应在案件的性质、罪行的严重性、犯罪分子的主观恶性上作出限制性规定。如走私累犯；使用暴力手段走私的犯罪；可能判处3年以上有期徒刑的走私犯罪等。拘留延长至30日是一种过渡性规定，是面对现实的妥协，应该面对现实的突出问题，尽力避免延长后释放的情形。

（四）走私犯罪侦查中适用拘留的程序

海关走私犯罪侦查机关对符合法定条件的走私现行犯、重大嫌疑分子进行拘留时，应当填写呈请拘留报告书，说明拘留的理由和法律依据，经海关走私犯罪侦查机关负责人批准后，签发拘留证。海关走私犯罪侦查机关执行拘留时，必须向被拘留人出示拘留证，并责令其在拘留证上签名、捺指印。拒绝签名、捺指印的，侦查人员应当注明。遇有被拘留人抗拒拘留的，侦查人员可以采用强制方法，如使用械具等。对于符合拘留条件的，因情况紧急未及时办理拘留手续的，有关人员应当在将犯罪嫌疑人带至海关走私犯罪侦查机关后立即办理相关法律手续。拘留后，除有碍侦查或者无法通知的情形外，海关走私犯罪侦查机关应当在拘留后24小时内制作“对被拘留人家属或单位通知书”，将拘留的原因和羁押的处所通知被拘留人家属或者其所在单位。2012年《刑事诉讼法》将“有碍侦查”修改细化为“涉嫌危害国家安全犯罪、恐怖活动犯罪通知可能有碍侦查的情形”这两类，并规定“有碍侦查的情形消失以后，应当即通知被拘留的家属。”

但有下列情形之一的，经海关走私犯罪侦查机关负责人批准，可以不予通知：（1）同案的走私犯罪嫌疑人可能逃跑、隐匿、毁弃或者伪造证据的；（2）不讲真实姓名、住址，身份不明的；（3）其他有碍侦查或者无法通知的。必须注意的是，上述情形消除后，海关走私犯罪侦查机关应当立即通知被拘留人家属或者其所在单位。同时，对于没有在24小时内通知的，应当在“对被拘留人家属或单位通知书”中注明原因。

对于被拘留的人，海关走私犯罪侦查机关应当在拘留后的24小时内进行讯问。发现不应当拘留的，经海关走私犯罪侦查机关负责人批准，签发释放通知书，看守所凭释放通知书发给被拘留人释放证明书，将其立即释放。

对被拘留的犯罪嫌疑人审查后，经海关走私犯罪侦查机关负责人批准，分别作出如下处理：（1）需要逮捕的，在拘留期限内，依法办理提请批准逮捕手续；（2）应当追究刑事责任，但不需要逮捕的，依法办理取保候审或者监视居住手续后，直接向人民检察院移送起诉；（3）拘留期限内未能查清犯罪事实的，依法办理取保候审或者监视居住手续后，继续侦查；（4）符合撤案条件的，撤销案件，释放被拘留人，发给释放证明。需要予以行政处理的，移送海关其他部门。对走私犯罪嫌疑人需要延长刑事拘留期限的，走私犯罪的侦查部门应当在期限届满前24小时内制作呈请延长拘留期限报告书，报海关走私犯罪侦查机关负责人批准。

（五）走私犯罪侦查中拘留应注意的问题

1. 走私犯罪侦查中滥用拘留措施的异化表现

在走私犯罪侦查中，由于过分强调打击走私犯罪，忽视了保护当事人的合法权益，加上走私案件固有的特殊性，缉私警察队伍新，办案经验不足等原因，造成少部分执法人员滥用拘留措施，侵害走私犯罪嫌疑人的人权问题。其主要表现在：

（1）不按法定条件，在能使用其他较轻强制措施达到适用强制措施目的的情况下，随意适用拘留手段。如对一些比较正规的加工贸易企业，发现其有走私行为，在还未分清是单位犯罪还是自然人犯罪的情况下，就将其法人代表、企业主管人员统统拘留，致使企业停产甚至关门等。

（2）以拘代侦，把拘留适用当做检验、考察走私犯罪嫌疑人心理的程序机制。为了有效地打击走私犯罪，一些侦查人员认为适用拘留这一强制措施，可以打击犯罪嫌疑人的侥幸心理，加重其畏罪心理，促进犯罪嫌疑人向供述方面转化，以获取证据，破获案件。因而在司法实践中，不问走私嫌疑证据的真实大小、关联程度、充足与否即行拘留。如在加工贸易渠道走私案件中，由于涉及环节繁多，参与人员复杂，调查取证困难，办案人员就把拘留作为侦破这类案件的突破口。从实践结果看，无罪、一些走私违法行为被适用拘留的都有，已造成或可能造成侵犯其权益的后果；罪重而被拘留的，其中有一部分人抵御心理强烈，因没有足够的证据，没有降服，反而放纵了犯罪。

（3）司法实践中草率拘留走私违法犯罪嫌疑人，不管是否够得上逮捕，也不管是否符合拘留的立法精神，更甚至舍弃拘留的七种紧急情形的限制来适用拘留。从而引起拘留适用对象的扩大，造成侵犯他人权益的现象。同时由于草率适用拘留措施，在法定期限内又未能查清案件事实，达不到呈捕条件，造成严重超期羁押，不但侵害了犯罪嫌疑人的人权，也损害了走私犯罪侦查机关的形象。

2. 对拘留的走私犯罪嫌疑人的权利保护

由于走私犯罪侦查中的拘留是一种严厉的强制措施，容易侵害公民的人身权利，因此必须赋予走私犯罪嫌疑人在权利受到侵害时能得到救济的机会。

第一，根据我国刑事诉讼立法精神，对于被拘留的走私犯罪嫌疑人，应在对其采取强制措施时，告知其被控告的罪名。在侦查阶段走私犯罪嫌疑人有权知道被涉嫌的罪名，侦查机关就应切实保障这一权利的实现，以便犯罪嫌疑人能够有针对性地供述自己的罪行或进行辩解，及时、充分地行使辩护权。为了做到这一点，对于要被拘留的走私犯罪嫌疑人，侦查人员在第一次讯问时，应首先告知其涉嫌的罪行及可能犯了什么罪，然后让其陈述或辩解。

第二，走私犯罪嫌疑人被拘留后可以聘请律师。《刑事诉讼法》第九十六条第一款规定：“犯罪嫌疑人在被侦查机关第一次讯问后或者采取强制措施之日起，可以聘请律师为其提供法律咨询，代理申诉、控告。”但《刑事诉讼法》在拘留实施过程中什么情况下犯罪嫌疑人可以提出申诉及如何申诉，什么情况下可以控告以及如何控告，都没有具体的程序规定，这给司法实践带来了困难。关于刑事拘留实施过程中在什么情况下走私犯罪嫌疑人可以提出申诉，徐静村教授认为：“凡是法律规定侦查人员必须遵守的程序制度没有遵守，或者法律规定侦查人员不得违反而偏偏违反，并因而侵犯了犯罪嫌疑人的合法权益时，嫌疑人委托的律师应有权根据《刑事诉讼法》第九十六条第一款的规定代理嫌疑人提出申诉。”因而，只要侦查机关违反拘留的法定程序，如犯罪嫌疑人被刑事拘留后，没有在24小时内进行讯问，或者查明不应该拘留的，没有立即释放并发给其释放证明的等，走私犯罪嫌疑人聘请的律师都可以申诉。至于申诉的程序，可以参照《刑事诉讼法》第一百四十六条的规定办理：嫌疑人及其律师在确认侦查人员违反法律规定并因而侵犯了嫌疑人的合法权益之日起，7日以内可向侦查机关提出申诉，要求纠正。侦查机关应当在接到申诉后的7日以内作出审查决定，并通知嫌疑人。如果侦查机关拒不纠正，继续违反法律规定侵犯嫌疑人合法权益的，嫌疑人及其律师应有权提出控告。关于在哪些情况下被拘留的走私犯罪嫌疑人可以提出控告，一是前述一种情况，二是侦查人员违反法律规定，拘留期间实施了侵犯走私犯罪嫌疑人合法权益并构成犯罪的行为，如因获取证据的需要对拘留后的走私犯罪嫌疑人进行刑讯逼供、刑讯逼证等造成严重后果的，嫌疑人委托的律师有权为其进行控告。应当注意的是，在拘留过程中发生了侵犯走私犯罪嫌疑人人身权利的案件，应由人民检察院立案侦查。①

第三，错误拘留的人身赔偿。根据《中华人民共和国国家赔偿法》第十五条的规定，因错误拘留取得国家赔偿的受害人，仅限于没有走私犯罪事实或者没有事实证明有犯罪重大嫌疑的人。因此，在走私犯罪中，有犯罪事实或者有事实证明有犯罪重大嫌疑的人，都无权获得国家赔偿。另外，根据《中华人民共和国国家赔偿法》第十七条的规定，因公民自己作虚伪的陈述，或者伪造其他有罪证据而被羁押的，依照《刑法》第十四条、第十五条不负刑事责任的人被羁押的，以及司法机关工作人员与行使职权无关的个人行为等，国家不承担赔偿责任。除上述法定的不赔偿的情形外，海关走私犯罪侦查机关对没有走私犯罪事实或者没有事实证明有走私犯罪重大嫌疑的人错误拘留的，应当承担国家赔偿责任。

六、走私犯罪侦查中的逮捕程序

逮捕是剥夺犯罪嫌疑人人身自由的方式之一，为了防止它的滥用，保护犯罪嫌疑人的合法权利，世界各国的刑事诉讼法都规定了对犯罪嫌疑人实施逮捕的条件。例如美国法律规定了逮捕的主、客观要件，逮捕的主观要件是指逮捕官必须具有逮捕的目的。逮捕的目的有二：一是关押犯罪嫌疑人，防止其藏匿或者逃跑，保证其及时到案答复控诉、出庭受审；二是防止犯罪嫌疑人实施其他罪行。不具有上述逮捕目的，不实施逮捕行为。逮捕的客观要件是指有实际的捕捉、扣留行动并且被捕人

① 陈光中、江伟主编：《诉讼法论丛》（第一卷），北京法律出版社1998年版，第111～113页。

知道他正处于被捕状态。法国刑事诉讼法规定对于在逃或者在法国领域外居住的被控告人，预审法官有权逮捕。逮捕证是在检察官提出意见后由预审法官签署的。逮捕证仅适用于至少可以判处轻罪监禁刑罚的被控告人。

我国《刑事诉讼法》中的逮捕是刑事诉讼所有强制措施中最为严厉的一种。逮捕适用于有证据证明有犯罪事实，可能判处徒刑以上刑罚的犯罪嫌疑人，采取取保候审，尚不足以发生社会危险性。其目的是为了及时查明案件情况，保证侦查、起诉、审判活动的顺利进行；其作用在于防止犯罪嫌疑人或被告人逃跑、串供、订立攻守同盟及毁灭、伪造证据妨碍证人作证等行为的发生。由于逮捕是强制措施中对犯罪嫌疑人或被告人人身自由的最大限制的措施，而人身自由是公民最重要的宪法权利，因此从保障犯罪嫌疑人或被告人合法权利的意义上来讲，逮捕强制措施的适用，应当在保证刑事诉讼顺利进行的前提下，尽量减少并合理的使用，这也是保障人权的合理需要。

（一）走私犯罪侦查中逮捕的适用条件

走私犯罪中的逮捕是走私犯罪强制措施中最严厉的一种。根据2012年《刑事诉讼法》的有关规定，海关走私犯罪侦查机关对下列走私犯罪分子适用逮捕：

1. 有证据证明有走私犯罪事实，可能判处有期徒刑以上刑罚的走私犯罪嫌疑人

其中，“有证据证明有走私犯罪事实”是指同时具备以下情形：（1）有证据证明发生了走私犯罪事实；（2）有证据证明走私犯罪事实系犯罪嫌疑人实施的；（3）证明犯罪嫌疑人实施走私犯罪行为的证据已经查证属实的。《刑事诉讼法》修改后，将原来的《刑事诉讼法》规定的“主要犯罪事实已查清”拓宽为现在的“有证据证明有犯罪事实”，这是为了适应打击犯罪的需要，其修改的本意是放宽和降低逮捕条件。

另外，“有证据证明有走私犯罪事实”，并不要求查清走私犯罪的全部事实。走私犯罪事实既可以是单一走私犯罪行为的事实，也可以是数个犯罪行为中的一个走私犯罪行为的事实。1996年的《刑事诉讼法》规定“有逮捕必要”，这一规定过于笼统，导致操作性不强。2012年的《刑事诉讼法》对该规定进行修改，详细列举了社会危险性的五种情形。结合走私犯罪的特点，走私犯罪嫌疑人有下列情形之一的，予以逮捕：（1）可能继续实施犯罪行为，危害社会的；（2）有危害国家安全、公共安全或者社会秩序的现实危险；（3）可能毁灭、伪造证据、干扰证人作证或者串供的；（4）企图自杀或逃跑的；(5) 可能实施打击报复行为的；(6) 可能判处10年有期徒刑以上刑罚的；(7) 可能判处徒刑以上刑罚，曾经故意犯罪或者身份不明的。对走私犯罪集团、走私惯犯、累犯、暴力抗拒缉私、武装掩护走私以及有碍侦查的走私犯罪嫌疑人，一般应予逮捕。对共同走私犯罪案件的犯罪嫌疑人，有证据证明有走私犯罪行为，应当予以逮捕。这是由走私犯罪案件的特点决定的。

2. 被取保候审的犯罪嫌疑人违反取保候审的规定，应当予以逮捕

走私犯罪嫌疑人被取保候审期间，实施下列行为，可视作违反取保候审规定：(1) 企图自杀、逃跑，逃避侦查、审查起诉的；(2) 实施毁灭、伪造证据、串供或者干扰证人作证行为，足以影响侦查、审查起诉工作正常进行的；(3) 未经批准，擅自离开所居住的市、县，造成严重后果，或者两次未经批准，擅自离开所居住的市、县的；(4) 经传讯不到案，造成严重后果，或者经两次传讯不到案的。此外，对在取保候审期间故意实施新的犯罪行为的走私犯罪嫌疑人，不论其实施的是否属于走私犯罪，都应当予以逮捕。

3. 被监视居住的走私犯罪嫌疑人违反规定，情节严重的，应当予以逮捕

走私犯罪嫌疑人有下列情形之一的，属于“情节严重”：(1) 故意实施新的犯罪行为，不论新的犯罪行为是否属于走私罪；(2) 企图自杀、逃跑，逃避侦查、审查起诉的；(3) 实施毁灭、伪造证据、串供或者干扰证人作证行为，足以影响侦查、审查起诉工作正常进行的；(4) 未经批准，擅自离开住处或者指定的居所，造成严重后果，或者两次未经批准，擅自离开住处或者指定的居所；(5) 未经批准，擅自会见他人，造成严重后果，或者两次未经批准，擅自会见他人；(6) 经传讯不到案，造成严重后果，或者经两次传讯不到案的。

在实际操作中，由于走私犯罪案件大多是具有复杂性，无论是具体的犯罪行为细节和走私犯罪的标的物以至于犯罪嫌疑人的社会关系等，按照上述法定标准有时候很难决定对犯罪嫌疑人是否应当实施逮捕措施。当海关侦查机构对于这类问题产生争议时，会同相关的检察院和法院进行商讨可能会更准确的判定是否符合逮捕标准。《广东省高级人民法院、广东省人民检察院、海关总署广东分署加强查办走私犯罪案件工作第八次联席会议纪要》中表明，当对犯罪嫌疑人捕不捕发生较大争议时，可以建立三家会商机制，共同研究。

(二) 走私犯罪侦查中逮捕的证明要求

贝卡利亚认为，法律应当指出，根据哪些嫌疑而逮捕罪犯，强制他接受审查和刑罚。公开的传闻、逃跑、法庭外的供认、同伙的供述、对侵害目标的威胁和长期仇视、犯罪物证等类似的犯罪迹象，都足以成为逮捕某个公民的证据。在这个刑事制度中强力和权威的观念似乎比公正的观念更重要的时代，可想而知，如果没有一个明确的实施逮捕时的证据标准，而将不应受到逮捕或是无辜的人逮捕的话，这个社会会让他们感到莫大的耻辱，这是对人权的一种践踏。①

逮捕作为一种强制措施，有其特定的适用条件。那么，在适用逮捕时，就要首先判断是否符合其适用条件，这种判断是以证据为基础的，因此逮捕也存在着证明要求。逮捕的性质和目的影响着逮捕的证明要求。慎用逮捕的措施之一就是严格逮捕的条件，包括严格逮捕的证据要求，这是准确适用逮捕的重要保证。另一方面，逮捕作为强制措施之一，是为刑事诉讼服务的，主要目的在于保证刑事诉讼的正常进行和证据的收集。因此，从这一意义上说，逮捕对证据的要求又不宜过高，其证明要求明显低于最终定案时的证明要求。正是基于此，不少国家都试图在法律上对逮捕的证明要求作出恰如其分的规定。如日本刑事诉讼法规定逮捕要有“充分的理由”，英、美刑事诉讼法律规定，颁发逮捕证要有一定的证据证明其诉因犯罪事实引起。

由于逮捕对公民的人身权利造成威胁，《最高人民法院、最高人民检察院、海关总署关于办理走私刑事案件适用法律若干问题的意见》专门对走私犯罪嫌疑人的逮捕条件作了明确具体的规定。该规定指出：对走私犯罪嫌疑人提请逮捕和审查批准逮捕，应当按照《刑事诉讼法》第六十条规定的逮捕条件来办理。一般按照下列标准掌握：

1. 有证据证明发生了走私犯罪事实。须同时满足下列两项条件：（1）有证据证明发生了违反国家法律、法规，逃避海关监管的行为；（2）查扣的或者有证据证明的走私货物、物品的数量、价值或者偷逃税额达到《刑法》及相关司法解释规定的起刑点。

2. 有证据证明走私犯罪事实系犯罪嫌疑人实施的。有下列情形之一的，可认为走私犯罪事实系犯罪嫌疑人实施的：（1）现场查获犯罪嫌疑人实施走私犯罪的；（2）视听资料显示犯罪嫌疑人实施走私犯罪的；（3）犯罪嫌疑人供认的；（4）有证人证言指证的；（5）有同案的犯罪嫌疑人供述的；（6）其他证据能够证明犯罪嫌疑人实施走私犯罪的。

3. 证明犯罪嫌疑人实施走私犯罪行为的证据已经查证属实的。符合下列证据规格要求之一，属于证明犯罪嫌疑人实施走私犯罪行为的证

---

① 参考［意］贝卡利亚著：《论犯罪与刑罚》，黄风译，中国法制出版社2002年版，第19～20页。

据已经查证属实的：（1）现场查获犯罪嫌疑人实施犯罪，有现场勘验笔录、留置盘问笔录、海关扣留查问笔录或者海关查验（检查）记录等证据证实的；（2）犯罪嫌疑人的供述有其他证据能够印证的；（3）证人证言能够相互印证的；（4）证人证言或者同案犯供述能够与其他证据相互印证的；（5）证明犯罪嫌疑人实施走私犯罪的其他证据已经查证属实的。

4. 可能判处有期徒刑以上刑罚。这是指根据《刑法》第一百五十一条、第一百五十二条、第一百五十三条、第三百四十七条、第三百五十条的规定和《最高人民法院关于审理走私刑事案件具体应用法律若干问题的解释》等有关司法解释的规定，结合已查明的走私犯罪事实，对走私犯罪嫌疑人可能判处有期徒刑以上刑罚。

5. 采取取保候审、监视居住等方法，尚不足以防止发生社会危险性而有逮捕必要的。其主要是指：走私犯罪嫌疑人可能逃跑、自杀、串供、干扰证人作证以及伪造、毁灭证据等妨碍刑事诉讼活动的正常进行的，或者存在行凶报复、继续作案可能的。

（三）走私犯罪中逮捕的适用程序

海关走私犯罪侦查机关提请批准逮捕走私犯罪嫌疑人的，办案单位应当制作呈请逮捕报告书，报经海关走私犯罪侦查机关负责人批准后，制作提请批准逮捕书一式三份，连同案件材料、证据，一并移送人民检察院审查。呈请逮捕报告书应当包括犯罪事实和逮捕的法律依据。提请批准逮捕书应当写明提请逮捕人的姓名、性别，年龄、民族、籍贯、文化程度、职业、户籍所在地住址、简历等基本情况，以及已查明的犯罪事实，提请逮捕的理由和法律依据。必要时，人民检察院可以派员参加海关走私犯罪侦查机关对重大案件的走私犯罪嫌疑人提请批准逮捕事宜的讨论。

海关侦查机关向检察院申请批捕后，会依法作出判断给出同意或不同意批捕的通知。对人民检察院批准逮捕的决定，海关走私犯罪侦查机关应当立即执行，并将执行情况及时统治人民检察院。

对人民检察院不批准逮捕并通知补充侦查的，海关走私犯罪侦查机关应当按照人民检察院补充侦查提纲的要求补充侦查。补充侦查完毕，海关走私犯罪侦查机关认为符合逮捕条件的，应当重新提请批准逮捕。对人民检察院不批准逮捕而未说明理由的，海关走私犯罪侦查机关可以要求人民检察院说明理由。对人民检察院不批准逮捕的，海关走私犯罪侦查机关在收到不批准逮捕决定书后，如果犯罪嫌疑人已被拘留，经海关走私犯罪侦查机关负责人批准，签发释放通知书，看守所凭释放通知书发给被拘留人释放证明书，将其立即释放，海关走私犯罪侦查机关将执行回执在3日内送达作出不批准逮捕决定的人民检察院。海关走私犯罪侦查机关对人民检察院不批准逮捕的决定，认为有错误需要复议的，应当在5日内写出要求复议意见书报经海关走私犯罪侦查机关负责人批准后，送交原决定的人民检察院复议。

如果意见不被接受，认为需要复核的，海关走私犯罪侦查机关应当在收到复议决定书后5日内制作提请复核意见书，报经海关走私犯罪侦查机关负责人批准，连同原决定机关的复议决定书，一并提请上一级人民检察院复核。

（四）走私犯罪中逮捕的执行程序

海关走私犯罪侦查机关接到人民检察院批准逮捕决定书后，应当由海关走私犯罪侦查机关负责人签发逮捕证，立即执行。执行逮捕的人员不得少于两人。执行后，应当将执行回执及时送达作出批准逮捕决定的人民检察院。如果未能执行，也应当将回执送达人民检察院，并写明未能执行的原因。

执行逮捕时，必须向被逮捕人出示逮捕证并责令被逮捕人在逮捕证上签名（盖章）、捺指印，被逮捕人拒绝签名（盖章）、捺指印的，执行人员应当在逮捕证上注明。遇有紧急情况，还可以持逮捕证进行搜查。执行逮捕时，如遇到走私犯罪嫌疑人抗拒逮捕，可以采取相应的强制方法，必要时可以使用警械或者武器。对阻挠执行逮捕的其他人员也可以采取相应的防范措施。

执行逮捕后，除有碍侦查或者无法通知的情形外，海关走私犯罪侦查机关应当24小时内制作对被逮捕人家属或单位通知书，将逮捕的原因和羁押的处所通知被拘留人家属或者其所在单位。

但有下列情形之一的，经海关走私犯罪侦查机关负责人批准，可以不予通知：（1）同案的走私犯罪嫌疑人可能逃跑、隐匿、毁弃或者伪造证据的；（2）不讲真实姓名，住址，身份不明的；（3）其他有碍侦查或者无法通知的。必须注意的是，上述情形消除后，海关走私犯罪侦查机关应当立即通知被逮捕人家属或者其所在单位。同时，对于没有在24小时内通知的，应当在逮捕通知书中注明原因。

对于被逮捕的人，海关走私犯罪侦查机关应当在拘留后的24小时内进行讯问。发现不应当逮捕的，经海关走私犯罪侦查机关负责人批准，签发释放通知书，看守所凭释放通知书发给被逮捕人释放证明书，将其立即释放。海关走私犯罪侦查机关要将释放理由书面通知原批准逮捕的人民检察院。

1996年《刑事诉讼法》第六十九条第三款规定："……人民检察院不批准逮捕的，公安机关应当在接到通知后立即释放，并且将执行情况及时通知人民检察院。对于需要继续侦查，并且符合取保候审、监视居住条件的，依法取保候审或者监视居住。”根据该规定，海关走私犯罪侦查机关在检察机关作出不批准逮捕决定后，执行的方式有两种：其一，对不批准逮捕的走私犯罪嫌疑人立即释放；其二，对不批准逮捕的走私犯罪嫌疑人取保候审或者监视居住。同样，检察机关作出的不批准逮捕的决定也有两种：其一，走私犯罪嫌疑人不构成犯罪或者具有《刑事诉讼法》第十五条规定的情形之一而不批准逮捕；其二，因现有证据还不能证明有走私犯罪事实，需要补充侦查而不批准逮捕。

对于检察机关的第一种不批准逮捕决定，海关走私犯罪侦查机关以第一种执行方式执行，即对不批准逮捕的走私犯罪嫌疑人立即释放，这是没有问题的。对于第二种不批准逮捕决定，海关走私犯罪侦查机关既不能以第一种方式去执行，也不能完全以第二种方式去执行。根据1996年《刑事诉讼法》第六十九条第三款的规定，对于需要继续侦查而不批准逮捕的犯罪嫌疑人，只有符合取保候审、监视居住条件的，才能够对犯罪嫌疑人取保候审或者监视居住。否则，如不符合《刑事诉讼法》的规定，尤其是对可能判处徒刑以上刑罚的犯罪嫌疑人、被告人，对其取保候审、监视居住可能发生社会危险性的，则不能取保候审或者监视居住，更不能立即释放。该种不批准逮捕案件现有证据虽然达不到能够证明有犯罪事实的程度，但仍然需要继续侦查，而不是不构成犯罪或者具有《刑事诉讼法》第十五条规定的情形之一。如果对走私犯罪嫌疑人立即释放，则有可能造成证据的灭失，将具有社会危害性的嫌疑人放归社会，或者出现其他影响刑事诉讼顺利进行的情形。这就造成了对该类不批准逮捕的犯罪嫌疑人，海关走私犯罪侦查机关欲捕的犯罪嫌疑人，欲放不能，取保候审、监视居住又于法无据的尴尬局面。2012年《刑事诉讼法》将司法实践中做法法律化，明确规定被取保候审、监视居住的犯罪嫌疑人、被告人违反法定义务变更为逮捕。

（五）走私犯罪嫌疑人在逮捕措施中的权利保护

在我国逮捕制度中，嫌疑人承担如实陈述的义务，也就是自证其罪，没有对羁押有效的防御能力。辩护律师为嫌疑人提供的法律帮助极为有限，律师不能在讯问时在场，不能阅卷，不能进行调查，不能在逮捕羁押问题上进行有效的辩护和发表有效的意见。嫌疑人这些权利的缺失，削弱了其主体地位，而有可能沦为被追诉的客体。“无救济即无权利”，应当赋予走私犯罪嫌疑人对抗非法和不合理逮捕的救济途径。救济制度实质上是一种纠偏机制，这一机制对任何一项制度都有非常重要的地位，它表明一项制度的运行状况。翻阅一下各国的宪法和《刑事诉讼法》及联合国的有关公民权利公约和有关规则就会感到，国际社会对被逮捕和羁押的人的权利采取了许多特别保护的措施。根据各国宪法和法律规定，对国家即将或已经实施的逮捕，被逮捕的公民主要有以下权利：（1）不受非法逮捕的权利；（2）要求实施逮捕的机关说明被指控罪名的权利；（3）不证明自己有罪的权利；（4）保持沉默的权利；（5）会见律师的权利和由于经济原因无法聘请律师的情况下得到司法援助的权利；（6）与律师单独会见不被窃听的权利；（7）在患病的情况下得到及时救治的权利；（8）得到人道的待遇和肉体、精神免遭摧残的权利；（9）控告有关司法人员违法的权利；（10）及时得到审讯的权利；（11）申请保释的权利。从某种意义上说被逮捕者的这些权利大部分是随着人身自由的丧失而产生的。

犯罪嫌疑人所拥有的这些权利，司法机关有义务对这些权利进行维护，有的需要司法机关直接履行，有的是司法机关有义务帮助被逮捕者实现相关的权利。针对走私犯罪逮捕中出现的问题，一方面转变对逮捕作用的片面认识，树立慎用逮捕的观念。在实践中许多人把逮捕当做打击走私犯罪的锐利武器，一旦出现走私犯罪猖獗，缉私形势严峻，人们自然而然地想到要“把他们抓起来”，“要及时批捕、起诉”，等等。这种观点有一定的正确性。但同时，正是在这种情况下，人们却容易忽视逮捕的副作用，容易忘记逮捕是以牺牲具体人的人身自由为代价的。所以，在运用逮捕的强制措施时，需要更加理性，需要树立“慎用逮捕”的观念。另一方面，对被逮捕的走私犯罪嫌疑人赋予救济的权利，使他们免于遭到非法逮捕，切实保护自己的合法权益。笔者认为应当重点确保走私犯罪嫌疑人以下的权利：

1. 被逮捕后可以被取保候审

1996年《刑事诉讼法》第九十六条规定：犯罪嫌疑人被逮捕的，聘请的律师可以为其申请取保候审。2012年新《刑事诉讼法》第三十六条规定：辩护律师在侦查期间可以为犯罪嫌疑人申请变更强制措施。这一规定包含了原《刑事诉讼法》中的申请取保候审。中国逮捕制度从总体上存在“易进难出”的问题：尽管逮捕条件苛刻，决定和批准程序比较复杂，但由于法律规定过于笼统，在实践中司法机关往往扩大了逮捕的适用范围，同时一旦逮捕便很难被取保候审。这与西方有很大的差别。虽然《刑事诉讼法》有这方面的规定，但实践中真正被取保候审的犯罪嫌疑人只是极少数。在立法方面，应当做进一步的完善：一是规定被逮捕者在被羁押一定时间如48小时或72小时后，凡不属于几种特别重大犯罪的，保证随叫随到的等，均可取保候审。西方国家以及我国的香港地区，被逮捕者中有70%至80%被保释。这涉及立法、执法观念问题，实际上，在看起来困难的情况下（犯罪嫌疑人不在押）

取得的证据更准确，羁押带来压力的情况下获得的口供更要可靠和有价值。二是根据申请取保候审者危险性以及侦查机构掌握的罪行的大小来确定很高的保证金标准，保证人和被保证人一旦违规，保证金即予以没收，再采用逮捕后不得取保候审。要达到使犯罪嫌疑人感到逃跑不划算、经济上不划算、永远被追捕不划算、终究会落入法网不划算的目的。当逮捕与取保候审等强制措施的适用达到这种相互衔接的程度，逮捕给国家司法带来的风险将会大大减小。

2. 保障被逮捕者的申诉、辩护权

1996 年《刑事诉讼法》仅在第九十三条和第九十六条中规定：侦查人员在讯问犯罪嫌疑人时，应当首先讯问犯罪嫌疑人是否有犯罪行为，让他陈述有罪的情节或无罪的辩解规定，以及聘请律师为其提供法律咨询、代理申诉、控告的权利。2012 年《刑事诉讼法》沿用了这一规定，这样简单的、不全面的表述是对被逮捕者权利重视不够、对无罪推定原则贯彻不彻底的结果。防止错捕，重要的措施是给被逮捕者及律师以充分的证明被逮捕者无罪或罪不该捕的机会，侦查机关要特别注意犯罪嫌疑人提出的自己无罪或罪轻的证据，要把犯罪嫌疑人是否服从逮捕作为逮捕后第一次讯问的重点，并注意倾听其申辩。侦查机关听取律师对逮捕持有异议的辩护，应在 48 小时或 72 小时之内进行。

3. 赋予走私犯罪嫌疑人沉默权

沉默权，又称为缄默权，意指在刑事诉讼中被指控犯有罪行或有犯罪嫌疑的人，针对司法警察、检察官的讯问而享有的拒绝回答的权利。沉默权在国外刑事诉讼立法中是通行的原则。这就是说，被逮捕者有自己不证明自己有罪的权利，即有权不供述自己犯罪行为的权利。2012 年新的《刑事诉讼法》仍沿用了“犯罪嫌疑人对侦查人员的提问，应当如实回答”。笔者认为，在我国《刑事诉讼法》中包括在《宪法》的有关条款中规定沉默权，应当摆上立法日程。首先，无罪推定原则本身就要求被逮捕者具有沉默权，既然被逮捕者假定是无罪的，就有权拒绝回答关于有罪无罪问题的提问。实际上，逮捕制度中承认和体现沉默权，是逮捕所要遵循的“正当的法律程序”的基本内容。其次，沉默权是克服司法活动中的瘤疾——刑讯逼供的机制保障。把获取口供作为侦查核心的侦查体制，弊远远大于利，是产生冤、假、错案的最大原因。再次，我国于 1998 年 10 月签署了《公民权利和政治权利国际公约》，该《公约》规定，被追诉人不被强迫作不利于他自己的证言或强迫承认犯罪。我国《刑事诉讼法》规定犯罪嫌疑人在接受讯问时有如实回答的义务，这与公约中“不得强迫自证其罪”的规定是相矛盾的。我们应当考虑如何使我们的刑事诉讼制度和人权保障与国际社会共同准则的接轨问题。最后确定沉默权有助于司法部门素质的提高和办案质量的提高，甚至有助于中国的司法体制改革。

七、走私犯罪侦查中强制措施适用的特殊问题

（一）走私犯罪单位强制措施的适用

1. 犯罪单位适用强制措施的依据和对象

由于单位只具有人的社会属性而不具有人的自然属性，因此，我国《刑事诉讼法》规定的五种强制措施是否可以全部或部分地适用于被告单位，存在着两种观点。否定说者认为，对于作为被告的单位，由于它没有人的自然属性，因此，《刑事诉讼法》所规定的逮捕、拘留、取保候审或者监视居住是不能适用于单位的。拘传是否可以和适用于单位或者其诉讼代表人，也是一个值得研究的问题。有的甚至认为，我国现行《刑事诉讼法》规定的五种强制措施，无一可以适用于单位，只能在现行《刑事诉讼法》规定之外另行设置。有学者认为，五种强制措施全部适用于被告单位当然是不可取的，但是强制力较小的拘传、取保候审却是完全可以参照适用的，这符合《刑事诉讼法》关于强制措施的规定的精神。笔者基本同意肯定说，并且认为，严重限制人身自由的拘留、逮捕强制措施是不能适用于犯罪单位的，而拘传、取保候审、监视居住三种强制措施，尽管也在一定程度上限制了人的部分自由，但不像拘留、逮捕两种强制措施那样使人身自由完全丧失。而且，犯罪单位所适用的取保候审、监视居住的具体执行方法，可以根据犯罪单位的特点变通或者灵活地执行，关键问题是要确保使用强制措施的诉讼目的实现。

基于以上认识，在走私犯罪侦查中，对单位走私犯罪嫌疑人也可以适用强制措施。不过，这种强制措施只限于拘传、取保候审、监视居住三种。从对走私犯罪嫌疑人适用强制措施的特点看，都可以适用涉嫌走私的犯罪单位。如强制措施所具有的强制性特点，是保证刑事诉讼活动顺利进行所必需的，也正因为这种强制性不具有惩罚的性质，因而适用于走私犯罪嫌疑单位，也符合《刑事诉讼法》的合法性原则、相当性原则与必要性原则。强制措施的保障性特点，完全符合走私犯罪嫌疑单位自身的事实情况：防止走私犯罪嫌疑单位内部成员推脱责任而规避法律追究，防止走私犯罪嫌疑单位伪造证据、毁证、串供及逃避侦查、起诉和审判。强制措施暂时性特点是与强制性特点相联系的，刑事强制措施既是为了保障诉讼的进行，那么在诉讼终结或者其他法律规定的原因或事由已经消灭而完全恢复犯罪嫌疑人的人身自由就是必需的，否则就是一种变相的刑罚处罚方式。单位走私犯罪案件比自然人走私犯罪案件

更为复杂，但与自然人适用强制措施的期限完全相同。

由于走私犯罪嫌疑单位的诉讼权利与义务由其诉讼代表人承担，因而刑事强制措施实质上最终落实在诉讼代表人身上。即诉讼代表人是走私犯罪嫌疑单位适用强制措施的直接对象。对单位的诉讼代表人能否采取强制措施，理论界意见不一。有人认为，诉讼代表人实质是一种诉讼代理人，根据刑事强制措施适用对象的特殊性，对其不能适用强制措施。若诉讼代表人在诉讼过程中拒绝参加诉讼，司法机关可建议犯罪单位更换或指定律师担任。这一观点由于对诉讼代表人的实质锁定在“代理人”层面，而未认识到诉讼代表人所具有独立的诉讼地位，因而否定诉讼代表人适用刑事强制措施的客观现实性。如按照这种理解，假设诉讼代表人在诉讼过程中拒绝参加诉讼的情况比较普遍，最后的结果就是由司法机关指定律师担任犯罪单位的诉讼代表人。这种作法由于具有普遍性，因而犯罪单位的合法利益在某种程度上将会受到损害。另一种观点认为，对单位的诉讼代表人可以采取强制措施。因为，诉讼代表人一经确定，就具有相对的稳定性，否则诉讼将难以正常进行。但他们又认为，强制措施是对人身自由的限制，若立法上规定对诉讼代表人可以适用所有强制措施，由于诉讼代表人并不是走私犯罪嫌疑人，对其若是不公正时则不能对诉讼代表人适用。笔者基本支持后一种观点。对诉讼代表人适用拘传、取保候审、监视居住的强制措施，也是与其担负的职责相适应的，即诉讼代表人有义务参与诉讼活动，否则即违背了义务原则。对诉讼代表人适用一定的强制措施，以使诉讼活动顺利进行，也是公正和合理的。因此，对走私犯罪嫌疑单位适用强制措施，实际上就是对走私犯罪嫌疑单位的诉讼代表人适用强制措施。

2. 走私犯罪嫌疑单位适用强制措施的法律规定

(1) 拘传。走私犯罪侦查中的拘传与传唤是两种独立的诉讼行为，有着严格的区别。传唤是要求走私犯罪嫌疑单位的诉讼代表人接到传票或传唤通知后按照指定时间、地点自行到案接受讯问，它本身是通知的性质，不具有强制性，不能使用械具或者押送诉讼代表人到案，因而不是强制措施。而拘传则是强制措施，执行拘传的人员可以强制涉嫌走私犯罪的单位诉讼代表人到指定的讯问地点，如果诉讼代表人抗拒拘传，可以使用械具等适当的强制措施。对于走私犯罪嫌疑单位这样的特殊诉讼主体，一般认为必须先经过合法传唤，只有在经过合法传唤后仍不到案、接受讯问的，方可动用拘传措施。因为走私犯罪嫌疑单位的诉讼代表人毕竟不等于走私犯罪嫌疑人，以传唤作为前置条件，可以极大地减少拘传这种强制措施，是符合诉讼原则的。但是传唤应以两次为限，否则，不利于诉讼的正常进行。

拘传是对诉讼代表人的人身自由加以一定拘束的一种强制措施，而拘束其人身自由的目的，只在于使诉讼代表人接受讯问。因此，为了使被拘传人的自由不致受到不必要的拘束，应当将被拘传人拘传到案后立即讯问，而且讯问的时间应予以严格限制，以防止以拘代押，变相关押而违背拘传的本来意义。

（2）取保候审。走私犯罪侦查中的取保候审是指海关走私犯罪侦查机关依法责令走私犯罪嫌疑单位提供保证人或者交纳保证金并出具保证书，保证其不逃避或者妨碍侦查、起诉、审判并随传随到的一种强制措施。在单位犯罪中“保证人”应主要是指“单位担保”，为防止走私犯罪嫌疑单位不能提供符合法律规定条件的保证人，法律同时规定了财产保证，即由单位交纳一定数量的保证金作为担保，如果走私犯罪嫌疑单位不履行义务，妨碍诉讼活动的进行，即将交纳的保证金予以没收。在经济上约束走私犯罪嫌疑单位的规定，减少了对诉讼代表人不必要的人身自由的限制，可以说非常适合走私犯罪嫌疑单位这种特殊的犯罪嫌疑人，比较合理而有效地解决了对诉讼代表人可能造成的人身自由的限制的难题。

①具结保证。走私犯罪嫌疑单位向海关走私犯罪侦查机关出具书面文件，保证随时到案接受侦查机关的侦查，不做妨害刑事诉讼活动的行为。具结保证书应由走私犯罪嫌疑单位出具，其诉讼代表人签字。在具结保证书中必须载明，单位违反保证、妨碍刑事诉讼，应当承担的法律责任，包括单位诉讼代表人需要承担的法律责任。走私犯罪嫌疑单位负有防止单位成员妨碍侦查、起诉、审判的义务。否则，单位成员妨碍刑事诉讼活动的，除追究行为人的法律责任外，还要追究单位的法律责任。

②单位担保。担保的单位是否具备担保资格，必须从五个方面进行审查：一是担保单位要有固定的住所和健全的组织结构；二是担保单位与单位的关系是以约束走私犯罪嫌疑单位不逃避或妨碍刑事诉讼；三是担保单位同走私犯罪嫌疑单位犯罪案件没有任何牵连，如走私犯罪嫌疑单位的分支机构、有作证义务的单位等均不具有担保资格；四是担保单位能够承担法律责任，即担保单位在资金、生产经营状况等方面具有足够承担法律责任的物质能力；五是担保单位的决策机构或执行机构或监督机构必须同意担保，并将决定书副本送交司法机关。只有符合上述五个方面的条件，才由走私犯罪嫌疑单位与担保单位在司法机关主持下签订担保协议。担保协议一式两份，司法机关根据担保协议制作单位担保书，经负责人批准后即正式生效。

③财产担保。与单位担保不同，财产担保既可以由司法机关责令走

私犯罪嫌疑单位自己交纳指定数额金额的保证金，也可以责令由担保单位交纳指定数额的保证金，作为走私犯罪嫌疑单位不逃避侦查和审判并随传随到的担保方法。单位担保是以担保单位的声誉和物质能力为条件，而财产担保是以走私犯罪嫌疑单位或者由其提供的担保单位交纳一定数量的金钱为条件。关于金钱以交纳多少为限，没有规定。担保作为取保候审这一强制措施的重要内容，无疑是强制措施具体的体现方式，要体现强制措施的四个特点，保证走私犯罪嫌疑单位不逃避诉讼活动和随传随到，担保金额交纳过少，显然难以达到目的；但担保金额交纳过多，实践中亦有困难。笔者认为，担保金额交纳数量的多少，要根据走私犯罪案件的具体事实和走私犯罪嫌疑单位的经济能力或者担保单位的经济实力确定。只要足以保证走私犯罪嫌疑单位不逃避侦查审判并随传随到，就是合理的，否则就是不合理的。例如，一个拥有数亿元的犯罪单位，司法机关只指定其数万元担保金额，是否具有这种“足以”的程度，是不言而喻的。相反，一个只拥有几十万元的犯罪单位，司法机关却指定其交纳数十万元担保金额，就不是“足以”的问题，而是走私犯罪嫌疑单位“难以”支付的问题了。对于走私犯罪嫌疑单位提供的担保单位来说，过高的担保金额反而可能造成担保单位沉重的负担而影响担保单位正常的生产经营活动，或者拒绝提供担保。

单位担保依据的是其信誉程度。如果走私犯罪嫌疑单位在单位担保期间，没有逃避侦查、审判活动，随传随到，担保单位即完成了担保的职责，不发生其他法律后果。如果走私犯罪嫌疑单位在担保期间，逃避了侦查、审判活动，或者没有随传随到，则表明担保失败，司法机关则依法对担保单位处以罚款或予以其他制裁。而财产担保的特点是由担保单位预先向司法机关提交一定数量的资金。这种担保在走私犯罪嫌疑单位正确履行诉讼义务后，司法机关即应全额如数退还担保金；如果失败，担保金则依法转归为国家收入上缴国库，并视具体情况对担保单位作其他处理。

(3) 监视居住。监视居住是指走私犯罪侦查机关为防止走私犯罪嫌疑单位妨碍侦查、起诉的顺利进行，依法责令走私犯罪嫌疑单位的诉讼代表人不得擅自离开住所或指定的居所，并对其行动加以监视的一种强制措施。监视居住一般是在走私犯罪嫌疑单位找不到担保单位对其进行担保，或者走私犯罪嫌疑单位本身不能交纳指定数额的保证金的情况下适用；同时对于比较轻的单位犯罪案件和不致有可能逃避侦查和审判的诉讼代表人，也可以适用。有的学者提出“监视经营管理”，笔者认为是符合单位特点的监视居住的执行方法。其主要内容有：监督单位合法经营，进行正常的业务活动；限制单位某些可能影响刑事诉讼正常进行的经营活动；通过监视单位的各种活动来保全证据；禁止单位进行各种违法犯罪活动。这一方法的执行以不妨碍单位的正常生产与经营，或者不影响事业单位与国家机关的正常业务与职务行为为限。但提出“监视经营管理”方法的学者认为“只有决定机关直接派员执行才有可能实现其目的”，而不一定由海关走私犯罪侦查机关执行。根据我国《刑事诉讼法》的规定，被监视经营管理的走私犯罪嫌疑单位在被监视期间应当遵守以下规定：①遵守国家的法律；②不得毁灭、隐匿、伪造证据，不得以编造虚假情况和开脱罪责为目的与他人或其他单位恶意串通或串供。需要指出的是，对走私犯罪嫌疑单位监视居住只是对单位的经营管理活动以及防止单位转移财产、抽逃资金或者其他可能影响案件审理的活动进行监视，并不具有停止或关闭其正常生产经营活动的、变相停止或关闭单位的正常生产与经营活动的性质。监视的期限，最长不得超过6个月，在监视期间，司法机关不得中断对案件的侦查、起诉或审理。对于发现不应当追究刑事责任或者监视居住期间届满的，应当及时解除监视居住，并将决定送执行机关执行；③将经营及业务往来情况置于海关走私犯罪侦查机关监督之下，随时准备提供各种有关文件；④在传讯的时候及时到案；⑤不得以任何形式干扰作证；⑥各项有关单位前途、命运以及影响正在进行的刑事诉讼的重大行动，应先报经海关走私犯罪侦查机关同意。

在走私犯罪侦查中，对单位采取强制措施还有很多弊端。比如，走私犯罪单位的后果由其法定代表人来承担，对其法定代表人采取限制人身自由的拘传和监视居住的强制措施是否合理等。因而，有必要进一步完善走私犯罪侦查中单位强制措施的适用，以区别走私犯罪嫌疑人和走私犯罪嫌疑单位适用强制措施的不同，真正体现罪责自负的刑事诉讼精神，这就需要进一步完善保证金制度。海关走私犯罪侦查机关为了防止走私犯罪嫌疑单位逃避侦查、起诉和审判，确保诉讼活动顺利进行，根据走私犯罪嫌疑单位的经济能力指定其交纳足以达到诉讼目的的保证金，或者走私犯罪嫌疑单位提出的与被告单位的犯罪没有牵连关系的与他单位代为交纳指定数量的保证金制度，其意义有四点：①避免了走私犯罪嫌疑单位诉讼代表人人身自由受到一定程度的限制；②对走私犯罪嫌疑单位具有较强的强制力；③司法机关执行简便；④当走私犯罪嫌疑单位违反规定，妨碍诉讼活动进行时，即没收保证金，而且以更严厉的强制措施取代保证金这种较轻的强制措施。

另外，考虑增加“暂禁生产与营业”。法国《刑事诉讼法》第一百三十二条规定，对法人犯罪适用“暂禁生产与营业”，是适用单位被告的一项强制措施。国内有的学者又称为“停止活动”、“暂时关闭”或者“停业待查”。暂禁生产与营业可以被理解为是人民法院、人民检察院或海关走私犯罪侦查机关依照法定程序，在一定期限内部分或全部地禁止单位从事生产经营及其他社会服务活动。与前述强制措施相比，暂禁单位的生产与经营是一种类似对走私犯罪嫌疑自然人执行拘留、逮捕的强制措施一样严厉的强制措施，因此必须严格适用这一强制措施的审批程序，对于可适用可不适用的一般不能适用，因此应以“确有必要”为前提，而不得随意动用这一措施。暂禁生产与营业不能无期限，必须规定一定的暂禁期限。规定多长时间为宜，需要认真研究。

（二）对走私犯罪嫌疑人的留置盘问

走私犯罪的留置盘问是指海关走私犯罪侦查机关的侦查人员、缉私警察在依法履行职务的活动中，对形迹可疑人员进行盘问、检查后，认为有走私犯罪重大嫌疑的，将其带至海关走私犯罪侦查机关予以留置盘问的一种限制人身自由的措施。留置盘问是缉私警察在维护海关缉私秩序时对走私犯罪嫌疑人所采用的一种强制手段，它本身不是刑事诉讼中的强制措施。

根据《中华人民共和国警察法》第九条、《公安机关办理刑事案件程序规定》第一百三十二条、《公安部关于公安机关执行〈人民警察法〉有关问题的解释》及《海关总署侦查局关于缉私警察对违法犯罪嫌疑人员进行留置盘问的通知》的有关规定，海关走私犯罪侦查机关的侦查人员在追捕走私犯罪逃犯、侦查走私犯罪案件、巡逻执勤、维护海关缉私秩序、走私犯罪现场调查等职务活动中，经出示表明自己警察身份的工作证件，即可以对形迹可疑、有走私违法犯罪嫌疑的人员进行盘问、检查，经盘问、检查，对符合《中华人民共和国警察法》第九条规定的四种情形之一的，可以将被盘问人带至当地就近的海关走私犯罪侦查机关，经该海关走私犯罪侦查机关批准，对其留置盘问。《中华人民共和国警察法》第九条规定的四种情形是：①被指控有犯罪行为的；②有现场作案嫌疑的；③有作案嫌疑身份不明的，④携带的物品有可能是赃物的。

对被盘问的人的留置时间自带至海关走私犯罪侦查机关之时起不超过24小时，在特殊情况下，经海关走私犯罪侦查机关负责人批准，可以延长至48小时。留置盘问期间，除具有《中华人民共和国人民警察使用警械和武器条例》规定的情形外，对被留置盘问人不得使用警械和武器。对已经采取拘传、传唤的走私犯罪嫌疑人，不得再采用留置盘问措施。

对被盘问人继续盘问留置时间不超过24小时的，由走私犯罪侦查机关侦查中队队长或者侦查科长一级及其以上的领导人员批准。对批准继续盘问的，应当根据被盘问人的证件或者本人提供的姓名、地址，立即书面或电话通知其家属或者所在单位，并作出记录。当被盘问人的违法犯罪嫌疑在24小时内仍不能证实或者排除的，应当填写“延长继续盘问（留置）审批表”，经缉私分局局长一级及其以上的领导人员批准，可以将留置时间延长至48小时，边远地区来不及书面报批的，可以先电话请示，事后补办书面手续并作记录。

经盘问、检查，证实被盘问人系走私犯罪嫌疑人，且符合立案条件的，走私犯罪侦查机关应当在规定的留置盘问期限内对犯罪嫌疑人依法办理拘留或其他强制措施手续；若发现或证实被盘问人具有其他违法犯罪嫌疑，不属于走私犯罪侦查机关管辖的，应当在规定的留置盘问期限内将违法犯罪嫌疑人员移送具有管辖权的机关处理。

在留置期间，走私犯罪侦查机关应当保障被盘问人的合法权益，严禁对被盘问人刑讯逼供或者体罚、虐待。对被盘问人依法采取刑事拘留或者治安拘留的，其留置时间不予折抵。关于留置盘问的其他事项，应当严格按照《人民警察法》和《公安部关于公安机关执行〈人民警察法〉有关问题的解释》中的规定执行。

（三）对外国走私犯罪嫌疑人如何适用强制措施

最高人民法院、最高人民检察院、外交部、公安部、海关总署《关于走私犯罪侦查机关办理涉外案件若干问题的通知》规定：“走私犯罪侦查机关需要对涉嫌走私犯罪的外国人拘留、监视居住、取保候审的，应当经案件管辖地的走私犯罪侦查分局负责人批准，并由该分局将有关案情、处理情况等于采取强制措施的48小时以内上报走私犯罪侦查局转报公安部，同时通报分局所在地省级人民政府外事办公室。遇有下列情形之一的，需要对涉嫌走私犯罪的外国人拘留、监视居住、取保候审的，应当由案件管辖地的走私犯罪侦查分局上报走私犯罪侦查局负责人批准，并由走私犯罪侦查局将有关案情、处理情况等于采取强制措施的48小时以内报告公安部，同时通报外交部：（一）需要对3名以上的外国人采取拘留、监视居住或者取保候审的；（二）因涉及政府间有关对外贸易的协议或者与国际性组织以及外国重要民间组织机构有牵连等情况，可能影响国家的对外政治、外交关系的重大涉外走私犯罪案件；（三）在适用法律上确有疑难的涉外走私犯罪案件。”

走私犯罪侦查机关对外国人执行逮捕的，由案件管辖地的走私犯罪侦查分局将有关案情、执行情况于执行逮捕的48小时以内上报走私犯罪侦查局转报公安部，同时通报分局所在地省级人民政府外事办公室。走私犯罪侦查机关对外国人执行逮捕后，应当将执行逮捕的回执于执行逮捕的48小时内送达作出批准逮捕决定的人民检察院呈报最高人民检察院。最高人民检察院作出批准逮捕决定的，由走私犯罪侦查局送达最高人民检察院。

对涉嫌走私犯罪的外国人依法作出监视居住、取保候审决定或者执行拘留、逮捕后，案件管辖地的走私犯罪侦查分局应当将外国人的姓名、性别、入境时间、护照或者证件号码、案件发生时间、地点及有关情况，涉嫌走私犯罪的主要事实，已采取的强制措施及其法律依据，通知外国人所属国家的驻华使、领馆。通知外国驻华使、领馆的期限，应当根据或者参照《维也纳领事关系公约》和国际惯例尽快办理，不应超过7天；凡与我国订有双边领事条约明确规定期限的，应当在条约规定的期限内通知。涉嫌走私犯罪的外国人在走私犯罪侦查机关侦查期间死亡的，由案件管辖地的走私犯罪侦查分局通知该外国人所属国家的驻华使、领馆，并上报走私犯罪侦查局转报公安部。

对外国籍走私犯罪嫌疑人采取强制措施的同时，经分局以上走私犯罪侦查机关批准，可以依法扣留其护照，发给本人扣留护照的证明，并将有关情况及时上报走私犯罪侦查局转报公安部，并通报分局所在地省级人民政府外事办公室。

外国边民在我边境地区因涉嫌走私犯罪被走私犯罪侦查机关采取强制措施的，按双边条约规定办理。如无双边条约规定的，也可由支局以上走私犯罪侦查机关通过所在地地（市）级以上公安机关采取边防会晤的方式通知有关国家。

对涉嫌走私犯罪的外国人采取拘传强制措施是否需要呈报和通报有关主管机关呢？海关总署走私犯罪侦查局《关于对涉嫌走私犯罪的外国人采取强制措施执行程序有关问题的紧急通知》规定：对外国人采取拘传强制措施的，有关海关走私犯罪侦查分局应当在拘传后的48小时内，填写“涉外事（案）件通报表”，将有关案情传报海关总署走私犯罪侦查局转报公安部，同时通报当地省或地（市）级人民政府外事办公室。但从海关总署走私犯罪侦查局其后发布的〔1999〕748号通知规定的内容看，没有规定对外国人采取拘传强制措施需要呈报和通报有关主管机关，因此可以认为该通知取消了对外国人采取拘传强制措施的呈报和通报制度。

第六章　走私犯罪的立案

DI–LIU ZHANG ZOUSI FANZUI DE LIAN

立案是刑事诉讼活动开始的标志，是刑事诉讼过程中必经的独立程序，因此也是我国刑事诉讼理论研究应当重视的一个问题。所谓走私犯罪的立案，一般认为是指海关走私犯罪侦查机关对报案、控告、举报或犯罪人自首等有关材料进行审查，判断是否有走私犯罪事实并需要追究犯罪嫌疑人的刑事责任，依法决定是否作为刑事案件开展侦查的诉讼程序及其相应的诉讼活动。立案是走私犯罪刑事诉讼程序的开始，即决定是否需要对某些嫌疑事实或某个嫌疑人进行司法调查和刑事追究，至于该嫌疑事实是否真的属于犯罪，该嫌疑人犯了何罪、应否追究其刑事责任，那是决定立案以后交付侦查或审判来解决的。所以，正是从这个意义上，我们才说立案是刑事诉讼活动的开始。近年来，随着程序正义的观念日益深入人心，人们对于严格诉讼程序所具有的保障人权的法律意义已基本取得共识，普遍认为，我国《刑事诉讼法》规定将立案作为刑事诉讼活动开始的必经程序，可以有效地保障无辜的公民不受刑事追究，防止司法人员主观臆断，草率行事。走私犯罪的立案作为诉讼程序，当然具有保障人权的法律意义，但正是由于其具有明显的程序性，所以它对人权的保障，应主要表现为赋予全部司法调查和刑事追诉活动一个合法的依据，即表明对可能存在的犯罪事实即将开始的调查和追究是一种国家行为，而不是任何个人或组织的自行其是。立案阶段是刑事诉讼的开始，具有重要意义：首先，有利于司法机关及时揭露和惩罚犯罪；其次，有利于保障公民的合法权益不受侵犯；第三，立案对于搞好司法统计，分析各个时期的犯罪情况，正确指导实际工作，也有重要意义。

一、走私犯罪立案的法律依据

《最高人民法院、最高人民检察院、公安部、司法部、海关总署〈关于走私犯罪侦查机关办理走私犯罪案件适用刑事诉讼程序若干问题的通知〉》（以下简称《通知》）规定：走私犯罪侦查机关在中华人民共和国海关关境内，依法查缉涉税走私犯罪案件和发生在海关监管区内的走私武器、弹药、核材料、伪造的货币、文物、贵重金属、珍贵动物及其制品、国家禁止进出口的货物及物品、淫秽物品、固体废物和毒品等非涉税走私犯罪案件。接受海关调查部门、地方公安机关（包括公安边防部门）和工商行政等执法部门查获移送的走私犯罪案件。《通知》第三条规定：“走私犯罪侦查分局、支局在查办走私犯罪案件过程中进行侦查、拘留、执行逮捕、预审等工作，按《公安机关办理刑事案件程序规定》（以下简称《程序规定》）办理。”在该《程序规定》中，设立了第八章专章对公安机关的立案进行规定。仔细研究上述规定不难发现，其中存在立案程序是否适用该《程序规定》之疑。在实践中，一般会将对走私犯罪的立案阶段放在走私犯罪的侦查中进行探讨，将其视为走私犯罪侦查基本程序的一个组成部分，然而我国《刑事诉讼法》第二编为“立案、侦查和提起公诉”的规定，使立案程序成为刑事诉讼中侦查程序之外的独立诉讼阶段，走私犯罪的立案作为刑事诉讼中的起始阶段，在这一阶段中，不仅包括了对可能的走私犯罪案件材料的受理、审查和作出立案与否的决定的程序性规定，同时还包括了对案件材料来源的种类和立案条件等实体性的规定。立案程序有其自身的程序使命和价值，是保证刑事诉讼活动依法进行、维护当事人合法权益的首道屏障。为了保障立案程序的正确进行，无论是《刑事诉讼法》还是《公安机关办理刑事案件程序规定》都对这一程序阶段做了明确的规定。《通知》中对缉私警察的性质描述为：“缉私警察是对走私犯罪案件依法进行侦查、拘留、执行逮捕、预审的专职刑警队伍，走私犯罪侦查局既是海关总署的一个内设局，又是公安部的一个序列局，实行海关与公安双重垂直领导、以海关领导为主的体制，按照海关对缉私工作的统一部署和指挥，部署警力，执行任务。”从中可以看出，为了保障《刑事诉讼法》的贯彻实施，保证公安机关在刑事诉讼中正确履行职权，统一办案程序，确保办案质量，提高办案效率而制定的《程序规定》，对于走私犯罪侦查缉私机关办理刑事案件的适用性是毋庸置疑的，这种适用性自然也就包括了刑事诉讼的立案程序。只有这样理解，才符合立案程序作为刑事诉讼一个独立的诉讼阶段的性质要求和保障人权的刑事诉讼基本价值追求，并且在实践中也得到了走私犯罪侦查机关的依法履行。

二、走私犯罪立案材料的来源

（一）海关缉私机关直接发现的案件事实和其他公安司法机关移送的案件

我国《海关法》第五条规定：“国家实行联合缉私、统一处理、综合治理的缉私体制。海关负责组织、协调、管理查缉走私工作。”海关是国家的进出关境监督管理机关。海关依照法律、行政法规，监管进出境的运输工具、货物、行李物品、邮递物品和其他物品，征收关税和其他税、费，查缉走私，并编制海关统计和办理其他海关业务。其各级走私犯罪侦查机关负责其所在海关业务管辖区域内的走私犯罪案件的侦查工作。因此在日常的工作中会发现犯罪事实和犯罪线索，这些是海关侦查机构立案的材料来源之一。在海关内部的业务部门之间存在着广泛的协作关系，海关调查部门和海关走私犯罪侦查部门共同作为新体制下海关打击走私违法犯罪活动的重要部门在日常工作中均会发现涉嫌走私犯罪案件，同时海关监管部门作为进出口货物物品监督管理部门，负责进出口货物的申报、查验放行以及对转关运输货物实施监管，容易发现涉嫌走私犯罪案件，这是走私犯罪立案材料的主要来源。《海关法》第五条规定："各有关行政执法部门查获的走私案件，应当给予行政处罚的，移送海关依法处理；涉嫌犯罪的，应当移送海关侦查走私犯罪公安机构、地方公安机关依据案件管辖分工和法定程序办理。"因此其他公安司法和行政执法机关在其工作中发现的涉嫌走私犯罪的案件也应该移送海关走私犯罪侦查机关处理。如海关总署、公安部、国家工商行政管理局、国家烟草专卖局《关于移送涉嫌走私案件若干问题的通知》对行政执法机关与海关犯罪侦查机关如何移送案件做了明确的规定。

（二）单位和个人的报案和举报

我国《海关法》第十三条规定："海关建立对违反本法规定逃避海关监管行为的举报制度。任何单位和个人均有权对违反本法规定逃避海关监管的行为进行举报。海关对举报或者协助查获违反本法案件的有功单位和个人，应当给予精神的或者物质的奖励。海关应当为举报人保密。"单位和个人的报案或者举报是海关缉私机关获得立案材料的重要来源，其中报案，一般是指被害人、有关单位或个人，发现有犯罪事实发生、但尚不知犯罪嫌疑人为何人时，主动向司法机关报告的行为。举报，一般是指被害人以外的个人或单位，走私发现有犯罪事实或者犯罪嫌疑人，出于公民的义务或者责任心，而主动向司法机关反映犯罪情况的行为。举报较报案相比，举报的案件事实以及证据材料要详细具体。

（三）被害人的报案或者控告、犯罪人的自首及公民的扭送等案件来源

关于走私犯罪的被害人问题已经在第三章中作了详细的阐述，由于走私犯罪的直接被害人是国家，而国家本身是不能像其他主体一样报案和控告的，所以在这里指的被害人报案和控告是指那些间接的被害人。走私犯罪的间接被害人是犯罪行为的受害者，一方面具有揭露犯罪、惩罚犯罪的强烈愿望和积极主动性，另一方面在许多案件中，因为被害人与犯罪嫌疑人有过接触，能够提供较为具体的犯罪嫌疑人和有关犯罪事实的情况，使其控告对于追究犯罪有着重要的价值。控告是指被害人就其人身权利、财产权利遭受不法侵害的事实及犯罪嫌疑人的有关情况，向公安司法机关揭露和告发，要求依法追究其刑事责任的诉讼行为。对犯罪事实和犯罪嫌疑人进行报案、控告和举报，既是机关团体企事业单位和公民的权利，也是他们的义务。作为一项权利，它受到我国宪法和法律的保护，任何单位和个人不得压制，更不允许对报案人、控告人和举报人进行打击报复。我国《宪法》第四十一条规定：对于公民的申诉、控告或者检举，有关国家机关必须查清事实，负责处理。任何人不得压制和打击报复。自首是指犯罪分子作案后，在犯罪行为未被公安司法机关发觉前，自动投案，如实交代自己的罪行，并听候公安司法机关处理的行为。《刑事诉讼法》中将犯罪人的自首作为立案的材料来源之一，含有鼓励犯罪分子主动投案，争取宽大处理的旨意。在实践中较多的表现为走私的同案犯罪嫌疑人在侦查期间的自首。关于扭送，《刑事诉讼法》第六十三条明确规定了对于有下列情形的人，任何公民都可以立即扭送公安机关、人民检察院或者人民法院处理：（1）正在实行犯罪或者在犯罪后及时被发觉的；（2）通缉在案的；（3）越狱逃跑的；（4）正在被追捕的。因此对于被公民扭送的走私犯罪嫌疑人到走私犯罪侦查机关的，也会成为获得走私犯罪立案材料的来源。

三、走私犯罪立案的条件

我国《刑事诉讼法》第八十六条规定："认为有犯罪事实需要追究刑事责任的时候，应当立案"。海关走私犯罪侦查机关的立案应具备两个条件：认为有走私犯罪事实和需要追究刑事责任。

作为立案的首要要件，所谓有走私犯罪事实是指《刑法》规定的对社会具有危害性的，依照法律应当受到刑罚处罚的走私犯罪行为。有犯罪事实即危害社会的犯罪行为已经客观存在。我国《刑法》对各种走私犯罪的构成要件做了具体的规定，这是认定有无走私犯罪事实的法律依据，需要立案追究的，必须是依照《刑法》规定构成犯罪的行为。我国1997年《刑法》第三章"破坏社会主义经济秩序罪"第二节是对"走私罪"规定，因此走私罪成为一种类罪名，在审查是否存在犯罪事实的时候，应根据该节中规定的十种犯罪行为的具体规定进行审查，同时走私毒品被规定于分则第六章的"走私、贩卖、运输、制造毒品罪"一节中，同样也是审查这种走私犯罪的依据。需要说明的是这种审查必须要有一定的证据证明有犯罪事实确已发生，而需要证明的程度只要有证据足以证明有犯罪事实已经发生就已经足够。立案阶段对可能存在的走私犯罪事实所要求的证据标准较低。同时这种有犯罪事实是根据已有的证据材料只要达到了走私犯罪侦查机关"认为"有犯罪事实发生即可，这主要是建立在走私犯罪侦查机关对客观事实的初步判断和推理的基础上。

需要追究刑事责任，是指根据刑事法律的规定，对行为人需要追究刑事责任。在确认有犯罪事实存在的前提下，还要根据《刑法》和《刑事诉讼法》的有关规定，对是否有必要追究刑事责任作出法律上的评判，需要追究刑事责任的才能立案。《刑事诉讼法》第十五条规定了不追究刑事责任的情况："有下列情形之一的，不追究刑事责任，已经追究的，应当撤销案件，或者不起诉，或者终止审理，或者宣告无罪：(1) 情节显著轻微、危害不大，不认为是犯罪的；(2) 犯罪已过追诉时效期限的；(3) 经特赦令免除刑罚的；(4) 依照刑法告诉才处理的犯罪，没有告诉或者撤回告诉的；(5) 犯罪嫌疑人、被告人死亡的；(6) 其他法律规定免予追究刑事责任的。"对于符合上述规定的情形，就不能立案。已经立案的也应该及时的撤销案件。

另外，一些具体的立案标准，也在一些法规、规定中有明确的阐述。例如，2010 年 5 月《最高人民检察院、公安部关于公安机关管辖的刑事案件立案追诉标准的规定（二）》中第二条规定："走私伪造的货币，总面额在二千元以上或者币量在二百张（枚）以上的，应予立案追诉。"此外，在走私犯罪中，如果走私犯罪行为是出于犯罪的预备阶段，如行为人为了骗取核销，实施多报少出、假转厂、涂改手册、涂改报关单、伪造海关出口验放章等预备行为时被海关抓获，这种情况由于行为还没有造成严重的社会危害性，并且根据我国《刑法》第二十二条第二款"对于预备犯可以比照既遂犯从轻、减轻处罚或免除处罚"的规定，一般在海关处理案件的时候都不以构成犯罪的标准立案，而是把这种行为认定为是行政违法行为加以处罚。

四、走私犯罪立案的程序

（一）对走私犯罪立案材料的接受

《刑事诉讼法》第八十四条规定："公安机关、人民检察院或者人民法院对于报案、控告、举报，都应当接受。犯罪人向公安机关、人民检察院或者人民法院自首的，适用第三款规定。"《公安机关办理刑事案件程序规定》第一百五十五条规定："公安机关对于公民扭送、报案、控告、举报或者犯罪嫌疑人自首的，都应当立即接受，问明情况，并制作笔录，经宣读无误后，由扭送人、报案人、控告人、举报人签名或者盖章。必要时，公安机关可以录音。"第一百五十六条规定："公安机关接受案件时，应当制作接受刑事案件登记表，作为公安机关受理刑事案件的原始材料，并妥善保管、存档备查。"因此在走私犯罪的立案过程中，应按照上述规定制作受理案件登记表，对有关人员的姓名、性别、年龄、职务和住址等自然状况进行登记的同时，对报案、控告和举报的内容做详细笔录。笔录经宣读无误后，由扭送人、报案人、控告人、举报人签名或者盖章。必要时，公安机关可以录音。《刑事诉讼法》第八十五条和《公安机关办理刑事案件程序规定》第一百五十七条均规定了：公安机关接受控告、举报的工作人员，应当向控告人、举报人说明诬告应负的法律责任。该条规定了走私犯罪侦查机关对控告、举报的立案材料进行接受时，还要履行对控告人、举报人关于诬告法律责任的告知义务。同时走私犯罪侦查机关对于上述立案材料来源，只要不是捏造事实、伪造证据，即使控告、举报的事实有出入，甚至是错告的，也应当与诬告严格加以区别。《刑事诉讼法》和《公安机关办理刑事案件程序规定》规定：公安机关、人民检察院或者人民法院应当保障报案人、控告人、举报人及其近亲属的安全。报案人、控告人、举报人如果不愿公开自己的姓名和报案、控告、举报的行为，应当为他保守秘密。该条规定了走私犯罪侦查机关应保障报案人、控告人、举报人及其近亲属安全和对其姓名和上述行为的保密义务。

（二）对走私犯罪立案材料的审查

对走私犯罪立案材料的审查，是指走私犯罪侦查机关对涉嫌走私犯罪的立案材料在决定立案前，围绕本机关的管辖范围和立案的条件进行审查和判断。审查判断的任务是正确认定有无犯罪事实发生，依法应否追究行为人的刑事责任，为正确的立案或者不立案打下基础。对立案材料的审查是立案程序的中心环节。

《刑事诉讼法》第八十六条规定：“人民法院、人民检察院或者公安机关对于报案、控告、举报和自首的材料，应当按照管辖范围，迅速进行审查……”《公安机关办理刑事案件程序规定》在第八章第一节中的第一百五十九条至第一百六十一条中规定了对于接受的案件，或者发现的犯罪线索，公安机关应当迅速进行审查。基于不同的审查结果所要采取的诉讼行为，第二节的第一百六十二条中规定了“公安机关受理案件后，经过审查，认为有犯罪事实需要追究刑事责任，且属于自己管辖的，由接受单位制作刑事案件立案报告书，经县级以上公安机关负责人批准，予以立案。认为没有犯罪事实，或者犯罪情节显著轻微不需要追究刑事责任，或者具有其他依法不追究刑事责任情形的，接受单位应当制作呈请不予立案报告书，经县级以上公安机关负责人批准，不予立案。”正是基于对上述法律规定产生的不同理解，在走私犯罪立案理论研究中，存在着将本书中所说的对立案材料的审查阶段分为受案审查和立案前审查两个阶段，其理论前提是将对走私犯罪的受案作为有别于走私犯罪立案之外独立的诉讼阶段，在受案阶段的审查行为称之为受案审查，将走私犯罪立案阶段的审查行为称之为立案前的审查。笔者认为这种划分方法及其理论的前提将走私犯罪的受案作为独立于走私犯罪立案之外的独立阶段的观点是值得商榷的。[1] 就法律规定而言，《刑事诉讼法》只是在立案一章的第八十六条中对立案材料的审查进行了规定，而《公安机关办理刑事案件程序规定》在第八章中分为受案和立案两节进行了的规定，涉及审查条款的在第一节的第一百五十九条，规定为“对于接受的案件，或者发现的犯罪线索，公安机关应当迅速进行审查”，和第二节的第一百六十二条规定“公安机关受理案件后，经过审查，认为有犯罪事实需要追究刑事责任，且属于自己管辖的”。笔者认为对于上述条款中的“接受”和“受理”应作同义理解，都是对公安机关在接受了案件之后，围绕各自的管辖范围和是否应该作出立案决定所进行的诉讼活动，在走私犯罪的研究中并无人为分割的必要。

在对走私犯罪立案材料的审查中，海关走私犯罪侦查机关应围绕自身对走私犯罪案件的管辖范围及是否有采取强制措施的必要，决定是否移送案件及采取强制措施，对于属于本机关管辖的案件，应进一步围绕立案条件即是否有犯罪事实、是否需要追究刑事责任进行审查。

（三）对走私犯罪立案材料的处理

对走私犯罪立案材料的审查围绕着走私犯罪侦查机关的管辖范围和是否需要立案进行，因此在对走私犯罪立案材料的处理结果通过移送案件通知书、批准生效的刑事案件立案报告书和批准生效的呈请不予立案报告书表现出来。具体而言：

1. 经过审查，认为有犯罪事实，但依据《刑事诉讼法》和《公安机关办理刑事案件程序规定》，不属于自己管辖的案件，应当在24小时内，经缉私分局以上海关走私犯罪侦查机关负责人批准，签发移送案件通知书，及时移送有管辖权的机关处理。对于不属于自己管辖又必须采取紧急措施的，应当先采取紧急措施，然后办理手续，移送主管机关。这里的“不属于自己管辖”包括走私犯罪案件属于其他海关走私犯罪侦查机关管辖的情况和非走私案件而属于地方公安机关，人民检察院或者其他执法机关管辖的情况。对于案件管辖不明的，可以在立案侦查的同时，报请上级海关走私犯罪侦查机关指定管辖。

2. 经过审查，对于告诉才处理的案件和被害人有证据证明的轻微刑事案件，应当将案件材料和有关证据送交有管辖权的人民法院，并告知当事人向人民法院起诉。或者经过审查，对于不够刑事处罚需要给予行政处理的，应当移送主管机关依法处理。

3. 走私犯罪侦查机关受理案件后，经过审查，认为有犯罪事实需

---

① 李晓武主编：《走私犯罪侦查业务》，中国海关出版社2002年版，第130页。

要追究刑事责任，且属于自己管辖的，由该走私犯罪侦查机关制作刑事案件立案报告书，应当报请缉私分局以上走私犯罪侦查机关负责人批准，予以立案。

4. 走私犯罪侦查机关受理案件后，经过审查，认为没有犯罪事实，或者犯罪情节显著轻微不需要追究刑事责任，或者具有其他依法不追究刑事责任情形的，走私犯罪侦查机关应当制作呈请不予立案报告书，经缉私分局走私犯罪侦查机关负责人批准，不予立案。对于有控告人的案件，决定不予立案的，走私犯罪侦查机关应当制作不予立案通知书，在7日内送达控告人。控告人对不立案决定不服的，可以在收到不予立案通知书后7日内向原决定的走私犯罪侦查机关申请复议。原决定的走私犯罪侦查机关应当在收到复议申请后十日内作出决定，并书面通知控告人。海关走私犯罪侦查机关接受的其他行政机关移送的涉嫌走私犯罪案件之日起3日内，对所移送的案件进行审查，认为没有犯罪事实，或者犯罪事实显著轻微，不需要追究刑事责任，依法不予立案的，应当说明理由，并以移送案件通知书或者退回案件通知书通知案件的行政执法机关。

另外，人民检察院对立案的监督立案监督是指人民检察院依法对公安机关的立案活动是否合法进行的监督。《刑事诉讼法》第八条规定："人民检察院依法对刑事诉讼实行法律监督。"对海关缉私机关的监督也是人民检察院行使法律监督权的重要内容。人民检察院认为海关走私犯罪侦查机关对应当立案侦查的案件而不立案侦查的，或者被害人认为走私犯罪侦查机关对应当立案侦查的案件而不立案侦查向人民检察院提出的，人民检察院应当要求海关走私犯罪侦查机关说明不立案的理由。走私犯罪侦查机关在收到人民检察院的要求说明不立案理由通知书后应当在7日内将说明情况书面答复人民检察院。《公安机关办理刑事案件程序规定》第一百六十四条规定："对于人民检察院要求说明不立案理由的案件，走私犯罪侦查机关应当在7日内制作不立案理由说明书，经支局以上走私犯罪侦查机关负责人批准后，通知人民检察院。"人民检察院认为不立案理由不能成立的，走私犯罪侦查机关在接到人民检察院要求立案的通知后，应当在15日内决定立案，并将立案决定书送达人民检察院。人民检察院认为走私犯罪侦查机关不立案理由不能成立的，应当发出通知立案书通知走私犯罪侦查机关立案，走私犯罪侦查机关接到通知后应当在15日内立案，并将立案决定书送达人民检察院。人民检察院经过审查，如果认为走私犯罪侦查机关不立案的理由成立，案件确实不符合法律规定的立案条件，应当在30日内将不立案的理由和根据告知被害人。

第七章　走私犯罪的侦查程序

DI-QI ZHANG ZOUSI FANZUI DE ZHENCHA CHENGXU

走私犯罪的侦查是指走私犯罪侦查机关在办理走私犯罪案件过程中，依照法律进行的专门调查工作和有关的强制性措施。侦查是走私犯罪刑事诉讼的一个基本的、独立的诉讼阶段，是公诉案件的必经程序。根据《刑事诉讼法》的规定：走私犯罪侦查机关对已经立案的走私犯罪刑事案件，应当进行侦查，收集、调取犯罪嫌疑人有罪或者无罪、罪轻或者罪重的证据材料。对现行犯或者重大嫌疑分子可以依法先行拘留，对符合逮捕条件的犯罪嫌疑人，应当依法逮捕。因此走私犯罪侦查机关是行使国家侦查权的专门机关，侦查权是依法收集证据，揭露和证实犯罪，查获犯罪人，并采取必要的强制性措施的权力，是国家权力的重要组成分。走私犯罪侦查机关行使国家的侦查权，均有法律规定的侦查管辖范围，必须严格依照执行。

一、走私犯罪侦查的特点

(一) 走私犯罪侦查的主体的特殊性

为适应改革开放和海关建设的客观需要，国家成立的走私犯罪侦查机关专门负责走私犯罪的侦查工作。新组建的海关走私犯罪侦查机关纳入公安部编制机构序列，设在海关总署；实行海关总署与公安部双重领导，以海关总署为主的领导体制，并确认这支专门“缉私警察队伍”是与公安机关并肩战斗的执法力量。最高人民法院、公安部、司法部、海关总署联合发文，规定海关走私犯罪侦查局的主要职责是：

1. 依法查缉发生在我国海关关境内的涉税走私案件，对走私犯罪案件和走私犯罪嫌疑人行使我国《刑事诉讼法》赋予公安机关的侦查、拘留、执行逮捕和预审的权力；

2. 发生在海关监管区内的非涉税走私案件，如走私武器、弹药、核材料、毒品、伪币、淫秽物品、贵金属、珍稀动植物及其制品、工业废料等违禁物品的犯罪案件也由海关缉私警察负责侦查；

3. 地方公安机关、公安边防部门和工商行政管理机关在执法过程中查获的涉税走私犯罪案件要先实行控制，然后移交缉私警察侦查，走私犯罪侦查局对其他执法机关的移交及上级交办的案件应当接受并及时处理；

4. 对于发生在海关监管区内的盗窃、诈骗等其他刑事案件或者违反治安、消防、出入境等法规行政案件，走私犯罪侦查局虽然无权管辖，但是应当先行实施控制，然后移送地方公安机关处理。同时，在《最高人民法院、最高人民检察院、公安部、司法部、海关总署关于走私犯罪侦查机关办理走私犯罪案件适用刑事诉讼程序若干问题的通知》中明确规定：“走私犯罪侦查机关在中华人民共和国海关关境内，依法查缉涉税走私犯罪案件和发生在海关监管区内的走私武器、弹药、核材料、伪造的货币、文物、贵重金属、珍贵动物及其制品、珍稀植物及其制品、淫秽物品、固体废物和毒品等非涉税走私犯罪案件，接受海关调查部门、地方公安机关（包括公安边防部门）和工商行政等执法部门查获移送的走私犯罪案件。”因此，海关走私犯罪侦查机关享有在其职权范围内的侦查权，分署和直属海关缉私局、隶属海关缉私分局在查办走私犯罪案件过程中进行侦查、拘留、执行逮捕、预审等工作，按《公安机关办理刑事案件程序规定》办理。这是对海关走私犯罪侦查机关职权范围的规定，其所进行的侦查活动的内容就是按照法律规定进行专门的调查工作和采取有关的强制性措施。

（二）走私犯罪侦查的范围相对确定

由于逃避海关监管是走私犯罪的特点，这就决定了走私犯罪的侦查与海关监管场所、海关监管业务有着十分密切的联系。走私犯罪一般发生在海关监管区内和海关附近沿海、沿边规定地区，因此，走私犯罪的侦查主要围绕着上述两个区域展开，但并非意味着侦查活动只限于这两个区域。实际上，由于大量走私货物、物品、运输工具，以及犯罪嫌疑人处于流动状态，走私犯罪侦查活动要向区域以外辐射，大量的调查取证工作在区域外完成。

在这里走私犯罪侦查依托的海关监管场所包括：报关现场和查验现场；海关监管的机场、车站、港口、码头、加工企业、保税仓库、内河、内海、领海等规定水域，以及其他海关监管场所。由于海关监管场所范围广，涉及面大，这就要求走私犯罪侦查有赖于海关其他部门的支持、配合，要把海关监管和查私统一起来，这样不仅有助于查缉走私犯罪，并且可以发现和填补海关监管漏洞。同时，走私犯罪发生在海关监管场所的特点也决定了走私犯罪嫌疑人大多集中在直接、间接参与货物、物品进出口活动的人和与进出口货物、物品、进出境运输工具有利害关系的两类人员中。因此，走私犯罪对犯罪嫌疑人的缉捕范围相对集中。

（三）走私犯罪的侦查与海关政策规定结合密切

由于海关的缉私侦查机关与走私犯罪的紧密联系，决定了走私犯罪与海关监管的法律、法规及其政策密切联系在一起，因此，走私犯罪的侦查也要以海关的法律、法规、有关的业务文件为依据。海关监管的依据主要包括《海关法》和其他有关法律、行政法规，包括海关总署发布的一系列业务文件，以及国家制定的一系列外贸政策。走私犯罪以逃避海关监管为主要特征，那么走私犯罪的侦查也必须建立在熟悉海关监管政策的规定上，同时，走私犯罪的侦查也离不开国家有关外贸政策的规定。例如，国家许可制度的范围规定；在特定时期，对特定货物、物品禁止、限制进出口的规定；加工贸易深加工结转、转关运输的规定等。由于海关监管业务的专业性很强，因而，走私犯罪侦查在技术操作、专业要求上都需要依据海关法律、法规、有关的业务文件，以具体确定商品的性质、商品的流通状态，从而确定走私犯罪的具体环节、具体手法、某些行为是否构成犯罪等。因此在这个意义上，国家的外贸政策，海关监管的有关业务文件，都是海关走私犯罪侦查机关执法的依据。

（四）走私犯罪的侦查过程是发现真实的过程

从刑事诉讼的意义方面来看，走私犯罪的侦查作为刑事诉讼的一个独立阶段，其主要任务有两项。一是依照法定程序，收集、调取、核实与走私犯罪案件有关的各种证据，揭露走私犯罪，证实走私犯罪，查获犯罪人，防止犯罪人逃避侦查和审判。二是依法保护公民的合法权益不受侵犯，保障无罪的人不受法律追究。这两项任务的完成，是与侦查活动的整个进程同时进行的。走私侦查机关立案后，对是否发生走私犯罪事实及行为人的确认，走私犯罪事实是否是嫌疑人行为所为等，必须经过侦查，才能查明。收集、调取、核实证据，查获犯罪人的过程本身也是保障无罪的人不受刑事追究的过程。

走私犯罪侦查的任务决定了走私犯罪的侦查过程是去伪存真、辨别是非的过程。走私犯罪行为，无论是伪报、夹藏，还是倒卖、偷运，犯罪嫌疑人在货物、物品装运环节、仓单核准环节、报关环节、核查核销环节，往往在进出口报关单证、人员的身份证明、物品、货物的装载状态上大做文章，弄虚作假，以合法的形式掩盖走私行为。这就要求侦查人员一方面不能被假象迷惑，要透过现象挖掘行为的本质；另一方面，为了证实走私犯罪事实的存在，侦查人员在识破假象后，要采取有效的侦查措施，迅速取得一系列真实的证据材料，查清走私犯罪的真实情节，进而查清全部走私犯罪事实。

二、走私犯罪的侦查行为

走私犯罪的侦查行为是指走私犯罪侦查机关在办理案件的过程中，依照法律进行的各种调查活动。《刑事诉讼法》规定了走私犯罪机关在侦查走私中可以采取九种侦查行为。

（一）讯问走私犯罪嫌疑人

讯问走私犯罪嫌疑人是指：侦查人员为了揭露和证实走私犯罪，依照法定程序，以言词的方式向走私犯罪嫌疑人查问走私犯罪案件事实的侦查行为。讯问走私犯罪嫌疑人，一方面有利于查明走私犯罪的案件事实，扩大收集证据的线索，发现新的犯罪和其他应当追究刑事责任的犯罪分子；同时在讯问走私犯罪嫌疑人的过程中可以通过听取犯罪嫌疑人的申辩，保证无罪的人和其他依法不应追究刑事责任的人不受刑事追究。在对犯罪嫌疑人进行讯问的过程中需要注意以下几点：

1. 讯问犯罪嫌疑人必须由人民检察院或者走私犯罪侦查机关的侦查人员负责进行。讯问的时候，侦查人员不得少于两人。走私犯罪侦查机关对于不需要逮捕、拘留的犯罪嫌疑人，经缉私分局以上走私犯罪侦查机关负责人批准，可以传唤到犯罪嫌疑人所在市、县内的指定地点或者到他的住处进行讯问，传唤犯罪嫌疑人时，应当出示传唤通知书和侦查人员的工作证件，并责令其在传唤通知书上签名（盖章）、按指印。走私犯罪嫌疑人到案后，应当由其在传唤通知书上填写到案时间。讯问结束时，应当由其在传唤通知书上填写讯问结束时间。拒绝填写的，侦查人员应当在传唤通知书上注明。传唤持续的时间不得超过12小时。不得以连续传唤的形式变相拘禁犯罪嫌疑人。需要对被传唤人采取强制措施的，应当在传唤期间内作出批准或者不批准的决定；对于不批准的，应当立即结束传唤。传唤、拘传持续的时间最长不得超过12小时。不得以连续传唤、拘传的形式变相拘禁犯罪嫌疑人。对于讯问在押的走私犯罪嫌疑人，应当填写提讯证，在看守所或者走私犯罪侦查机关的工作场所进行讯问。讯问同案的走私犯罪嫌疑人，应当分别进行。

2. 讯问前，走私犯罪的侦查人员应当了解案件情况和证据材料，制定讯问计划，列出讯问提纲。第一次讯问走私犯罪嫌疑人时，应当问明犯罪嫌疑人的姓名、别名、曾用名、出生年月日、户籍所在地、暂住地、籍贯、出生地、民族、职业、文化程度、家庭情况、社会经历、是否受过刑事处罚或者行政处理等情况。走私犯罪侦查人员在讯问犯罪嫌疑人的时候，应当首先讯问犯罪嫌疑人是否有犯罪行为，让他陈述有罪的情节或者无罪的辩解，然后向他提出问题。犯罪嫌疑人对侦查人员的提问，应当如实回答。但是对与本案无关的问题，犯罪嫌疑人有权拒绝回答。走私犯罪侦查机关在讯问的时候，应当认真听取走私犯罪嫌疑人的供述和辩解；严禁刑讯逼供或者使用威胁、引诱、欺骗以及其他非法的方法获取供述。侦查人员在讯问中对犯罪嫌疑人的犯罪事实、动机、目的、手段，与犯罪有关的时间、地点，涉及的人、事、物，都应当讯问清楚。对犯罪嫌疑人供述的犯罪事实、申辩和反证，公安机关都应当认真核查，依法处理。在讯问中，需要运用证据证实犯罪嫌疑人的罪行时，应当防止泄露侦查工作秘密。

3. 讯问聋、哑的走私犯罪嫌疑人，应当有通晓聋、哑手势的人参加，并且将这种情况记明笔录。讯问笔录应当交犯罪嫌疑人核对，对于没有阅读能力的，应当向他宣读。如果记载有遗漏或者差错，犯罪嫌疑人可以提出补充或者改正。犯罪嫌疑人承认笔录没有错误后，应当签名或者盖章。侦查人员也应当在笔录上签名。犯罪嫌疑人请求自行书写供述的，应当准许。必要的时候，侦查人员也可以要犯罪嫌疑人亲笔书写供词。侦查人员应当将问话和犯罪嫌疑人的供述或者辩解如实地记录清楚。

4. 讯问笔录应当交给犯罪嫌疑人核对或者向他宣读。如记录有差错或者遗漏，应当允许犯罪嫌疑人更正或者补充，并按指印。笔录经走私犯罪嫌疑人核对无误后，应当由其在笔录上逐页签名（盖章）、按指印，并在末页写明“以上笔录我看过（或向我宣读过），和我说的相符”。拒绝签名（盖章）、按指印的，侦查人员应当在笔录上注明。讯问笔录上所列项目，应当按规定填写齐全。侦查人员、翻译人员应当在讯问笔录上签名或者盖章。讯问犯罪嫌疑人，在文字记录的同时，可以根据需要录音、录像。走私犯罪嫌疑人请求自行书写供述的，应当准许；必要时，侦查人员也可以要求犯罪嫌疑人亲笔书写供词。犯罪嫌疑人应当在亲笔供词的末页签名（盖章）、按指印。侦查人员收到后，应当在首页右上方写明“于某年某月某日收到”，并签名。犯罪嫌疑人在被侦查机关第一次讯问后或者采取强制措施之日起，可以聘请律师为其提供法律咨询、代理申诉、控告。犯罪嫌疑人被逮捕的，聘请的律师可以为其申请取保候审。涉及国家秘密的案件，犯罪嫌疑人聘请律师，应当经侦查机关批准。受委托的律师有权向侦查机关了解犯罪嫌疑人涉嫌的罪名，可以会见在押的犯罪嫌疑人，向犯罪嫌疑人了解有关案件情况。律师会见在押的犯罪嫌疑人，侦查机关根据案件情况和需要可以派员在场。涉及国家秘密的案件，律师会见在押的犯罪嫌疑人，应当经侦查机关批准。

5. 讯问犯罪嫌疑人过程的录音录像。2012 年《刑事诉讼法》第一百二十一条规定了对讯问过程的录音录像制度。具体到走私犯罪：①海关侦查人员在讯问犯罪嫌疑人的时候，可以对讯问过程进行录音录像。我们建议，为了防止被告人在延审中辨称自己的供述是刑讯逼供或者其他方式获取的，走私犯罪的侦查人员对所有的案件在讯问时都应当进行录音录像；②对于可能判处无期徒刑、死刑的走私犯罪案件，应当对讯问过程进行录音录像；③录音或者录像应当全程进行，保持完整性。

（二）询问走私犯罪的证人、被害人

询问走私犯罪的证人，是指侦查人员为查明走私犯罪案件事实，依法向直接和间接了解走私犯罪案件情况的人所进行的证明查询的一种侦查活动，是获取证人证言的重要方法。询问被害人是指侦查人员依照法定的程序向遭受走私犯罪行为侵害的人就其受害及走私犯罪嫌疑人的有关状况进行调查的侦查活动。

法律规定，凡是知道走私犯罪案件情况的人都有作证的义务，但是并不是所有知道案件情况的人都可以作为证人，并作出了如下的限制：(1) 生理上、精神上有缺陷或者年幼、不能辨别是非不能正确表达的人；(2) 承办案件的侦查人员、鉴定人和翻译人不能作为本案的证人；(3) 共同走私犯罪案件中的同案犯罪嫌疑人不能作为互为证人；(4) 辩护人不能作为所辩护案件的证人。通过证人提供的证言，可以进一步发现走私犯罪案件的线索，查清走私犯罪案件的事实，询问证人和被害人对于发现和收集证据，侦破走私犯罪案件，证实走私犯罪案件具有重要意义。

询问证人、被害人，可以到证人、被害人所在单位或者住所进行。必要的时候，也可以通知证人、被害人到走私犯罪侦查机关提供证言。询问证人、被害人应当个别进行，并应当向证人、被害人出示走私犯罪侦查机关的证明文件或者侦查人员的工作证件。询问前，应当了解证人、被害人的身份，证人、犯罪嫌疑人、被害人之间的关系。询问时，应当告知证人、被害人必须如实地提供证据、证言和有意作伪证或者隐匿罪证应负的法律责任。询问未成年的证人、被害人，可以通知其法定代理人到场。侦查人员不得向证人、被害人泄露案情或者表示对案件的看法，严禁使用威胁、引诱和其他非法方法询问证人、被害人。询问笔录应当交给证人或者被害人核对或者向他宣读。如记录有差错或者遗漏，应当允许证人或者被害人更正或者补充，并按指印。笔录经走私犯罪案件的证人或者被害人核对无误后，应当由其在笔录上逐页签名（盖章）、按指印，并在末页写明“以上笔录我看过（或向我宣读过），和我说的相符”。拒绝签名（盖章）、按指印的，侦查人员应当在笔录上注明。讯问笔录上所列项目，应当按规定填写齐全。侦查人员、翻译人员应当在讯问笔录上签名或者盖章。询问犯罪嫌疑人或者被害人，在文字记录的同时，可以根据需要录音、录像。证人或者被害人请求自行书写供述的，应当准许；必要时，侦查人员也可以要求证人或者被害人亲笔书写证词。证人或者被害人应当在亲笔证词的末页签名（盖章）、按指印。侦查人员收到后，应当在首页右上方写明“于某年某月某日收到”，并签名。询问中，涉及证人、被害人的隐私，应当保守秘密。

（三）走私犯罪的勘验、检查

走私犯罪的勘验和检查，是指走私犯罪侦查机关对于与走私犯罪有关的场所物品和人身进行实地勘验或者检查，以发现和收集走私犯罪活动所遗留下来的各种痕迹和物品的一种侦查行为。《刑事诉讼法》第一百零一条规定："侦查人员对于与犯罪有关的场所、物品、人身、尸体应当进行勘验或者检查。在必要的时候，可以指派或者聘请具有专门知识的人，在侦查人员的主持下进行勘验、检查。"第一百零二条规定："任何单位和个人，都有义务保护犯罪现场，并且立即通知公安机关派员勘验。"通过勘验检查可以获得犯罪嫌疑人进行走私犯罪的第一手证据，这是查明走私犯罪案件的重要手段，对侦破走私犯罪案件具有重要的作用。走私犯罪案件的勘验检查主要包括现场勘查、物证和书证检验、人体检查以及侦查实验。

侦查人员执行勘验、检查，必须持有走私犯罪侦查机关的证明文件。走私犯罪侦查人员对于与走私犯罪有关的场所、物品、人身都应当进行勘验或者检查，利用各种技术手段，及时提取与案件有关的痕迹、物证。在必要的时候，可以指派或者聘请具有专门知识的人，在侦查人员的主持下进行勘验、检查。执行勘查的走私犯罪侦查人员接到通知后，应当立即赶赴现场；勘查现场，应当持有刑事犯罪现场勘查证。走私犯罪侦查人员勘查现场的任务，是查明犯罪现场的情况，发现和收集证据，研究分析案情，判断案件性质，确定侦查方向和范围，为破案提供线索和证据。需要迅速采取搜索、追踪、堵截、鉴别、控制销赃等紧急措施的，应当立即报告负责本案侦查的指挥人员。对走私犯罪的现场勘查，由缉私分局以上公安机关侦查部门负责。一般案件的现场勘查，由侦查部门负责人指定的人员现场指挥；重大、特别重大案件的现场勘查由侦查部门负责人现场指挥。必要时，发案地走私犯罪侦查负责人应当亲自到现场指挥。同时，勘查现场，应当按照现场勘查规则的要求拍摄现场照片，制作现场勘查笔录和现场图。对重大、特别重大案件的现场，应当录像。走私犯罪案件涉及计算机犯罪的现场勘查时，应当立即停止应用计算机，保护计算机及相关设备，并复制电子数据。

走私犯罪中的人身检查是为了确定走私犯罪被害人、犯罪嫌疑人的某些特征、伤害情况或者生理状态。犯罪嫌疑人如果拒绝检查，走私犯罪的侦查人员认为必要的时候，可以强制检查。检查妇女的身体，应当由女侦查人员或者医师进行。检查的情况应当制作笔录，由参加检查的侦查人员、检查人员和见证人签名或者盖章。

为了查明案情，在必要的时候，经缉私分局以上走私犯罪侦查机关负责人批准，可以进行侦查实验。侦查实验的任务是：（1）确定在一定条件下能否听到或者看到；（2）确定在一定时间内能否完成某一行为；（3）确定在什么条件下能够发生某种现象；（4）确定在某种条件下某种行为和某种痕迹是否吻合一致；（5）确定在某种条件下使用某种工具可能或者不可能留下某种痕迹；（6）确定某种痕迹在什么条件下会发生变异；（7）确定某种事件是怎样发生的。走私犯罪侦查机关进行侦查实验，禁止一切足以造成危害、侮辱人格或者有伤风化的行为。侦查实验的经过和结果，应当制作侦查实验笔录，由参加实验的侦查人员签名或者盖章。

（四）走私犯罪中的搜查

走私犯罪中的搜查，是指走私犯罪侦查机关的侦查人员对走私犯罪嫌疑人以及可能隐藏罪犯或者罪证的人的身体、物品、住处和其他有关的地方进行搜索、检查的一种侦查行为。搜查直接关系到公民的人身自由和住宅不受侵犯的权利。我国宪法明确规定了禁止非法搜查公民的身体和住宅。非法搜查公民的身体、住宅是一种违法犯罪行为，应当追究犯罪人的刑事责任。

走私犯罪的搜查作为一种侦查手段，目的在于为了发现和收集与犯罪有关的证据，查获隐藏的犯罪嫌疑人，但必须按照法定的程序进行。为了收集犯罪证据、查获犯罪人，经缉私分局以上走私犯罪机关负责人批准，侦查人员可以对走私犯罪嫌疑人以及可能隐藏罪犯或者犯罪证据的人的身体、物品、住处和其他有关的地方进行搜查。进行搜查，必须向被搜查人出示搜查证，执行搜查的侦查人员不得少于两人。执行拘留、逮捕的时候，遇有下列紧急情况之一的，不用搜查证也可以进行搜查：（1）可能随身携带凶器的；（2）可能隐藏爆炸、剧毒等危险物品的；（3）可能隐匿、毁弃、转移犯罪证据的；（4）可能隐匿其他犯罪嫌疑人的；（5）其他突然发生的紧急情况。进行搜查时，应当有被搜查人或者他的家属、邻居或者其他见证人在场。搜查妇女的身体，应当由女侦查人员进行。搜查的情况应当制作搜查笔录，由侦查人员、被搜查人或者他的家属、邻居或者其他见证人签名或者盖章。如果被搜查人或者他的家属不在现场，或者拒绝签名、盖章的，侦查人员应当在笔录上注明。对在搜查中发现的与案件无关的个人隐私不得泄漏。

（五）走私犯罪中的扣押

走私犯罪中的扣押，是指走私犯罪侦查机关对于同走私犯罪案件有关的货物、物品和文件、款项，依法向持有人强制提取、留置的侦查措施。扣押物证、书证是一种具有强制性的侦查措施。侦查人员通过扣押可以取得能够证明走私犯罪案件事实的物证、书证，以及防止其毁损或者灭失，保全书证物证原有的证明价值。这样就可以保证物证、书证发挥其在诉讼中应有的证明作用。

在勘查、搜查中发现的可用以证明犯罪嫌疑人有罪或者无罪的物品和文件应当扣押，但与案件无关的物品、文件，不得扣押。持有人拒绝交出应当扣押的物品、文件的，走私犯罪侦查机关可以强行扣押。在现场勘查或者搜查中需要扣押物品、文件的，由现场指挥人员决定。执行扣押物品、文件的侦查人员不得少于两人，并持有有关法律文书或者侦查人员工作证件。对于扣押的物品和文件，应当会同在场证人和被扣押物品、文件的持有人查点清楚，当场开列扣押物品、文件清单一式三份，写明物品或者文件的名称、编号、规格、数量、重量、质量、特征及其来源，由侦查人员、见证人和持有人签名或者盖章后，一份交给持有人，一份交给公安机关保管人员，一份附卷备查。

扣押犯罪嫌疑人的邮件、电子邮件、电报，应当经缉私分局以上走私犯罪侦查机关负责人批准，签发扣押通知书，通知邮电部门或者网络服务单位检交扣押。不需要继续扣押的时候，应当经缉私分局以上走私犯罪侦查机关负责人批准，签发解除扣押通知书，立即通知邮电部门或者网络服务单位。对于扣押的物品、文件、邮件、电子邮件、电报，应当指派专人妥善保管，不得使用、调换、损毁或者自行处理。经查明确实与案件无关的，应当在三日以内解除扣押，退还原主或者原邮电部门、网络服务单位。对不能随案移送的物证，应当拍成照片；容易损坏、变质的物证、书证，应当用笔录、绘图、拍照、录像、制作模型等方法加以保全。

对于可以作为证据使用的录音、录像带、电子数据存储介质，应当记明案由、对象、内容，录取、复制的时间、地点、规格、类别、应用长度、文件格式及长度等，并妥为保管。对查获的下列不宜随案移送的物品、文件，原物不随卷保存，但应当拍成照片存入卷内，原物由走私犯罪侦查机关妥为保管或者按照国家有关规定分别移送主管部门处理或者销毁：（1）淫秽物品；（2）武器弹药、管制刀具，易燃、易爆、剧毒、放射等危险品；（3）鸦片、海洛因、吗啡、冰毒、大麻等毒品和制毒原料或者配剂、管制药品；（4）危害国家安全的传单、标语、信件和其他宣传品；（5）秘密文件、图表资料；（6）珍贵文物、珍贵动物及其制品、珍稀植物及其制品；（7）其他大宗的、不便搬运的物品。

对容易腐烂变质及其他不易保管的物品，可以根据具体情况，经缉私分局以上走私犯罪侦查机关负责人批准，在拍照或者录像后委托有关部门变卖、拍卖，变卖、拍卖的价款暂予保存，待诉讼终结后一并处理。通知被害人后，超过半年未来领取的，予以没收，上缴国库。如有特殊情况，可以酌情延期处理。凡是已经送交财政部门处理的赃款赃物，如果失主前来认领，并经查证属实，由原没收机关从财政部门提回，予以归还。如原物已经卖掉，应当退还价款。对犯罪嫌疑人违法所得的财物及其孳息，应当依法追缴。对被害人的合法财产及其孳息，应当在登记、拍照或者录像、估价后及时返还，并在案卷中注明返还的理由，将原物照片、清单和被害人的领取手续存卷备查。对扣押的犯罪嫌疑人的财物及其孳息，应当妥善保管，以供核查。任何单位和个人不得挪用、损毁或者自行处理。

对扣押的犯罪嫌疑人的财物及其孳息中，作为证据使用的实物应当随案移送；对不宜移送的，应当将其清单、照片或者其他证明文件随案移送。待人民法院作出生效判决后，由扣押的公安机关按照人民法院的通知，上缴国库或者返还受害人，并向人民法院送交执行回单。案件变更管辖时，与案件有关的财物及其孳息应当随案移交。移交财物时，由接收人、移交人当面查点清楚，并在交接单据上共同签名或者盖章。

（六）走私犯罪中的查询、冻结存款、汇款

走私犯罪中的查询、冻结存款、汇款，是指走私犯罪侦查机关根据侦查走私犯罪的需要，依照有关规定，向银行或者其他金融机构、邮电部门查询走私犯罪嫌疑人的存款、汇款，以及通知上述机构或部门停止支付走私犯罪嫌疑人的存款、汇款的专门措施。①

走私犯罪侦查机关根据侦查犯罪的需要，可以依照规定查询、冻结犯罪嫌疑人的存款、汇款。《中国人民银行关于走私犯罪侦查机关查询、冻结走私犯罪嫌疑人存款适用〈关于查询、冻结、扣划企事业单位、机关、团体银行存款的通知〉的通知》规定了对海关走私犯罪侦查机关到银行或者其他金融机关办理查询冻结走私犯罪嫌疑人存款，出具了有关手续的，各金融机构应予以协助配合。向银行或者其他金融机构、邮电部门查询犯罪嫌疑人的存款、汇款，应当经缉私分局以上走私犯罪侦查机关负责人批准，制作查询存款、汇款通知书，通知银行或者其他金融机构、邮电部门执行。需要冻结犯罪嫌疑人在银行或者其他金融机构、邮电部门的存款、汇款的，应当经缉私分局以上公安机关负责人批准，制作冻结存款、汇款通知书，通知银行或者其他金融机构、邮电部门执行。不需要继续冻结犯罪嫌疑人存款、汇款时，应当制作解除冻结存款、汇款通知书，通知银行或者其他金融机构、邮电部门执行。走私犯罪嫌疑人的存款、汇款已被冻结的，不得重复冻结。

冻结存款的期限为6个月。有特殊原因需要延长的，走私犯罪侦查机关应当在冻结期满前办理继续冻结手续。每次续冻期限最长不超过6个月。逾期不办理继续冻结手续的，视为自动撤销冻结。对于冻结的存款、汇款经查明确实与案件无关的，应当在3以内通知原银行、其他金融机构、邮电部门解除冻结，并通知被冻结存款、汇款的所有人。对于

① 李晓武主编：《走私犯罪侦查业务》，中国海关出版社2002年版，第271页。

在侦查中犯罪嫌疑人死亡，对犯罪嫌疑人的存款、汇款应当依法予以没收或者返还被害人的，可以申请人民法院裁定通知冻结犯罪嫌疑人存款、汇款的银行、其他金融机构或者邮电部门上缴国库或者返还被害人。对于冻结在银行、其他金融机构或者邮电部门的赃款，应当向人民法院随案移送该银行、其他金融机构或者邮电部门出具的证明文件，待人民法院作出生效判决后，由人民法院通知该银行、其他金融机构或者邮电部门上缴国库。

上级走私犯罪侦查机关发现下级走私犯罪侦查机关冻结、解除冻结存款、汇款有错误时，可以依法作出决定，责令下级侦查机关限期改正，下级侦查机关应当立即执行。对拒不改正的，上级侦查机关可以直接向有关银行或者其他金融机构发出法律文书，纠正下级侦查机关所作的错误决定，并通知原作出决定的侦查机关。

（七）走私犯罪侦查中的鉴定

走私犯罪侦查中的鉴定，指走私犯罪侦查机关为了查清案情，指派或者聘请具有专门知识的人对案件中的某些专门问题进行鉴别和判断的侦查活动。走私犯罪侦查中的鉴定以其结论的科学性特点，对揭示物证和书证的证明作用具有重要意义。鉴定结论作为一种侦查手段，对于查清走私犯罪案件事实，查获走私犯罪嫌疑人具有重要的作用。在走私犯罪侦查工作中，涉及鉴定时，因严格按照《走私犯罪侦查局关于下发刑事专业技术工作管理若干规定的通知》进行，《走私犯罪检验鉴定规则》第三规定缉私警察的刑事技术部门，根据工作的需要，可设立文件检验、痕迹检验、刑事化验、刑事招录像、淫秽物品检验等专业岗位。第四条规定：检验鉴定的受理范围为涉嫌走私案件中的文印、印章、痕迹、可疑麻醉品、精神药品、淫秽音像制品等物证。

为了查明案情，解决案件中某些专门性问题，应当指派、聘请具有鉴定资格的人进行鉴定。走私犯罪侦查鉴定的范围必须是与查明案情有关的物品、文件、电子数据、痕迹、人身、尸体等，包括刑事技术鉴定、人身伤害的医学鉴定、精神病的医学鉴定、扣押物品的价格鉴定、文物鉴定、珍稀动植物及其制品鉴定、违禁品和危险品鉴定、电子数据鉴定等。进行走私犯罪侦查中的鉴定，由缉私分局以上公安机关刑事技术部门或者其他专职人员负责进行。

走私犯罪的侦查中，需要聘请有专门知识的人进行鉴定，应当经缉私分局以上公安机关负责人批准后，制作聘请书。走私犯罪侦查机关应当为鉴定人提供进行鉴定的必要条件，及时向鉴定人送交有关检材和对比样本等原始材料，介绍与鉴定有关的情况，并且明确提出要求鉴定解决的问题，但是不得暗示或者强迫鉴定人作出某种鉴定结论。走私犯罪鉴定中的鉴定人应当按照鉴定规则，运用科学方法进行鉴定。鉴定后，应当出具鉴定结论，由两名以上具有鉴定资格的鉴定人签名或者盖章。鉴定人故意作虚假鉴定的，应当依法追究其法律责任。

办案部门或者侦查人员认为鉴定结论不确切或者有错误，经缉私分局以上走私犯罪侦查机关负责人批准，可以补充鉴定或者重新鉴定。走私犯罪侦查机关应当将用作证据的鉴定结论告知犯罪嫌疑人、被害人。如果犯罪嫌疑人、被害人对鉴定结论有异议提出申请，经县级以上公安机关负责人批准后，可以补充鉴定或者重新鉴定。走私犯罪需要重新鉴定的，应当另行指派或者聘请鉴定人。刑事技术鉴定的鉴定结论，需要送上级公安机关刑事技术部门复核时，应当送鉴定物和对比样本、原鉴定书或者检验报告，并说明提请复核的原因和要求。

对犯罪嫌疑人作精神病鉴定的时间不计入办案期限，其他鉴定时间都应当计入办案期限。对于因鉴定时间较长，办案期限届满仍不能终结的案件，自期限届满之日起，应当对被羁押的走私犯罪嫌疑人变更强制措施，改为取保候审或者监视居住。

（八）走私犯罪侦查中的通缉

走私犯罪侦查中的通缉，是指走私犯罪侦查机关通令缉拿依法应当逮捕而在逃的犯罪嫌疑人的一种侦查措施。走私犯罪中的通缉是走私犯罪侦查机关之间就追缉走私犯罪嫌疑人之间进行的配合，以保证侦查和审判工作的顺利进行。

走私犯罪侦查中的通缉对象是应当逮捕而在逃的犯罪嫌疑人，包括已经逮捕而在羁押期间逃跑的走私犯罪嫌疑人。走私犯罪侦查机关在侦办走私犯罪案件过程中，依法采取通缉、边控、搜查、拘留、执行逮捕、监视居住等措施，以及核实走私罪嫌疑人身份和犯罪经历时，需地方公安机关配合的，应通报有关地方公安机关，地方公安机关应予配合。其中在全国范围通缉、边控走私犯罪嫌疑人，请求国际刑警组织或者境外警方协助的，以及追捕走私犯罪嫌疑人需要地方公安机关调动警力的，应呈报公安部批准。

县级以上公安机关在自己管辖的地区以内，可以直接发布通缉令；超出自己管辖的地区，应当报请有权决定的上级公安机关发布。通缉令发送范围，由签发通缉令的公安机关负责人决定。通缉令中应当尽可能写明被通缉人的姓名、别名、曾用名、绰号、性别、年龄、民族、籍贯、出生地、户籍所在地、居住地、职业、身份证号码、衣着和体貌特征并附被通缉人近期照片，可以附指纹及其他物证的照片。除了必须保密的事项以外，应当写明发案的时间、地点和简要案情。

通缉令发出后，如果发现新的重要情况可以补发通报。通报必须注明原通缉令的编号和日期。有关公安机关接到通缉令后，应当及时布置查缉。抓获犯罪嫌疑人后，应当迅速通知通缉令发布机关，并报经抓获地县级以上公安机关负责人批准后，凭通缉令羁押。原通缉令发布机关应当立即进行核实，并及时依法处理。

为防止犯罪嫌疑人逃往境外，需要在边防口岸采取边控措施的，应当按照有关规定制作边控对象通知书，经县级以上公安机关负责人审核后，呈报省级公安机关批准，办理边控手续。需要在全国范围采取边控措施的，应当呈报公安部批准。对需要边防检查站限制犯罪嫌疑人人身自由的，需同时出具有关法律文书。紧急情况下，县级以上公安机关可以出具公函，先向当地边防检查站交控，但应当在七日内补办交控手续。

为发现重大犯罪线索，追缴涉案财物、证据，查获犯罪嫌疑人，必要时，经县级以上公安机关负责人批准，可以发布悬赏通告。悬赏通告应当写明悬赏对象的基本情况和赏金的具体数额。通缉令、悬赏通告可以通过广播、电视、报刊、计算机网络等媒体发布。在全国范围内通缉的走私犯罪嫌疑人自首、被击毙或者被抓获，走私犯罪侦查机关应在核实情况之后，填写在逃人员撤销表报海关总署缉私局，由海关总署缉私局撤销数据向公安部呈报撤销报告。在一定区域内通缉的，要通知原发布机关主管部门在原通缉的范围内撤销通缉令、上网逃犯信息、悬赏通告。

（九）走私犯罪侦查中的边控

走私犯罪侦查中的边控，是指为了防止走私犯罪嫌疑人逃往国外，在我国口岸采取边防控制的措施阻止被控制的走私犯罪嫌疑人出入国境。海关总署在《走私犯罪侦查局关于办理边控的有关问题的通知》中就走私犯罪侦查机关办理边控的有关问题进行了规定。

走私犯罪侦查中采取边控措施的对象为走私犯罪案件的被告人和走私犯罪侦查机关认定的犯罪嫌疑人，以及其他法律规定的不准出入境的人员。走私犯罪侦查机关需在全国或跨省、自治区、直辖市对有关人员实施边控的，应该报海关总署缉私局批准，交公安部出入境管理局以公安部的名义布控。在缉私局的本省、自治区、直辖市范围内实施边控的，报所在省、自治区、直辖市公安厅、局审批办理，来不及向省级公安部门报批的紧急情况下，向当地边防检查站临时交控的，应在交控后7日内按规定补办审批手续。走私犯罪侦查机关在申请边控时，应逐级向审批机关报送“关于对××实施边控的请示”并附“边控对象通知书”须扣留人员的还应附拘留证、逮捕证等采取刑事强制措施的法律文书的复印件。

出入境管理机关和边防检查机关在出入境边防控制检查工作中控制人员出入境的方法有六种：掌握出入境动态、阻止出境、阻止出境且扣留证件、阻止入境、阻止入境且扣留证件、扣留人员。交控的走私犯罪侦查机关应在边控要求中明确控制办法。对外国籍边控对象一般不单独适用扣留证件。对需要掌握出入境动态的边控对象，控制期限最长不超过1年。对需要采取其他控制措施的边控对象，控制期限一般为1个月，最长不超过3个月。需要延长边控期限的，交控的走私犯罪侦查机关应当在原控制期限内逐级向审批机关报送“关于对××续控的请示”，不办理续控手续的自动撤控。超过控制期限又需边控的，应重新办理有关手续。

在控制期限内边控对象已被查获的，或者由于其他原因无需继续边控的，交控的走私犯罪侦查机关应当按照原办理的程序及时将“关于撤销××边控措施的请示”逐级报送审批机关。边控或者其他部门抓获边控对象后，交控的走私犯罪侦查机关因距离较远，不能立即提解犯罪嫌疑人的，可委托就近的走私犯罪侦查机关暂予代押，但交控的走私犯罪侦查机关应在48小时内到代押的走私犯罪侦查机关及时提解。在72小时内仍不能赶到的，应用电话向代押的走私犯罪侦查机关说明理由，并办理延长拘留期限的手续。

三、走私犯罪侦查中的证据

证据，乃为证明要证事实，使臻明了之原因，亦称证明之手段，即依据已知之资料，以推理其事实之存在或不存在。[①]“证据”一词在日常生活中使用十分广泛。当某一事物或主张被他人提出质疑时，肯定该事物为客观真实者或者该主张的提出者往往就会拿出相关的事实资料来证明该事物的存在或该主张的成立。由此可见，证据是用以证明某一事物客观存在或某一主张成立的有关事实资料。任何犯罪事实只有通过相关的证据予以证明后，才能谈得上追究犯罪人的刑事责任。走私犯罪也是如此。走私犯罪证据的收集和认定是走私犯罪刑事诉讼活动的重心和关键，走私犯罪侦查的过程就是一个发现、收集、审查和运用走私犯罪证据的过程。

（一）走私犯罪中证据的概念

走私犯罪的证据，属于刑事证据的范畴。在走私犯罪诉讼过程中，走私犯罪案件的事实，是通过大量的书证、物证、证人证言等证据表现出来的，案件的事实最终也是通过大量的证据来说明的。

---

① 沈德勇主编：《刑事证据制度与理论》，法律出版社2002年版，第305页。

我们应从整体上认识走私犯罪证据的概念。关于走私犯罪证据的概念，许多学者在我国《刑事诉讼法》第四十二条“证明案件真实情况的一切事实，都是证据”这一条文的基础上作了总结归纳。有的学者认为，走私犯罪证据，是指法定查缉人员、侦查人员及刑事诉讼参与人依法提供、收集并以法律规定的形式表现出来的，用以证明走私犯罪案件真实情况的具有法律意义的规范性材料。这一概念包含以下三个方面的含义：（1）走私犯罪证据收集、提供的主体不仅仅是侦查人员，还包括海关、工商、公安（含公安边防）等具有法定查缉权的部门和人员以及犯罪嫌疑人、辩护人、证人、鉴定人等诉讼参与人；（2）走私犯罪的证据必须是与走私犯罪案件具有内在关联而能够证明走私犯罪案件的真实情况；（3）走私犯罪证据的外在表现形式必须符合《刑事诉讼法》的规定要求，具有法律意义。[①] 也有学者认为，走私犯罪证据，是证明走私犯罪存在的事实依据。由此可以推论，走私犯罪证据是事实依据。这个事实依据是客观存在的，具有客观性。进一步讲，走私犯罪证据是已知的事实依据。其能够证明走私犯罪案件的未知情况。[②] 上述两种观点都在一定程度上揭示了走私犯罪证据的本质属性，但也都有不足之处。第一种观点忽视了人民检察院、人民法院在认定走私犯罪时依法收集的证据，实质上其所说的走私犯罪证据指的是侦查阶段的走私犯罪证据。此外，该观点过于啰嗦，既要求走私犯罪证据以法律规定的形式表现出来，又必须具有法律意义，这显然属于语意重复，因为刑事诉讼上的证据本身就具有法律意义。第二种观点比较简单明了，紧密结合《刑事诉讼法》关于证据的定义，但是认定走私犯罪证据是事实依据并没有从本质上回答走私犯罪证据的概念特点。走私犯罪发生过程中形成的事实，只是形成刑事证据的基础，但其本身并不是证据，因为这些客观事实不具有法律属性。

综上总结后，笔者认为走私犯罪证据是指法定查缉人员、侦查人员、检察人员、审判人员及其他刑事诉讼参与人依法提供、收集并以法律规定的形式表现出来的用以说明走私案件事实的有无、应负刑事责任大小等情况的各种材料。

（二）走私犯罪侦查中证据的特点

1. 走私犯罪证据的客观性。走私犯罪证据的客观性，是指走私犯罪证据是客观存在的事实，而不是人们主观猜测和虚假的东西。走私犯

① 李晓武主编：《走私犯罪侦查业务》，中国海关出版社 2002 年版，第 109 ~ 110 页。

② 赵星著：《走私犯罪侦查》，中国海关出版社 2002 年版，第 74 页。

罪一旦发生，其留下的证据便具有客观性，不依人的意志为转移。例如，走私毒品的犯罪嫌疑人一经实施犯罪，证明其毒品犯罪的证据就具有客观性，不管是毒品本身，还是在通管环节被抓获的现场记录，都成为客观存在的事实。尽管走私犯罪证据需要法定人员的主观意志去感知，去收集，但是否可以说走私犯罪证据具有主观性？或者说走私犯罪证据具有主客观统一性？有学者认为，走私犯罪证据具有主客观统一性，是因为进入侦查程序的走私犯罪证据，不是一般意义的纯客观的自在物，而是一种通过人的意识作用的再现物，体现了主观性与客观性的统一。进而该学者指出，当走私犯罪未被发现时，能够证明走私犯罪事实的各种证据只能作为一般证据而存在，具有纯粹的客观性。一旦走私犯罪行为被揭露，与走私犯罪行为相关联、能够证明走私犯罪行为存在的各种证据纷纷进入侦查视野，被查缉人员、侦查人员收集、认识。为了侦查的需要，侦查机关通过对证据的格式化、规范化，甚至技术化，以法律形式改变了其作为一般证据存在的自然状态，使之具有主观的形式。[1] 对这种观点笔者不敢苟同。因为证据本身的特点与收集、认识证据的方法是两个完全不同的概念，证据本身具有客观性。不管人们认识到与否，都不能改变证据的本质属性。在实践中，由于各种主客观条件的限制，能够证明走私犯罪的证据并非可以全部得到，但这些未被认识到的证据不因此而丧失其客观性。不能因为没有进入刑事诉讼的领域就否认证据的存在，这样容易陷入主观唯心主义的泥潭。正如物质具有客观实在性一样，走私犯罪证据也具有客观性。而收集、认识走私犯罪证据的过程作为一种实践活动，是主观见之于客观的活动，具有主客观统一性。认为走私犯罪证据具有主客观统一性实际上是混淆了证据与证据的认识、收集两者之间的关系。

走私犯罪证据具有客观性，表明在走私犯罪的过程中，无论是走私的物品、文书，还是证人证言，当事人的陈述，都应该是客观存在的，是对走私案件事实的真实反映，而不是人们主观臆想、凭空猜测，以及无中生有伪造的情况。应当注意的是，在走私犯罪刑事诉讼的过程中，以各种形式表现出来的证据材料，有的可能是真实的，有的则可能不是真实的，并不具备客观性的特征。《刑事诉讼法》第四十二条第三款规定：“以上证据必须经过查证属实，才能作为定案的根据。”因此，那些经查证不属实的证据材料，是徒有证据之名、不具证据之实的假证据，因其不具备客观性的特征，不能作为定案的根据。

---

① 李晓武主编：《走私犯罪侦查业务》，中国海关出版社 2002 年版，第 111 页。

2. 走私犯罪证据的关联性。走私犯罪证据的关联性，是指证据与走私犯罪事实之间存在着客观的、内在的、必然的联系。作为走私犯罪证据的事实材料与需要证明的走私犯罪事实必须有着内在的联系，能够证明走私案件真实情况的部分或全部。例如，报关单和许可证本身并不是走私犯罪的证据，只有当这些材料被走私犯罪嫌疑人用于走私普通货物、物品时，这些报关单证就成为证明行为人实施走私普通货物、物品犯罪的证据。在海关缉私机构的侦查过程中走私犯罪证据不仅是客观存在的事实，而且必须是与走私案件事实存在某种联系的事实。如果同走私案件事实没有联系，即便是客观事实，也不能成为走私犯罪证据。

在侦查实践中，要查明走私犯罪证据与走私案件事实是否存在着客观联系，有什么样的联系，能证明案件中的什么问题，以及在一些走私案件中，要判明收集到的证据是否与走私案件有关系，往往需要运用专门知识和专门技能。有的证据的关联性非常复杂，不大容易判断，需要经过仔细的检查、辨认、检验和鉴定才能确认。因为在侦查实践中，有可能出现收集的证据是疑似的物品或偶合现象这种情况。如何排除这种偶合性，需要把这种证据放进整个证据链之中通过对证据之间的关联性是否是合理的进行判断，来加以排除。

3. 走私犯罪证据的合法性。证据的合法性，不仅仅指符合法律规定要求的证据，更要求这些证据的采集合法。具体地讲，证据的合法性表现于四个方面：证据内容合法；证据形式合法；收集、提供证据的主体合法；取证程序合法。上述四个方面的有机统一则成为合法证据。

证据的合法性在普通法系国家被称为证据的可采性。许多国家的证据一般都对什么样的证据具有可采性，什么样的证据不具有可采性作出明确规定。走私犯罪证据的合法性，是指提供、提供走私犯罪证据的主体资格，认定走私犯罪证据的程序，以及证据的证明能力都应当由法律予以规定。也就是说，走私犯罪证据必须符合法律规定的要求。首先，收集、提供走私犯罪证据的主体资格要合法。例如，我国《刑事诉讼法》第四十八条第二款规定：“生理上、精神上有缺陷或者年幼，不能辨别是非、不能正确表达的人，不能作证人。”若由上述主体作证人提供走私犯罪的证据，将不符合法律对于收集、提供走私犯罪证据的主体的规定，视为非法证据。其次，取得、认定走私犯罪证据的程序要合法。不符合法定程序取得证据为非法证据。例如，《刑事诉讼法》第四十三条规定：“严禁刑讯逼供和以威胁、引诱、欺骗以及其他非法的方法收集证据。”通过上述方法收集走私犯罪嫌疑人犯罪的证据，容易造成一些冤、假、错案，因而也属于非法证据；同时走私犯罪证据必须经过法定程序查证属实。我国《刑事诉讼法》明确规定，证据必须经过查证属实，才能作为定案的依据。再次，走私犯罪的证据具有证明能力，即走私犯罪证据的内容要合法。不能证明走私案件真实情况的或与走私案件事实无联系的事实材料，因其不具备证据的客观性、关联性，对走私案件真实情况的查明毫无意义而成为非法证据。最后，走私犯罪证据必须具备合法的形式。我国《刑事诉讼法》对证据的种类做了明确规定。根据走私犯罪案件的特点，走私犯罪证据表现为物证、书证，证人证言，犯罪嫌疑人供述和辩解，鉴定结论，勘验、检查笔录，视听资料等六种。

（三）证据在法律规定上的分类

我国《刑事诉讼法》规定了七种证据，即物证、书证；证人证言；被害人陈述；犯罪嫌疑人、被告人供述和辩解；鉴定结论；勘验、检查笔录；视听资料。由于走私犯罪直接侵害的是国家，国家作为被害人不可能存在传统意义上的被害人陈述，因此，普遍认为走私犯罪证据中不存在被害人陈述。如果说某些走私犯罪案件中有间接被害人，那么这种被害人的陈述只能作为走私犯罪证据中的一种证人证言。下面作简单介绍。

1. 物证、书证。物证是以自己的属性、特征或者存在状况证明案件真实情况的物品或者物质痕迹。书证是指以文字、内容、符号等所表示的内容证明案件真实情况的书面文件和其他物品。走私犯罪的物证是形形色色、多种多样的，证明走私犯罪的物证大致可以分为以下几种：（1）实施走私犯罪的工具。常见的走私工具包括走私货物、物品的汽车、船舶等，用于走私的特制设备，走私用的手机、传呼机、对讲机等通讯工具。（2）实施走私犯罪行为产生的痕迹。如犯罪嫌疑人遗留在走私文物上的指纹，进出口合同、报关单等文件上的笔迹等。（3）走私犯罪行为侵害的客体物。如走私武器、弹药、核材料、假币、珍贵动物及制品、珍贵植物及制品、文物、贵重金属、淫秽物品、废物犯罪中的武器、弹药、核材料、假币、珍贵动物及制品、珍贵植物及制品、文物、贵重金属、淫秽物品、废物，走私成品油犯罪中的成品油等。走私货物、物品是走私犯罪证据中最主要的物证。（4）走私犯罪现场遗留下来的物品。如走私犯罪嫌疑人逃避监管后遗留的伪装品、掩盖物等。应当注意的是，要把走私犯罪的物证和固定、保存物证的相片、录像带、模型和笔录区别开来。在司法实践过程中，有的走私物证体积大不能或者不便于搬动，或者是易腐烂物品，或者是容易遭到破坏的痕迹，如走私的固体废物、鲜活物品、走私犯罪现场遗留的指纹等，在这种情况下，执法人员只能以相片、摄影、模型或笔录方式予以固定和提取。这些相片、录像带、模型和笔录不是物证，而是固定、提取和保存物证的方法。另外，如果在勘验过程中拍摄的录像带，应当视为勘验笔录的组成部分。

在走私犯罪证据中，书证通过载体上的文字、内容、符号等所表示的内容证明走私犯罪真实情况，而不是载体本身，这是书证和物证的主要区别。但走私犯罪的物证和书证，具有一定的联系性。有的证据本身兼有书证和物证两种属性。如走私淫秽书画犯罪中的淫秽书画，兼有书证和物证两种属性；伪造登记手册和手册上书写的内容的书证，也同时兼有物证的属性。书证记载的内容和表达的思想能够为人们所认识和理解，书证以一定的物质材料为载体，一旦形成，具有稳定性的特点，在走私案件中属于直接证据，不需要和其他证据结合就可以证明走私案件的主要事实。如瞒报案件中的报关单证。在走私犯罪侦查工作中常见的走私犯罪书证有：报关单、发票、税单、进出口贸易合同、购销合同、仓单、账册、登记手册、载货清单、进出境汽车签证薄及其他与走私犯罪有关的单据、记录、文件和业务函电等。走私犯罪书证的内容必须清晰、明确、具体。通过书证所反映的内容，必须能够顺利地查清走私案件的事实真相，这样才能有利于案件的及时处理。在有些情况下，甚至缺乏书证便难以定案。例如，在涉及走私淫秽物品的犯罪案件中，必须要有内容确为淫秽物品的书画等，才能作为认定行为人走私淫秽物品罪的根据。如果不能证明涉嫌的走私物品为淫秽物品，或者说走私的书画等不具有淫秽内容，那么就不能以走私淫秽物品罪定罪。

2. 犯罪嫌疑人、被告人供述和辩解。走私犯罪案件中，犯罪嫌疑人、被告人供述和辩解是指走私犯罪嫌疑人、被告人在刑事诉讼中，就与走私案件有关的事实向走私犯罪侦查机关、检察机关、审判机关所作的陈述，即通常所说的犯罪嫌疑人、被告人的口供。它包括承认自己的犯罪事实，也包括检举、揭发同案犯的犯罪事实，还包括否认犯罪事实或者虽然承认犯罪，但认为应当从轻、减轻、免除刑罚或者不追究刑事责任的陈述。

3. 证人证言。证人证言，是指证人就其所感知的案件情况向司法或执法机关所作的陈述。[①] 那么，走私犯罪案件中的证人证言是指证人就其所感知的走私犯罪案件情况向司法机关所作的陈述。证人作为当事人之外的知晓案件情况的人，他与案件本身的处理结果没有直接的利害关系，故证人所作的证言比较客观、公正。同时，由于证人的特定性和无法选择的特点，决定了在走私犯罪证据中，证人证言具有不可替代性。

---

① 何家弘主编：《新编证据法学》，法律出版社 2000 年版，第 165 页。

在走私犯罪的侦查中，凡知晓有关走私案件情况的人所作的陈述都可以作为证人证言。但作为具有查缉走私行为职能的海关、公安边防、工商等行政执法人员，查获走私行为，了解案件情况，能否作为证人看待呢？例如，海关调查人员查获的走私普通货物案件，发现涉嫌走私犯罪，移送走私犯罪侦查机关，那么该海关调查人员是否属于证人？笔者认为，具有查私职能的行政执法人员不能作为证人。因为其行政执法的地位决定了其立场偏向性，查获走私是其法定职能之一，显然不属于证人的范畴。如果让有缉私职能的海关工作人员去证明犯罪行为人存在犯罪行为，那么这种行为也可以被理解为是变相的控告，而非作证，因为正是国家赋予海关工作人员缉私的职能。正如有的学者指出，国家执法人员不同于居于中立地位的证人，他们所提供的证明性材料，属于书证的范围，而不能作为证人证言。[①] 但不具有查私职能的行政执法人员，如果知道走私案件的有关情况，就可以作为证人出现。

证人证言要用于证明待证的走私犯罪事实，因此，它应当是与走私案件有关联的内容，即证人证言应该能够证明走私案件的一部或全部。如果证人陈述的的内容与走私案件无关联，而涉及其他犯罪事实，它就不是走私犯罪案件中的证人证言。从一般意义上讲，走私犯罪案件中的证人陈述的内容，应当是证人亲自目睹或耳闻的有关事实（即所谓的“目睹者”证据）。但证人陈述的是其他经过别人转述的与走私案件情况有关的事实，即所谓的传闻证据，也属于证人证言。由于这种传闻证据缺乏真实可靠性，在程序上又无法对实际陈述者进行交叉询问，在英美法系国家，原则上对传闻证据予以排斥，即传闻证据无效的规则。但这种规定又不是绝对的，在一定条件下可以使用。在我国，立法上没有对传闻证据使用的限制。因此，走私犯罪中的证人证言既可以是证人自己直接耳闻目睹的走私案件事实，也可以是转述他人告知的有关走私案件事实。但转述他人告知的有关走私案件事实必须说明传闻的来源，以便侦查机关进一步调查、核实。对于说不清来源或者道听途说的以及证人对案件事实的分析、判断、估计、猜测等都不能成为证言内容。另外，证人只能对自己感知的走私犯罪事实作客观的陈述，而不能夹杂自己对案件事实的看法与意见。正如英国学者罗纳德·沃克指出：“一般规则是，证人只能就其直接感应的事实作证，而不得对不是其感应的事实陈述相信与否的看法。这便是排除意见证明方法的规则。该规则的理

---

① 李晓武主编：《走私犯罪侦查业务》，中国海关出版社 2002 年版，第 125 页。

论根据是：从已证事实得出结论是法庭而非证人的职责”。[1]

4. 勘验、检查笔录。勘验、检查笔录是指侦查人员对于与走私犯罪有关的场所、物品和人身等进行勘验、检查所作的笔录。在走私犯罪中，为了查明案件事实真相和确定走私犯罪嫌疑人，有时必须对走私犯罪现场、走私货物、物品进行勘验，对走私犯罪嫌疑人的人身进行检查。因此，勘验、检查笔录在走私犯罪的侦查中具有不可替代的作用。走私犯罪的勘验、检查笔录，包括对勘验和检查两种侦查行为所作的记录。主要有：（1）现场勘验笔录，包括现场勘查图，现场照相、录像，现场勘验笔录。走私犯罪的现场是指走私犯罪人实施犯罪活动的地点和遗留与走私犯罪相关的痕迹、物品及其他物证的场所，勘查现场的范围包括截获现场、查获现场、交易现场、交接货现场、仓储现场等。（2）物品勘验笔录，包括物证照片、物证勘验笔录、扣押物品、文件图等。（3）人身检查笔录，包括人身照片、人身检查笔录等。（4）侦查实验笔录。

在走私犯罪的勘验、检查过程中，现场勘查十分重要。这是由现场的特点决定的。走私犯罪现场是走私犯罪活动的客观反映，是犯罪行为人实施走私犯罪活动时必须依赖的物质条件，现场中蕴含着丰富的犯罪信息，它能够从各个侧面，以不同形式反映着走私犯罪发展变化状态。因此，通过现场勘查，就可以收集到大量的走私犯罪信息，能够认识走私犯罪活动的特点，从而为走私犯罪的侦查工作提供线索。同时，犯罪现场具有特殊性，不同的走私犯罪案件现场往往是不同的，即使相同的走私案件犯罪现场也会表现出一定的差异性。把握犯罪现场的特殊性，对于确定走私犯罪侦查方向，缩小走私犯罪的范围有着重要意义。此外，走私犯罪现场在一定时间内和一定条件下，保持其基本特征不变。虽然和其他事物一样，走私犯罪现场也处于不断变化中，但变化之中具有相对稳定性。认识到这一点，就要求侦查部门要及时进行现场勘验，同时对已经发生变化的现场及物品进行判断，以正确认识走私犯罪的现场。

通过现场勘验和现场人身检查，有助于收集其他走私犯罪的证据，查明事实真相。例如，在海关监管区内发生走私案件，通过现场勘验，有助于发现一些与走私犯罪有关的书证和物证；通过人身检查，可以发现走私犯罪嫌疑人携带的走私物品（如毒品、假币等）。对与走私犯罪案件有关的场所、物品、人身进行勘验、检查，实质上是一个发现证

① 转引自陈一云主编：《证据学》，中国人民法学出版社 1991 年版，第 286 页。

据、收集证据的活动。走私犯罪的勘验、检查笔录还有助于判断其他证据的真伪。由于勘验、检查笔录往往是对与走私犯罪案件有关的场所、物品、人身进行的客观记录，这就可以和其他证据进行比照分析，从而鉴别其他证据的真实性。例如，犯罪嫌疑人的陈述和辩解，往往具有很大的主观性，通过现场的勘验、检查笔录就可以证明犯罪嫌疑人是否如实供述，有利于查明事实的真相。

5. 鉴定结论。鉴定结论是由有关专家对诉讼中某些有争议的并具有专门性的问题，运用专门知识和现代科技手段进行检测、分析、鉴别以后，所提供的结论性书面意见，又称“鉴定人意见”。鉴定结论作为一种独立的证据，形成于案件发生之后，诉讼进行之中，出自有关专家之手，解决的是案件中有争议的并具有专门性问题，依赖的是专门知识和现代科技手段。[①]

走私犯罪案件中鉴定结论的种类主要有：商品检验、检疫、文物鉴定、毒品鉴定、淫秽、盗版物品鉴定、珍贵动植物及制品鉴定、伪造货币鉴定、伪造、涂改单证、文书的鉴定、废物的鉴定等。对于海关计核走私货物、物品偷逃税额的证明，也属于鉴定结论。《最高人民法院关于审理走私刑事案件具体运用法律若干问题的解释》第六条明确规定：“走私货物、物品所偷逃的应缴税额，应当以走私行为案发时所运用的税则、税率、汇率和海关审定的完税价格计算，并以海关出具的证明为准。”《中华人民共和国海关计核涉嫌走私货物、物品偷逃税额暂行办法》第五条也明确规定：“海关出具的计核结论，经海关走私犯罪侦查机关、人民检察院、人民法院审查确认，可以作为办案的依据和定罪量刑的标准。”

由于鉴定结论对走私犯罪嫌疑人的定罪量刑具有重大的意义，这就要求鉴定结论的合法性和科学性。实际上，鉴定结论是科学内容和法律形式的统一。鉴定结论应符合以下要求：（1）鉴定结论的主体必须是具有专门知识的与走私犯罪案件的处理结果没有利害关系的人，其参加诉讼的根据只能是走私犯罪侦查机关或其他司法机关的指派或聘请。(2) 鉴定人要具有专门的知识，对与走私案件有关的专门性问题作出科学的判断。就其内容而言，鉴定结论必须是纯粹的科学分析和推理、概括。由于走私犯罪与海关业务紧密相关，涉及比较复杂的专业问题，为了保证鉴定的科学性、权威性，海关总署缉私局对关于走私货物、物品的鉴定问题作了规定。如海关总署缉私局关于转发《公安部关于海关走私犯罪侦查机关鉴定淫秽物品有关问题的批复》的通知；海关总署缉

① 江伟主编：《证据法学》，法律出版社 1999 年版，第 479 页。

私局关于转发《国家文物局关于海关总署“文物鉴定有关问题”来函的复函》的通知；新闻出版署、公安部关于鉴定淫秽录像带、淫秽图片有关问题的通知等。鉴定结论对于查明走私案件事实、判断案件性质、认定被告人是否应当负刑事责任及印证、鉴别其他证据等都具有重要意义。

6. 视听资料。视听资料是以录音带、录像带、光盘和电脑及其他科学技术设备储存的电子音响信息证明案件事实的证据。[①] 1979 年我国《刑事诉讼法》没有规定视听资料，1996 年颁布的新的《刑事诉讼法》第四十二条明确将视听资料列为一种独立的证据。在国外，视听资料并不是一种独立的证据，而是归入传统证据的类型。在英美法系国家，视听资料因其产生和使用的目的不同，而分别归入不同的证据种类。视听资料可能是传闻证据，可能是证人的陈述，也可能是实物证据即书证或物证。在我国台湾地区，视听资料被视为实况证据。所谓实况证据是指使执法人员对案件事实产生直观印象的事实材料，包括证人证言、当事人陈述、照片、地图、模型和复制品、录音、录像和电影、勘验笔录等。[②]

走私犯罪案件中的视听资料，是指录音、录像、电子计算机以及其他科学技术设备储存和再现的声音、形象等信息证明走私犯罪案件真实情况的证据。视听资料主要是对走私犯罪当时情况的动态记载。例如，走私犯罪行为人通过海关监管现场时由闭路电视系统录下的录像带，它真实地反映了行为人走私犯罪的过程，这个录像带就属于视听资料。对于侦查人员在办案过程中为了固定证据进行的录音、录像所形成的音像资料，不是视听资料，而是属于勘验、检查笔录。例如，对现场查获的不易保存的鲜货进行录像。这种固定证据形成的音像资料一般反映的是一种静态的案件情况。走私犯罪案件中的视听资料主要有以下几种：录音资料、录像资料、电子计算机储存的资料、运用专门技术设备形成的信息资料。随着现代科技的发展，利用专门技术设备得到信息资料就成为视听资料证据的一种新的表现形式。例如，通过航空进行走私毒品的犯罪分子，当其携带走私的毒品通过安全检查时，“安全门”上的检测装置就会发出报警和图像显示，这种信号和资料就是视听证据，可以有效地证实走私犯罪。又如，海关集装箱、货柜件车检查系统（即“915”工程），能用高科技的货物检查设备，对集装箱、货柜件车进行

① 江伟主编：《证据法学》，法律出版社 1999 年版，第 349 页。

② 参见周叔厚著：《证据法论》（第三版），台湾三民书局 1995 年版，第 1025 页。

一次性扫描成像，图像系统的高准确率使得车内混藏的私货能及时被发现。[①]

7. 电子证据。在走私犯罪的证据中，还有一种特殊的证据类型，这就是电子数据证据。电子数据证据与其他证据一样，都能够证明案件真实情况，它们有着共同的属性。但电子证据作为科学技术发展并运用到一定阶段的产物，又具有不同于其他种类的物证的特点。电子数据本身有广义和狭义之分。[②] 广义的电子数据指的是以物理形式存储于计算机系统内部及其存储器当中的指令和资料，包括计算机程序运行和程序运行过程中所处理的信息资料（后者如文本资料、运算数据、图形表格等）；狭义的电子数据指的则是存储于计算机系统中的除计算机程序以外的一切信息资料，即那些由计算机系统所有者及用户采集并输入计算机系统的，非系统本身运行所不可缺少的信息。电子数据不同于传统意义的数据——即“进行各种统计、计算、科学研究或技术研究等所依据的数值。”在走私犯罪中，所涉及的电子证据主要是指狭义的电子数据。

对于电子数据的证据归属，由于我国刑事证据的立法分类并没有电子数据这种证据形式，学术界对此有不同的看法。有人认为应当将电子数据列为书证；有人认为，应当将电子数据列为视听资料；也有人认为应当将电子数据通过立法单独规定为一种证据类型。[③] 笔者认为，电子证据的传统数据虽然多以纸张为存在的支持体，但电子数据依赖的则是电脉冲和磁性材料，它不像文字符号那样被人直接识别，把它归入书证显然是不适当的。电子数据也不同于视听资料中的电子计算机储存的资料，后者是指储存于国家电脑档案中心和与之相联系的全国各分支系统中的与刑事犯罪有关的各种数据，大案要案现场，罪犯作案及逃跑情况，有前科和劣迹的人或重点控制对象的指纹、血型、体貌特征、机关等信息资料。它运用电子计算机的储存功能，以其内容来证明案件事实。例如，在没有明确犯罪嫌疑人时，可以通过资料检索以确定现场提取的指纹是否属于某人。因为它不是有专门知识或技能的自然人的分析判断，所以不是鉴定结论，它也不是与行为相伴随的信息资料，虽然与电子数据具有表面形式上的相似性，但不能归于“电子数据”。[④] 应当

---

① 甄鸣、孙国权编著：《海关概论》，中山大学出版社 1997 年版，第 254 页。

② 参见唐广良等著：《计算机法》，中国社会科学出版社 1993 年版，第 366 页。

③ 李晓武编著：《走私犯罪侦查业务》，中国海关出版社 2002 年版，第 123 页。

④ 李晓武编著：《走私犯罪侦查业务》，中国海关出版社 2002 年版，第 130 页。

将电子数据通过立法单独规定为一种证据类型，以适应实践中日益增多的计算机犯罪侦查的需要。

电子数据具有内容丰富、信息量大的特点，因而在走私犯罪的侦查中，具有不可替代的作用。它有利于查明走私案件事实，确定侦查方向，印证其他证据。走私犯罪的电子数据主要涉及来料加工企业的电子报关问题。有的走私单位逃避监管，利用电子计算机的储存功能对数据进行涂改等；有的在核销过程中做手脚，企图通过电子数据的报关系统进行走私犯罪。鉴于电子数据对于证明走私犯罪案件的重要性，在司法实践中要注意电子数据证据的收集。最高人民法院、最高人民检察院、海关总署《关于办理走私刑事案件适用法律若干问题的意见》（以下简称《意见》）对电子数据证据的收集、保全问题作了明确规定："走私犯罪侦查机关对于能够证明走私案件真实情况的电子邮件、电子合同、电子帐册、单位内部的电子信息资料应当做为刑事证据予以收集、保全。"对于如何收集、保全电子数据证据，《意见》也作了规定："侦查人员应当对提取、复制电子数据的过程制作有关文字说明，记明案由、对象、内容，提取、复制的时间、地点，电子数据的规格、类别、文件格式等，并由提取、复制的制作人、电子数据的持有人和能够证明提取、复制过程的见证人签名或盖章，附所提取、复制的电子数据一并随案移送。电子数据的持有人不在案或者拒绝签字，侦查人员应当记明情况；有条件的可将提取、复制有关电子数据的过程拍摄或者录像。"

2012 年《刑事诉讼法》对证据的概念和种类进行了修改，主要表现在：①进一步完善了证据的概念：明确规定："可以用于证明案件事实的材料，都是证据。"②进一步完善了证据的种类：将"鉴定结论"修改为"鉴定意见"；将"勘验、检查笔录"扩大为"勘验、检查、辨认、侦查实验等笔录"；增加规定"电子数据"。

（四）证据在学理上的分类

从理论上划分，走私犯罪的证据可以分为原始证据与传来证据、直接证据与间接证据、言词证据与实物证据：

1. 原始证据与传来证据。根据证据的来源不同，可以将走私犯罪证据分为原始证据与传来证据。原始证据是指，直接来源于案件事实而未经中间环节传播的证据，即与案件事实有关的第一手材料。例如，走私犯罪现场发现并提取的各种痕迹、物证；在案件侦查中取得的原始账册、单据、报关资料、记事本，以及涂改、变造的单证、文件、证件；扣押的作案工具；犯罪嫌疑人供述和辩解；目击者证人所作的证言等。传来证据，又称派生证据，是指经过一定的中间环节、间接来源于案件事实的证据，即经过传抄、转述、复制等手段而形成的与案件事实有关的第二手材料。例如，走私货物、物品、运输工具的照片、录像；报关单、仓单、提单等各种书证的副本、抄件、复印件、影印件等。

原始证据的主要特征在于其直接来源于案件事实，未经中间环节传播，因而它对有关事实的反映是最原始的、比较符合案件事实原来状况的，具有较强的客观性。传来证据是从原始证据派生而来的，由于经过中间环节的传播，在形成过程中，有可能出现差错或失实，因此，其可靠性和证明力不如原始证据。基于原始证据和传来证据各自的特点，在走私犯罪的侦查工作当中，应当尽量收集和提供原始证据。只有在原始证据确实难以获取的情况下，才能尽可能收集接近原始证据的传来证据。例如，有的走私货物、物品、运输工具不能随案移送，根据有关规定，就可以拍摄足以反映原物外形或者内容的照片、录像附卷。

对于书证，由于海关业务的特点和企业贸易流转的需要，在收集走私犯罪证据时，有时书证难以或者无法调取原件，因而传来证据占很大比重。传来证据应当与原始证据相互印证、核实后，才和原始证据具有一样的证明力。也就是说，传来证据只有经过查证属实，才可用作定案的根据。需要注意的是，在运用传来证据时，除遵守证据的一般规则外，还应遵守一些特殊的规则：（1）来源不明的材料，不能作为证据使用；（2）对于无法获取原件的书证，应尽量减少复制环节，并履行有关手续，注明出处。

2. 直接证据和间接证据。直接证据是指以直接方式而非推论的方式证明一种关于事实的主张。它直接地达到案件中的实质性争议问题。直接证据在英美法系国家中经常被称为“目击人”证据。与直接证据相对应的是间接证据或旁证。旁证要通过推论来确立其与所要证明之事实主张之间的关系。

在走私犯罪中，以直接方式而非推论的方式证明某种关于走私犯罪事实的主张，或者说能够不依赖其他证据和任何中间推理过程而单独直接说明走私案件主要事实的，就是直接证据；而不能单独、直接说明走私犯罪事实，而要通过推论方式确立其与要证明的走私犯罪事实之间的关系的证据是间接证据。一般来讲，走私犯罪的直接证据是指走私犯罪嫌疑人的供述和辩解、证人证言，由于这些证据与走私犯罪主要事实有直接联系，能够直接证明走私犯罪的主要事实，因而是直接证据。另外一些能够再现走私犯罪事实的录像资料也可以成为直接证据。直接证据的证明力很强，致使在实践中一些侦查人员过于迷信直接证据，表现在重口供，轻调查研究，甚至采用刑讯逼供或者以威胁、引诱、欺骗等方法获取走私犯罪嫌疑人的口供。实际上，间接证据常常比直接证据更有说服力。因为口供具有很大的主观性，仅靠口供往往难以证明走私犯罪事实，这就需要利用间接证据进行推论。

直接证据可以直接证明走私犯罪事实，只要它与正在审理的走私案件有关联，就会经常被采用。但在走私犯罪侦查的实践中，侦查人员收集到的证据材料，绝大多数属于间接证据。有的走私犯罪案件甚至无法取得直接证据。在这种情况下，只要证据确实、充分，证据之间的所有矛盾得到合理的排除，也可以把间接证据作为定案依据。

尽管直接证据对走私案件事实有直接证明性，但其作用是有限的。对于只有一个直接证据，而没有间接证据印证的情况下，不能据以认定案件事实。认识到这一点，就会避免片面强调直接证据的证明力，防止以刑讯逼供和威胁、引诱、欺骗以及其他非法的方法收集直接证据。间接证据虽无直接的证明力，但可以导向、印证直接证据，在无法取得直接证据的情况下，可以据此认定案件。需要注意的是，在运用间接证据时，必须审查每个间接证据是否可靠。如走私普通货物案件的偷逃税额计算错误，就可能直接影响案件的准确定性。走私珍贵文物案件的鉴定结论错误，则可能直接影响案件的准确量刑。

3. 言词证据和实物证据。根据证据的形成和表现方式的不同，可以将走私犯罪证据分为言词证据和实物证据。言词证据是指以人的陈述来表现待证事实的证据，又称人证，主要表现为证人证言、被告人的供述和辩解、被害人的陈述。鉴定结论通常被认为也属于言词证据的范畴。实物证据是指以客观存在的物品作为待证事实的表现形式的证据，刑事诉讼中的物证、书证、勘验笔录、现场记录都属于物证。

由于言词证据的形成是了解案件有关情况的人对案件事实的反映，它反映出的内容，往往从动态上揭示有关事实形成的全过程，因而，在走私犯罪案件的侦查中，侦查机关要全面地认识走私案件的有关事实，就必须重视言词证据。例如，走私犯罪嫌疑人的陈述，就能比较全面地反映事实真相，因为只有实施走私犯罪行为的人，才能把案件发生的过程以及许多具体情节复述出来，并且还能把案件发生的前因后果、来龙去脉叙述清楚。但正是由于言词证据是人的主观对客观的反映，受信息接受者、客观各方面因素的影响，它所反映的内容，就有可能不完全符合案件事实本来的面目，甚至完全失真。基于此，司法机关在对走私犯罪言词证据进行审查判断时，应当充分考虑以下几方面的因素：有关证言或人员的陈述对走私案件事实的表述是否全面；提供言词证据的人是否有故意隐瞒案件真实情况的可能；提供言词证据的人在主观上是否具有认识他所表述的案件事实的能力；是否有妨碍提供言词证据的人认识及表述的案件事实的客观因素存在，等等。

与言词证据相比较，实物证据是以物品的存在形式或其记载的内容来反映案件的有关事实。作为物品，实物证据具有较强的客观性、稳定性和真实性。实物证据对于走私犯罪的定罪和量刑具有重要的意义。海关的侦查机构应当注意到，例如，走私淫秽物品的案件，通过收集涉案的淫秽物品，就可以对行为人定走私淫秽物品罪。但由于物品容易被毁灭、伪造、顶替等特点，在收集实物证据时，必须迅速、及时，防止因事过境迁使实物灭失。在司法实践中，主要通过勘验、搜查、扣押、查封、冻结、调取等方式进行，必要时对实物证据予以保全。

（五）在侦查阶段的证据收集要求

1. 严格遵守法定权限和程序。调查收集走私犯罪证据是侦查机关的一种法律行为，直接影响到公民、法人和其他组织的合法权益，必须依法进行。我国《刑事诉讼法》第四十三条规定："审判人员、检察人员、侦查人员必须依照法定程序，收集能够证实犯罪嫌疑人、被告人有罪或无罪、犯罪情节轻重的各种证据。严禁刑讯逼供和以威胁、引诱、欺骗或者其他非法方法收集证据。" 本条明确确立依法调查收集证据的原则。走私犯罪作为一种刑事犯罪，应当严格遵守《刑事诉讼法》的各种程序规定。《最高人民法院、最高人民检察院、公安部、司法部、海关总署关于走私犯罪侦查机关办理走私犯罪案件适用刑事诉讼程序若干问题的通知》对走私犯罪侦查机关适用刑事诉讼程序的若干问题作了规定。因此，侦查机关在调查收集走私犯罪证据时，必须严格遵守法定的程序和方法，并且不得超越法定的权限。例如，《刑事诉讼法》规定侦查机关有权进行搜查、扣押书证和物证、查询冻结犯罪嫌疑人的存款，这是对侦查机关调查取证的授权性条款。根据这些规定，走私犯罪的侦查机关在调查取证时，可以扣押涉嫌走私货物、物品、各种书证、视听资料等各种证据，查询冻结存款。但侦查机关不能采取没收，否则就超越了法定的权限。侦查机关在讯问走私犯罪嫌疑人，讯问证人，勘验、检查现场，搜查，扣押书证、物证，对走私物品进行鉴定时，必须依照法定的程序，违反法定程序收集的证据都是非法证据，即使查证属实也不得作为定案的根据。除《刑事诉讼法》外，侦查机关在调查收集走私犯罪证据时，还要遵守《最高人民法院关于执行刑事诉讼法若干问题的解释》、《人民检察院刑事诉讼规则》和《公安机关办理刑事案件程序规定》。尤其是《公安机关办理刑事案件程序规定》，为走私犯罪侦查机关办理走私案件提供了更规范、更具可操作性的标准。

2. 迅速、及时。由于违反海关法的走私犯罪行为一般具有即逝性，不留痕迹，这就要求走私犯罪侦查机关在收集走私犯罪证据时要做到迅速、及时，不能依靠走私行为的可归罪性和有罪推定这个手段。即使在现场查获的走私犯罪行为，有时为了收集违法行为的补充证据并且为了查明主犯、共犯和关系人，也需要侦查机关迅速调查收集证据。因为走私犯罪人实施犯罪以后，经常伪造、破坏现场，毁灭罪证，千方百计地掩盖罪行。

另外，随着时间的变化，走私犯罪现场和其他场所留下的能够反映案件情况的物品、痕迹也会因自然或人为的因素发生变化，如走私犯罪痕迹的质变、消失，走私物证的损毁、灭失等。这就要求侦查机关在发现走私犯罪线索后，主动、及时地调查收集各种证据，并采取各种方法固定和保全证据。例如，对易于损毁的书证及时进行提取，对容易变质的物品用拍照、摄像等各种方法固定起来。

对于犯罪嫌疑人或者证人，也应当及时地调查、询问。因为离发案时间越近，当事人或证人对案件事实的记忆越清晰，表达越清楚。相反，离发案时间越远，当事人或证人对案件事实的记忆就越模糊，犯罪嫌疑人的供述或者证人证言的可信度就越低。由于走私犯罪的行为人经常在犯罪后毁灭证据、伪造证据来逃避法律责任，如果侦查机关拖延调查收集证据，就会给犯罪嫌疑人造成可乘之机，甚至造成疑难案件。在实践中，有的走私案件之所以难以查明事实，久拖不决，在很大程度上与拖延收集证据有很大关系。法国一位著名学者说过，犯罪行为发生后的前几个小时其重要性是不可估量的，失去时间就等于失去真理。①

3. 客观、全面。侦查机关在收集走私犯罪证据时，应当实事求是，尽可能收集原始的证据，凡是与案件有关的证据材料都应当收集，而不能凭一时的主观判断取舍。《刑事诉讼法》第四十三条规定：审判人员、检察人员、侦查人员必须依照法定程序，收集能够证实被告人有罪或者无罪、犯罪情节轻重的各种证据，必须保证一切与案件有关或者了解案情的公民具有客观充分提供证据的条件。

在走私犯罪的侦查中，对于现有的证据材料，不能加以扩大或缩小，不能有主观想象代替客观事实，更不能弄虚作假，制造假证据。侦查机关在收集证据时，要尽可能收集与案件有关的全部证据材料，具体到走私罪，就应当调查收集能够证明走私犯罪发生的时间、地点、目的、手段、方法、过程、危害后果，以及能够证明谁是走私犯罪嫌疑人的证据资料，不仅包括收集证明被告人有罪和罪重的证据，而且包括收集证明被告人无罪和罪轻的证据。客观、全面地收集走私犯罪的证据，是法律对侦查机关的明确要求，也是对走私犯罪被告人正确定罪量刑的基本要求。

---

① 肖胜喜著：《刑事诉讼证明论》，中国政法大学出版社 1994 年版，第 175 页。

4. 深入、细致。侦查机关在收集走私犯罪证据时，应当培养和保持敏锐的洞察力、观察力、分析能力，不能轻信现有证据材料的表面现象，更不能被假象所迷惑。例如，在后续走私犯罪中，走私嫌疑人为了逃避打击，经常伪造报关单证，这就需要侦查人员在调查证据时保持清醒的头脑，不能仅凭单证来认定事实，而需要到保税仓、来料加工企业中亲自进行调查，对报关单证上面的事实进行核实。同时，侦查人员还应当保持足够的耐心和信心，善于做各种艰苦细致的调查取证工作，不能放过任何疑点，因为犯罪分子实施走私犯罪后，往往制造各种假象，混淆视听。

侦查人员只有深入、细致地开展工作，才能收集到必要的证据。司法实践表明，往往很不显眼的细微末节，模模糊糊的零星痕迹，容易忽略的细小东西，都可能成为查明案情的重要线索和依据。因此，侦查人员在收集走私犯罪证据时，要善于见微知著，从细微之处去发现和收集证据，决不能粗心大意，马虎从事，漏掉重要的线索和证据。

四、走私犯罪的侦查终结

（一）走私犯罪侦查终结的一般要求

走私犯罪的侦查终结是指，走私犯罪侦查机关对走私犯罪案件，经过一系列侦查活动，根据已查明的事实和证据，对案件作出起诉或者撤销案件的结论，从而决定结束侦查，并作出处理决定的一种诉讼活动。走私犯罪的侦查终结既是走私犯罪侦查机关侦查的终点，又是人民检察院审查起诉的起点，在整个刑事诉讼中起着把关和承上启下的作用。侦查终结的结论是起诉和审判的前提和基础，同时，侦查终结的结论也是检察院和法院制约公安机关的依据。

侦查终结的走私犯罪案件，侦查人员应当制作结案报告。结案报告应当包括以下内容：（1）走私犯罪嫌疑人的基本情况；（2）走私犯罪的嫌疑人是否采取了强制措施及其理由；（3）走私犯罪案件的事实和证据；（4）法律依据和处理意见。侦查终结案件的处理，由缉私分局以上走私犯罪机关负责人批准；重大、复杂、疑难的案件应当经过集体讨论决定。侦查终结后，应当将全部案卷材料加以整理，按要求装订立卷。

向人民检察院移送案件时，只移送诉讼卷，侦查卷由走私犯罪侦查机关存档备查。技术侦查获取的材料，需要作为证据公开使用时，按照规定采取相应的处理。《海关总署走私犯罪侦查局关于对追究的走私案件违法所得的处理问题的批复》明确规定了：从事走私犯罪活动的违法所得属于赃款的性质，关于在刑事诉讼活动中侦查机关冻结的赃款的处理“六部委规定”[1] 第四十八条规定：“侦查机关冻结在金融机构的赃款应当向人民法院随案移送该金融机构出具的证明文件，待人民法院作出生效判决后，由人民法院通知该金融机构上缴国库，该金融机构向人民法院送交执行回单。查封扣押的赃款赃物，对依法不移送的，应当随案移送证据清单、照片或者其他证明文件，待人民法院作出生效判决后，由人民法院通知查封、扣押机关上缴国库，查封、扣押机关应当向人民法院送交执行回单。”根据《海关法》第九十二条第二款规定：“人民法院判决没收或者海关决定没收的走私货物、物品、违法所得。走私运输工具、特制设备，由海关依法统一处理，所得价款和海关处以的罚款，全部上缴中央国库。”因此海关及走私犯罪侦查机关所查扣的涉嫌走私犯罪的违法所得属于依法不移送之列。

按照我国《刑事诉讼法》第一百二十九条和第一百三十条的规定，侦查终结对案件有两种处理方式：一是犯罪事实清楚，证据确实充分的，移送人民检察院审查起诉；对于犯罪事实清楚，证据确实、充分，犯罪性质和罪名认定正确，法律手续完备，依法应当追究刑事责任的案件，应当制作起诉意见书，经缉私分局以上公安机关负责人批准后，连同案卷材料、证据，一并移送同级人民检察院审查决定。共同犯罪案件的起诉意见书，应当写明每个犯罪嫌疑人在共同犯罪中的地位、作用、具体罪责和认罪态度，分别提出处理意见。二是发现走私犯罪情节轻微，依照《刑法》不需要判处刑罚或者可以免除刑罚的，制作不起诉意见书。

在侦查过程中，发现犯罪嫌疑人不够刑事处罚需要行政处理的，经缉私分局以上走私犯罪侦查机关批准，对犯罪嫌疑人依法予以行政处理或者移交其他有关部门处理。在侦查过程中，接到人民检察院的纠正违法通知后，应当及时查处或者纠正，并将情况书面回复人民检察院。具有《刑事诉讼法》第十五条规定的情形的，或没有犯罪事实的，依照《刑法》规定不负刑事责任或不是犯罪的，或虽有犯罪事实但不是犯罪嫌疑人所为的，应当撤销案件。

（二）走私犯罪侦查结束对证据的要求

海关缉私侦查机构在侦查结束时对于证据的要求，由于侦查机关的侦查职能与法院的审判职能不同。所以，在侦查机关结束侦查时不要求其对整个案件的事实作出审查，侦查机构对证据的调取和审查应满足以

---

[1] “六部委规定”是指1998年1月19日通过的最高人民法院、最高人民检察院、公安部、国家安全部、司法部、全国人大常委会法制工作委员会关于《中华人民共和国刑事诉讼法》实施中若干问题的规定。

下标准：（1）自愿性，是指走私犯罪嫌疑人、被告人的供述只有在其具有自愿性时才允许作为证据使用。采取刑讯逼供或者威胁、引诱、欺骗等方法非法获得的供述，经过不适当的长期羁押而获得的供述以及可以怀疑并非出于自由意志的供述，不能作为认定走私犯罪的证据。也有学者称其为任意性规则。我国《刑事诉讼法》第四十六条规定：“对一切案件的判处都要重证据，重调查研究，不轻信口供。只有被告人供述，没有其他证据的，不能认定被告人有罪和处以刑罚；没有被告人供述，证据充分确实的，可以认定被告人有罪和处以刑罚。”审查该供述是当事人自愿作出的，没有受到任何外在的强迫。任何刑讯逼供或者通过其他非法手段获得的口供或供述都不能当做证据使用，即使它与事实相符。而在司法实践中，由于走私犯罪具有即时性、易逝性的特点，其证据经常难以取得，造成侦查人员片面相信“口供”的作用。有时为了查明走私犯罪事实，侦查人员就会采取刑讯逼供或者其他非法手段获得走私犯罪嫌疑人的口供或供述，甚至把口供当做证据之王，丝毫不考虑证据的自愿性规则。（2）传闻证据无效，即证人、被害人就其他人在法庭之外的陈述所做的转述不能作为证明该陈述内容真实与否的证据使用。也就是不得以书面的证人证言、被害人陈述、鉴定结论代替证人、被害人、鉴定人出庭作证。在走私犯罪的侦查中，侦查人员对于传闻证据要认真的进行调查，单纯的传闻证据不能作为认定走私犯罪嫌疑人的证据。传闻证据只能作为侦查机关进一步取证的前提。例如，在走私毒品犯罪中，经过调查得到某人进行走私毒品的传闻证据，不能据此认为某人即为毒品走私犯罪嫌疑人，而需要进一步的调查取证，只有和其他证据相互印证，才能确定某人是否真的是走私犯罪嫌疑人。（3）证据和证据之间有客观的关联性，海关侦查机关在调查取证中应当使收集到的各种证据形成一个符合一般逻辑的证据链，以证明走私犯罪嫌疑人存在走私的行为。

海关侦查机构收集的证据是否满足侦查终结的要求，侦查机关自身应当进行审查。首先，应对走私犯罪案件查获的单个证据审查。鉴别证据的真伪及准确程度，应先从单个证据本身的审查核实入手。（1）审查每个证据的来源。任何证据都有一定的来源，无论是控告、检举、自首、坦白所提供的证据，还是通过勘验、检查、搜查、扣押或询问、讯问所收集的证据，各自都有确定的来源。因而要审查证据的来源，从而判明其真伪，特别注意有无伪造和假冒的情况。（2）审查证据形成的时间、地点、条件等因素。要审查证据形成过程中可能影响其真实性的一切因素。如走私犯罪的物证、书证有无伪造或变形、变质的可能；有些证人，如有关工作人员、一些涉案单位负责人等是否因不良动机而提供伪证；有些从犯、“马仔”因参与程度不同而提供不准确的证据等。(3) 审查证据与案件事实之间的联系。证据必须与走私犯罪事实具有客观联系。凡是在走私犯罪中形成和使用的一切书证和物证都必须证明与犯罪嫌疑人犯罪有关，如对缴获的走私运输工具、通讯器材等，要有证据证明是为走私所用，那才能成为犯罪工具；对缴获的赃款，要有证据证明其是走私犯罪所获或为进行走私犯罪所用，否则，不能成为赃款。(4) 对证据本身所提供的内容进行分析，注意前后是否一致，自身是否存在逻辑矛盾，内容是否合乎情理。走私犯罪涉及的各种单证较多，如报关单、许可证、税单等，因此法制部门人员应熟悉海关业务，认真审查这些单证，发现矛盾，揭露和证实犯罪。(5) 审查证据的收集是否合法。一切非法收集的证据均是无效的，如用刑讯逼供、引供、诱供等非法方法取得的证据是无效的。走私犯罪侦查机关会经常碰到其他单位移交的案件，更要严格审查他们收集证据的合法性，如海关调查人员在制作犯罪嫌疑人谈话笔录中，虽整个过程都合法，但因其不是侦查人员，其制作的笔录不能作为刑事诉讼中犯罪嫌疑人的口供使用。还有，侦查走私犯罪案件经常运用秘密侦查手段收取材料，这些材料必须转换成公开证据，才能在以后的诉讼程序中使用。其次，全案证据的综合审查。综合审查就是将收集的证据联系起来进行综合分析，判断各个证据真实性和可靠性，也就是在证据与证据之间、证据与案件事实之间进行审查。常用的方法有：(1) 比较印证法。将走私犯罪案件中的各个证据进行比对，互相印证。有比较才有鉴别，只有将各个证据互相加以对照比较，才能够辨别它的真伪，切不可简单从事，不加分析地作为证据使用。特别是走私集团犯罪中，各主犯之间因推脱责任等而使交代的供述存在矛盾，主犯和从犯、“老板”和“马仔”、境内犯与境外犯等提供的口供也会存在较大的矛盾，其中必然有真有假。对此要进行认真审查，找出矛盾，分析矛盾产生的原因，排除其中的伪证，从中分清他们的主次关系、具体分工、勾结过程等。(2) 不仅要对各种证据之间进行比较，而且要将所有证据与案件事实联系起来加以审查，判明各种证据与案件事实的关系，从而确定证据在证明案件事实方面所起的作用。要分析证据与案件事实有无矛盾，审查所有证据对案件事实的证明方向是否一致，最终评价证据的证明力。(3) 重点深入法。在对全案证据审查时，对走私犯罪的时间、参与人、偷逃税收数额以及对定罪量刑有重要影响的关键证据要进行重点、深入地审查，并从中发现矛盾或疑点，排除各种伪证。(4) 情理判断法。在对证据进行综合审查判断时，看各个证据是否合乎情理，不合情理的证据是不真实的，更谈不上什么证明力了。

综上所述，只有严格审查证据，才能保证走私犯罪侦查机关办案质量，才能符合海关侦查机关的侦查终结的标准，才能及时有效地追究犯罪嫌疑人的刑事责任，从而震慑犯罪分子，达到有效地遏制走私犯罪活动之目的。

第八章　走私犯罪的审查起诉

DI–BA ZHANG ZOUSI FANZUI DE SHENCHA QISU

走私犯罪的审查起诉，是指人民检察院在公诉阶段，为了确定经走私犯罪侦查机关侦查终结的刑事案件是否应当提起公诉，而对走私犯罪侦查机关确认的走私犯罪事实和证据、走私犯罪的性质和罪名进行审查核实，并作出处理决定的一项诉讼活动。对走私犯罪的审查起诉是国家行使对走私犯罪的公诉权的重要内容。走私犯罪侵犯了国家的关税制度，具有相当程度的社会危害性，国家为了追究和惩罚犯罪活动，维护正常的海关秩序，需要以国家公诉的方式，通过对走私犯罪进行刑事追诉达到上述目的，同时，对走私犯罪的审查起诉，还包含着检察机关作为国家的法律监督机关，行使对走私犯罪机关的侦查监督职责。

根据《刑事诉讼法》的规定，对于需要提起公诉的走私犯罪案件，一律由人民检察院审查决定。人民检察院作为国家的法律监督机关，代表国家统一行使对走私犯罪追诉的权力，任何机关、组织、团体都无权行使。走私犯罪的审查起诉作为走私犯罪案件刑事诉讼过程中的关键阶段，通过对走私犯罪案件的审查起诉，将那些走私犯罪事实清楚、证据确实充分、应当依法追究刑事责任的走私犯罪嫌疑人，交付审判，追究和惩治犯罪。

作为连接走私犯罪侦查和走私犯罪审判的纽带，通过审查起诉活动，可以对走私犯罪侦查机关的侦查活动进行检验和监督。对走私犯罪的审查起诉可以保证追诉的公正性和准确性，防止无罪的人或者依法不应追究刑事责任的人、以及指控走私犯罪证据不足的人提交审判，保障公民的合法权益。

一、走私犯罪的审查起诉

（一）走私犯罪审查起诉的内容

人民检察院对于走私犯罪侦查机构移送审查起诉的案件，应当在7日内进行审查。人民检察院对于走私犯罪侦查机关移送审查起诉的走私犯罪案件，应当在收到走私犯罪起诉意见书后，指定检察人员按照以下规定进行审查：

1. 依据《关于走私犯罪侦查机关办理走私犯罪案件适用刑事诉讼程序若干问题的通知》的规定，走私犯罪侦查机关在侦办走私犯罪案件过程中，需要提请批准逮捕走私犯罪嫌疑人时，应按程序规定制作相应的法律文书，连同有关案卷材料、证据，直接移送走私犯罪侦查机关所在地的分、州、市级人民检察院审查决定。走私犯罪侦查机关对犯罪事实清楚，证据确实、充分，已侦查终结的案件，应当制作起诉意见书，连同案卷材料、证据，一并移送走私犯罪侦查机关所在地的分、州、市级人民检察院审查决定。人民检察院应依据上述规定审查走私犯罪案件是否属于本院管辖。

另外，最高人民检察院《关于走私犯罪侦查机关提请批准逮捕和移送审查起诉的案件由分州市级人民检察院受理的通知》第二条规定："走私犯罪侦查中队（设在隶属海关下一级海关）侦查的案件，应当报请走私犯罪侦查支局或者分局所在地的分州市级人民检察院提请批准和移送起诉，受理的人民检察院应当将有关法律文书送达移送案件的走私犯罪侦查分局或者支局。"第三条规定："走私犯罪侦查局直接办理的案件，交由案件发生地的走私犯罪侦查分局向所在地的分州市级人民检察院提请批准逮捕和移送审查起诉，受理的人民检察院应当将有关法律文书送达移送案件的走私犯罪侦查分局。"

2. 走私犯罪案件的起诉意见书以及案卷材料是否齐备；案卷装订是否符合有关要求和规定；诉讼文书、技术性鉴定材料是否单独装订成卷等。对起诉意见书、案卷材料不齐备；对作为证据使用的实物未移送的；或者移送的实物与物品清单不相符的，应当要求走私犯罪侦查机关在 3 日内补送。对于案卷装订不符合要求的，应当要求走私犯罪侦查机关重新分类装订后移送审查起诉。

3. 对作为证据使用的实物是否随案移送，移送的实物与物品清单是否相符，《刑事诉讼法》规定：严禁以非法的方法收集证据。以刑讯逼供或者威胁、引诱、欺骗等非法的方法收集的犯罪嫌疑人供述、被害人陈述、证人证言，不能作为指控犯罪的根据。因此人民检察院审查起诉部门在审查中发现走私犯罪侦查机关的侦查人员以非法方法收集走私犯罪嫌疑人供述、被害人陈述、证人证言的，应当提出纠正意见，同时应当要求走私犯罪侦查机关另行指派侦查人员重新调查取证，必要时人民检察院也可以自行调查取证。如果走私犯罪侦查机关未另行指派侦查人员重新调查取证的，可以依法退回走私犯罪侦查机关补充侦查。

4. 走私犯罪的犯罪嫌疑人是否在案以及采取强制措施的情况。对于走私犯罪的犯罪嫌疑人在逃的，应当要求走私犯罪侦查机关在采取必要措施保证走私犯罪的犯罪嫌疑人到案后移送审查起诉。共同走私犯罪的部分犯罪嫌疑人在逃的，应当要求公安机关在采取必要措施保证在逃的犯罪嫌疑人到案后另案移送审查起诉，对在案的犯罪嫌疑人的审查起诉应当照常进行。

各级人民检察院提起公诉的案件，应当与人民法院审判管辖相适应。最高人民检察院在《关于走私犯罪侦查机关提请批准逮捕和移送审查起诉的案件由分州市级人民检察院受理的通知》第四条规定：人民检察院对走私犯罪侦查机关移送起诉的案件经审查决定起诉的，应当向本地中级人民法院提起公诉。人民检察院受理同级走私犯罪侦查机关移送审查起诉的案件，经审查认为属于上级人民法院管辖的第一审案件时，应当写出审查报告，连同案卷材料报送上一级人民检察院，同时通知移送审查起诉的走私犯罪侦查机关；认为属于同级其他人民法院管辖的第一审案件时，应当写出审查报告，连同案卷材料移送有管辖权的人民检察院或者报送共同的上级人民检察院指定管辖，同时通知移送审查起诉的公安机关。上级人民检察院受理走私犯罪机关移送审查起诉案件，认为属于下级人民法院管辖时，可以直接交下级人民检察院审查，由下级人民检察院向同级人民法院提起公诉，同时通知移送审查起诉的走私犯罪侦查机关。一人犯数罪，共同犯罪和其他需要并案审理的走私犯罪案件，只要其中一人或一罪属于上级人民检察院管辖的，全案由上级人民检察院审查起诉。

同时依据第一百三十七条的规定：人民检察院审查走私犯罪案件时，必须查明：

（1）走私犯罪案件的犯罪事实、情节是否清楚，走私犯罪的证据是否确实、充分，走私犯罪的性质和罪名的认定是否正确，有无法定的从重、从轻、减轻或者免除处罚的情节；如果属于共同走私犯罪案件，对犯罪嫌疑人在走私犯罪活动中的责任的认定是否正确。

（2）人民检察院追诉的走私犯罪案件应该客观全面，因此在对走私犯罪审查起诉的时候，应该审查走私犯罪的嫌疑人有无遗漏的罪行或者其他应当追究刑事责任的犯罪嫌疑人。

（3）保证无罪的人不受追究是人民法院的职责，因此人民检察院在对走私犯罪进行审查的时候，应依照《刑事诉讼法》第十五条的规定，审查走私犯罪嫌疑人是否属于不应追究刑事责任的。

（4）走私犯罪案件有无附带民事诉讼，《刑事诉讼法》第七十七条规定的被害人由于被告人的犯罪行为而遭受物质损失的，在刑事诉讼过程中，有权提起附带民事诉讼。如果是国家财产、集体财产遭受损失的，人民检察院在提起公诉的时候，可以提起附带民事诉讼。因此人民检察院在对走私犯罪案件进行审查的时候，应该审查走私犯罪的嫌疑人是否对被害人造成了经济损失，如果被害人没有提起附带民事诉讼应主动告知被害人有权提起，还应查明走私犯罪是否给国家造成了除关税之外的其他损失，对造成损失的走私犯罪案件，应该在提起公诉的时候一并提起附带民事诉讼。

（5）走私犯罪的侦查活动是否合法等。人民检察院在审理走私犯罪案件的过程，也是对走私犯罪侦查机关的侦查活动进行监督的过程。《刑事诉讼法》规定：严禁以非法的方法收集证据。以刑讯逼供或者威胁、引诱、欺骗等非法的方法收集的犯罪嫌疑人供述、被害人陈述、证人证言，不能作为指控犯罪的根据。人民检察院审查起诉部门在审查中发现走私犯罪侦查人员以非法方法收集走私犯罪嫌疑人供述、被害人陈述、证人证言的，应当提出纠正意见，同时应当要求侦查机关另行指派侦查人员重新调查取证，必要时人民检察院也可以自行调查取证。如果走私犯罪的侦查机关未另行指派侦查人员重新调查取证的，人民检察院可以依法退回走私犯罪侦查机关补充侦查。

人民检察院审查走私犯罪案件，应当讯问走私犯罪的犯罪嫌疑人，听取走私犯罪的被害人和走私犯罪犯罪嫌疑人、被害人委托的人的意见。讯问、听取意见应由两名以上办案人员进行，并制作笔录。直接听取上述诉讼参与人的意见有困难的，可以向其发出书面通知，由他们提出书面意见，在指定期限内未提出意见的，应当记明笔录。人民检察院在讯问走私犯罪嫌疑人或者询问走私犯罪的被害人和证人时，应当分别告知其在审查起诉阶段所享有的诉讼权利。

（二）走私犯罪审查起诉的期限和决定

1. 审查期限的一般性规定。人民检察院对于移送审查起诉的走私犯罪案件，应当在1个月内作出决定；重大、复杂的案件，1个月内不能作出决定的，审查起诉部门报经检察长批准，可以延长15日。

2. 终止审查的情形。《人民检察院刑事诉讼规则》还规定了如果在审查起诉过程中走私犯罪嫌疑人潜逃或者患有精神病及其他严重疾病不能接受讯问、丧失诉讼行为能力的，人民检察院可以中止审查。走私犯罪共同犯罪中的部分走私犯罪嫌疑人潜逃的，对潜逃的走私犯罪嫌疑人可以中止审查；对其他走私犯罪嫌疑人的审查起诉应当照常进行。中止审查应当由办案人员提出意见，部门负责人审核，报请检察长决定。人民检察院在审查起诉期间，对于扣押、冻结的犯罪嫌疑人的财物及其孳息，应当妥善保管，以供查核。

3. 在走私犯罪的侦查中追缴的财物，属于被害人的合法财产，不需要在法庭出示的，应当及时返还被害人，并由被害人在发还款物清单上签名或者盖章，注明返还的理由，并将清单、照片附入卷宗。在走私犯罪的侦查中追缴的财物里属于违禁品或者不宜长期保存的物品，应当依照国家有关规定处理，并将清单、照片、处理结果附卷。在审查起诉中走私犯罪的犯罪嫌疑人死亡，对走私犯罪嫌疑人的存款、汇款应当依法予以没收或者返还被害人的，可以申请人民法院裁定通知冻结犯罪嫌疑人存款、汇款的金融机构上缴国库或者返还被害人。人民检察院申请人民法院裁定处理犯罪嫌疑人存款、汇款的，应当向人民法院移送有关案件材料。

4. 人民检察院对走私犯罪案件进行审查后，根据不同的情况应作出不同的决定，对于走私犯罪的案件事实已经查清，犯罪嫌疑人走私犯罪的证据确实、充分的，应当做出对提起公诉决定；对于决定二次补充侦查的走私犯罪案件，人民检察院仍然认为走私犯罪证据不足，不符合起诉条件的，可以作出不起诉决定。

（三）走私犯罪起诉书的制作和移送

走私犯罪的起诉决定由检察长或检察委员会作出。起诉决定作出后，检察人员应当制作起诉书。走私犯罪的起诉书是人民检察院代表国家控诉走私犯罪犯罪嫌疑人并将其交付审判的标志。它是人民法院受理走私犯罪案件对被告人进行审判的依据，也是进行法庭调查和辩论的基础。

起诉书的主要内容包括：

1. 被告人的基本情况，包括姓名、性别、出生年月日、出生地、身份证号码、民族、文化程度、职业、工作单位及职务、住址，是否受过刑事处罚，采取强制措施的情况及在押被告人的关押处所等。如果是单位犯罪，应写明犯罪单位的名称，所在地址，法定代表人或代表的姓名、职务。

2. 如果还有应当负刑事责任的“直接负责的主管人员或其他直接责任人员”，应当按上述被告人基本情况内容叙写走私犯罪的案由和案件来源。

3. 走私犯罪的案件事实，包括实施走私犯罪的时间、地点、经过、手段、动机、目的、危害后果等与定罪量刑有关的事实要素。起诉书叙述的指控犯罪事实的必备要素应当明晰、准确。被告人被控有多项犯罪事实的，应当逐一列举，对于犯罪手段相同的同一犯罪可以概括叙写。

起诉的根据和理由，包括走私犯罪被告人触犯的《刑法》条款、犯罪的性质、法定从轻、减轻或者从重处罚的条件，共同犯罪各被告人应负的罪责等。如果走私犯罪的被告人真实姓名、住址无法查清的，应当按其绰号或者自报的姓名、自报的年龄制作起诉书，并在起诉书中注明。被告人自报的姓名可能造成损害他人名誉、败坏道德风俗等不良影响的，可以对被告人编号并按编号制作起诉书，并在起诉书中附具被告人的照片。

人民检察院向人民法院提起公诉的走私犯罪案件，应当移送起诉书、证据目录、证人名单和主要证据复印件和照片。1996 年《刑事诉讼法》修正的前后有很大的变化，不同于以往的起诉时移送全部卷宗材料的“卷宗主义”，取而代之的是移送事实和证据目录、证人名单及主要证据复印件和照片。人民检察院提起公诉的走私犯罪案件，应当向人民法院移送起诉书、证据目录、证人名单和主要证据复印件或者照片。

走私犯罪提起公诉案件中的证人名单应当包括在起诉前提供了证言的证人名单，证人名单应当列明证人的姓名、年龄、性别、职业、住址、通讯处。人民检察院对于拟不出庭的证人，可以不说明不出庭的理由。证据目录应当是起诉前收集的走私犯罪的证据材料目录。鉴定结论、勘验检查笔录已经作为主要证据移送复印件的，鉴定人、勘验检查笔录制作人姓名已载明，不再另行移送。

人民检察院针对走私犯罪案件移送起诉时，走私犯罪的主要证据是对认定走私犯罪构成要件的事实起主要作用、对走私案件定罪量刑有重要影响的证据：（1）起诉书中涉及的各种证据种类中的主要证据；（2）多个同种类证据中被确定为“主要证据”的；（3）作为法定量刑情节的自首、立功、累犯、中止、未遂、正当防卫的证据。对于主要证据为书证、证人证言笔录、被害人陈述笔录、被告人供述与辩解笔录或者勘验、检查笔录的，可以只复印其中与证明被告人构成犯罪有关的部分，鉴定书可以只复印鉴定结论部分。

需要说明的是，2012 年《刑事诉讼法》又再次恢复到 1979 年《刑事诉讼法》所设立的“卷宗移送主义”。《刑事诉讼法》第一百七十二条规定：“人民检察院认为犯罪嫌疑人的犯罪事实已经查清，证据确实、充分，依法应当追究刑事责任的，应当作出起诉决定，按照审判管辖的决定，向人民法院提起公诉，并将案卷材料、证据移送人民法院。”这是应当引起我们注意的地方。

（四）走私犯罪的提起公诉

走私犯罪的提起公诉，是指人民检察院代表国家将走私犯罪嫌疑人提交人民法院进行审判，要求对走私犯罪的嫌疑人定罪和判处刑罚的诉讼活动。提起公诉是刑事诉讼中的一个独立阶段。广义的含义，是指走私犯罪的刑事侦查终结以后，人民法院审判以前的整个诉讼活动，即由人民检察院审查走私犯罪案件和决定对走私犯罪案件是否提起公诉所进行的一系列活动所构成的起诉阶段。狭义的含义，是指人民检察院对走私犯罪案件决定起诉，并代表国家提请人民法院对犯罪嫌疑人进行审判的诉讼程序。只有人民检察院依法提出公诉的决定后，走私犯罪嫌疑人的地位才发生了变化，成为走私犯罪的刑事被告人。

《刑事诉讼法》第一百四十一条规定：“人民检察院认为犯罪嫌疑人的犯罪事实已经查清，证据确实、充分，依法应当追究刑事责任的，应当做出起诉决定，按照审判管辖的规定，向人民法院提起公诉。”这是人民检察院对走私犯罪案件提起公诉的法律依据，也就是说符合该条规定的走私犯罪嫌疑人的走私犯罪事实已经能够查清，证据确实、充分和应当依法追究刑事责任的走私犯罪案件，人民检察院才可以提起公诉。具体而言体现在以下两个方面：

1. 走私犯罪的犯罪嫌疑人犯罪事实已经查清，走私犯罪的证据确实、充分，这是提起公诉的事实条件。在司法实践中，走私犯罪案件的犯罪事实已经查清。证据确实充分一般包括下列内容：（1）属于单一罪行的走私犯罪案件，与定罪量刑有关的事实已经查清；（2）属于数个罪行的走私犯罪案件，部分罪行已经查清并符合起诉条件，其他罪行无法查清的，应该对已经查清的走私罪行进行起诉；（3）无法查清走私犯罪的作案工具、赃物去向，但是有其他证据足以对走私犯罪嫌疑人定罪量刑的；（4）走私犯罪的证人证言、走私犯罪嫌疑人的供述和辩解、被害人陈述的内容中主要的走私犯罪情节一致，只有个别情节不一致且不影响定罪量刑的。

同时，在共同的走私犯罪案件中，有的走私犯罪嫌疑人在逃，为了及时的惩罚已经归案并已经查清走私犯罪事实的犯罪分子，可以先对其起诉和审判；待在逃罪犯归案并查清犯罪事实后，再另行起诉和审判。证据是认定走私犯罪的客观依据，人民检察院指控犯罪嫌疑人实施走私犯罪行为，必须要有确实充分的证据，不仅要求有达到一定数量的证明走私犯罪事实的证据，用以证明走私犯罪事实的每一证据必须是客观真实存在的事实，同时与犯罪事实有内在的联系，能够证明案件的事实真相。

2. 依法应当追究走私犯罪嫌疑人的刑事责任，这是对走私犯罪提起公诉的法律条件。虽然走私犯罪的嫌疑人实施了某种走私犯罪行为，但是并非一定要追究刑事责任。根据《刑法》和《刑事诉讼法》第十五条的规定，如果走私犯的犯罪嫌疑人具有不应追究刑事责任的情形，则人民检察院不应作出提起公诉的决定。

对走私犯罪决定起诉时，上述两方面的事实和法律条件，必须同时具备，欠缺任何一项条件，都不能作出起诉决定，只能采取及时补充的措施，如果不能及时弥补，只能作出其他处理决定。

在这里需要讨论的是检察机关在对是否决定起诉进行审查的时候，检察官是具有自由裁量权的。正如美国经济学家密尔顿·弗里德曼所指出的那样，法治并不能排除一切人的因素，“没有任何法律可以得到如此精确的界定，一直避免了任何解释的问题；同时没有任何法律可以得到如此精确的界定，以至于包含了一些可能出现的情况。”① 在我国的刑事诉讼中，在海关侦查机构对走私犯罪的侦查终结后，由检察部门来

① ［美］密尔顿·弗里德曼著：《弗里德曼文萃》，北京经济学院出版社 1991 年版，第 558 页。

确定侦查结果是否符合法定的提起公诉的条件。在前面的分析中我们知道，走私案件中侦查阶段代表被害人国家的是海关侦查机构，而进入审查起诉阶段是由检察院来代表公共利益提起公诉。法律规定检察院的审查起诉是一个独立的诉讼阶段，检察官在这一阶段内的工作应当是类似于法官的，在保持一种中立不受干扰的立场下进行审查，决定是否提起诉讼，而不能因为走私犯罪的被害人是国家就改变自身应当遵守的法定判定标准。

二、走私犯罪的补充侦查

走私犯罪的补充侦查，是指人民检察院在对走私犯罪案件审查批捕、审查起诉和人民法院在法庭审理的过程中，认为案件事实不清，证据不足，需要进一步查清案件事实和补充证据时，根据人民检察院的决定或者申请，将案件退回海关走私犯罪侦查机关或由人民检察院自行侦查的诉讼活动。走私犯罪的补充侦查，本质上是原走私侦查工作的继续，在原有走私侦查工作的基础上，就案件的部分事实、情况重新进行侦查的诉讼活动，仍属于刑事侦查的范畴。

走私犯罪的补充侦查是在原侦查工作的基础上再进一步进行刑事侦查的刑事诉讼活动，它不是每个走私犯罪刑事案件都必须经过的程序。它是在原有侦查工作没有完成刑事侦查任务的情况下，就案件的具体情况、事实所继续进行的刑事侦查活动，走私犯罪的补充侦查对于进一步查明犯罪、证实犯罪，有效地打击走私犯罪活动有着重要的意义，但是不可否认，走私犯罪的补充侦查，也会出现延长刑事侦查时间，涉及犯罪嫌疑人、被告人的权利保障等问题。我国《刑事诉讼法》对司法机关在刑事诉讼中所享有的必要的补充侦查权进行规定的同时，也对其做了较为严格的限制性规定。

走私犯罪的补充侦查在程序上分为三种：

（一）审查批捕时的补充侦查

《刑事诉讼法》第六十八条规定："人民检察院对于公安机关提请批准逮捕的案件审查后，对于不批准逮捕的，人民检察院应当说明理由；需要补充侦查的，应当通知公安机关。"同时，《最高人民法院、最高人民检察院、公安部、司法部、海关总署关于走私犯罪侦查机关办理走私犯罪案件适用刑事诉讼程序若干问题的通知》（以下简称《通知》）中规定："走私犯罪侦查机关在侦办走私犯罪案件过程中，需要提请批准逮捕走私犯罪嫌疑人时，应按《程序规定》制作相应的法律文书，连同有关案卷材料、证据，直接移送走私犯罪侦查机关所在地的分、州、市级人民检察院审查决定。结合《程序规定》，走私犯罪侦查机关需要提请逮捕犯罪嫌疑人的，应当经缉私分局以上走私犯罪侦查机关负责人批准，制作提请批准逮捕书一式三份，连同案卷材料、证据，一并移送走私犯罪侦查机关所在地的省、州、市级人民检察院审查决定。审查批捕时，只能采取退回补充侦查的方式。因为补充侦查的通知是和不批准逮捕决定同时作出的，不批准逮捕决定送达走私犯罪侦查机关，补充侦查自然地由海关侦查机关执行。走私犯罪侦查机关应当按照人民检察院补充侦查提纲的要求补充侦查。走私犯罪侦查机关补充侦查完毕，认为符合逮捕条件的，应当重新提请批准逮捕。人民检察院不批准逮捕应当说明理由，对人民检察院不批准逮捕而未说明理由的，海关侦查机关可以要求人民检察院说明。

对于人民检察院决定不批准逮捕的，走私犯罪侦查机关在收到不批准逮捕决定书后，如果犯罪嫌疑人已被拘留，应当立即释放，发给释放证明书，并将执行回执在3日内送达作出不批准逮捕决定的人民检察院。对已被拘留不批准逮捕的犯罪嫌疑人，走私犯罪侦查机关认为需要补充侦查、要求复议或者提请复核的，可以变更为取保候审或者监视居住。如果走私犯罪侦查机关对人民检察院不批准逮捕的决定，认为有错误需要复议的，应当在5日内制作要求复议意见书报经缉私分局以上走私犯罪侦查机关负责人批准后，送交同级人民检察院复议。如果意见不被接受，认为需要复核的，应当在5日内制作提请复核意见书报经缉私分局以上公安机关负责人批准后，连同人民检察院的复议决定书，一并提请上一级人民检察院复核。

（二）审查起诉时的补充侦查

《刑事诉讼法》规定：人民检察院审查案件的时候，必须查明：（1）犯罪事实、情节是否清楚，证据是否确实、充分，犯罪性质和罪名的认定是否正确；（2）有无遗漏罪行和其他应当追究刑事责任的人；（3）是否属于不应追究刑事责任的；（4）有无附带民事诉讼；（5）侦查活动是否合法。《通知》规定：走私犯罪侦查机关对犯罪事实清楚，证据确实、充分，已侦查终结的案件，应当制作起诉意见书，连同案卷材料、证据，一并移送走私犯罪侦查机关所在地的分、州、市级人民检察院审查决定。走私犯罪侦查机关所在地的分、州、市级人民检察院审查起诉案件时，认为犯罪事实不清、证据不足或者遗漏罪行、遗漏同案犯罪嫌疑人等情形，认为需要补充侦查的，应当提出具体的书面意见，连同案卷材料一并退回公安机关补充侦查；如果人民检察院审查起诉部门在审查中发现走私犯罪侦查人员以非法方法收集犯罪嫌疑人供述、被害人陈述、证人证言的，应当提出纠正意见，同时应当要求侦查机关另行指派侦查人员重新调查取证，必要时人民检察院也可以自行调查取证。走私犯罪侦查机关未另行指派侦查人员重新调查取证的，可以依法退回侦查机关补充侦查。人民检察院也可以自行侦查，必要时可以要求公安机关提供协助。可以退回走私犯罪侦查机关补充侦查，也可以自行补充侦查。补充侦查应当在一个月内完成，补充侦查以两次为限。对于在审查起诉期间改变管辖的案件，改变后的人民检察院对于符合《刑事诉讼法》第一百四十条第二款规定的案件，可以通过原受理案件的人民检察院退回原侦查的公安机关补充侦查，也可以自行侦查。改变管辖前后退回补充侦查的次数总共不得超过两次。

对于人民检察院退回补充侦查的案件，原走私犯罪侦查部门应当对案件的事实、证据和定性处理意见进行认真、全面地审查，分析研究人民检察院退回补充侦查意见：

1. 如果走私犯罪侦查机关认定的案件事实清楚，证据不够确实充分，在补充证据之后，应当制作补充侦查报告书，经缉私分局以上走私犯罪侦查机关负责人批准，移送走私犯罪侦查机关所在地的分、州、市级人民检察院审查。

2. 如果走私犯罪侦查机关在补充侦查的过程中，发现犯罪嫌疑人有新的同案犯或者新的罪行，需要追究刑事责任的，应当就全案重新制作起诉意见书，经缉私分局以上走私犯罪侦查机关负责人批准，移送人民检察院审查。

3. 如果走私犯罪侦查机关在补充侦查的过程中，发现原认定的犯罪事实不实，经重新收集的证据证明不应当对犯罪嫌疑人追究刑事责任，应当撤回起诉意见书，依法重新进行处理，并同时退回补充侦查的人民检察院。

4. 如果原认定犯罪事实清楚、证据确实充分、人民检察院退回补充侦查不当的，应当说明理由，移送人民检察院审查。补充侦查完毕移送人民检察院后，如果人民检察院仍然认为证据不足，不符合起诉条件的，可以作出不起诉的决定。需要说明的是，《刑事诉讼法》规定了“补充侦查应当在一个月内完成，补充侦查以二次为限”，如果对于走私犯罪侦查机关经过了一次补充侦查的案件，人民检察院认为该案证明犯罪的证据不足，不符合起诉的条件，且没有必要再补充侦查的，也可以作出不起诉决定。

（三）法庭审理阶段的补充侦查

我国《刑事诉讼法》中还规定了法庭审理时的补充侦查。在法庭审判过程中，检察人员发现，提起公诉的案件需要补充侦查的，人民检察院可要求补充侦查，法院应延期审理，补充侦查应当在一个月之内完成。这一规定清楚地表明，在法庭审理过程中，人民检察院是唯一的能够提出要求补充侦查的机关，其他任何机关、部门包括人民法院都无权提出。如果人民检察院在法庭审理的过程中发现走私犯罪案件事实不清、证据不足，或者遗漏罪行、遗漏同案犯罪嫌疑人，需要补充侦查或者补充提供证据的，应当要求法院延期审理进行补充侦查。对于在这种情况下是否可以退回原侦查机关进行补充侦查，我国《刑事诉讼法》并没有作出规定，理论上存在争议。一般认为，在法庭审理阶段的补充侦查，人民检察院是可以将案件退回走私犯罪侦查机关进行补充侦查的。[①] 另一种观点则对此持否定态度，认为不应将该案件退回走私犯罪侦查机关进行补充侦查。[②] 对走私犯罪案件而言，人民检察院是退回补充侦查还是自行侦查，在很大的程度上取决于侦查工作量的大小和难度。在法庭审理阶段的补充侦查，人民检察院已经经过了审查起诉阶段对走私犯罪案件的初步审查，对于走私犯罪案件事实和证据已经有了一定的了解，依据《人民检察院刑事诉讼规则》的规定："在审判过程中，对于需要补充提供法庭审判所必需的证据或者补充侦查的，人民检察院应当自行收集证据和进行侦查；必要时可以要求公安机关提供协助。"因此对于在法庭审理阶段，由人民检察院提出的补充侦查，不应将案件退回走私犯罪机关进行补充侦查。

我们可以看出，第二种观点没有注意到在走私犯罪的侦查中海关走私侦查机关所起到的不可替代的作用。不能一味地认定在法庭审理阶段的补充侦查只能由检察机关进行。另外，《公安机关办理刑事案件程序》规定：对人民检察院在审查起诉过程中，要求公安机关提供法庭审判所必需的证据材料，应当及时收集和提供。海关走私犯罪侦查机关作为对走私犯罪案件承担侦查职责的专门机关，为了更好的打击走私犯罪活动，维护国家的海关秩序，并不排除人民检察院在必要时，要求走私犯罪侦查机关补充提供相应的证据，海关走私犯罪侦查机关应该给予必要的配合并及时收集和提供。

三、走私犯罪的不起诉

刑事诉讼中应当将惩罚犯罪和保护人权看做是一对对立统一的目的来看待。在现代法制观念中，法律要做的是如何在两者之间找到一个适合自己国家的平衡点。实际上惩罚犯罪所体现的公平应当被理解为：科学的控制和打击犯罪在实现程序公正的过程中，尽可能地节约司法资源

---

① 卞建林主编：《刑事诉讼法学》，法律出版社 1997 年版，第 316 页。

② 李晓武主编：《走私犯罪侦查业务》，中国海关出版社 2002 年版，第 169 页。

以及社会上个人的物质和精神投入。设立不起诉制度符合了诉讼经济的原则，法律程序在运作中应尽力缩小运作成本，达到收益最大化。不起诉制度使不该进入审判程序的案件适时终止，缩短了诉讼时间，从而达到了诉讼经济的目的，提高了司法操作中处理刑事案件的效率。不起诉制度符合现代刑事诉讼制度注重保护当事人合法权益的价值趋向，对于不应被追究刑事责任的犯罪嫌疑人来讲，不起诉制度适时地终止了刑事诉讼，保障了犯罪嫌疑人的合法权益。对被害人而言，法律允许被害人申诉和直接向法院起诉的权利，在制度上平衡和保障了被害人的合法权益。

（一）走私犯罪的不起诉内涵

走私犯罪的不起诉，是指公诉机关依其职权对侦查终结的走私犯罪案件审查后，确认依法不应当追究刑事责任，或者犯罪情节轻微，依照刑法规定不需要判处刑罚或免除刑罚的，依法不予追究而终止诉讼程序的处分决定。

对走私犯罪的不起诉而言，（1）走私犯罪的不起诉应理解为对走私犯罪享有控诉职能的公诉机关，依其控诉职权所作的不予追诉的处分决定。控诉职能是公诉机关的基本诉讼职能，在以起诉法定主义为基本原则，起诉便宜主义①为辅的我国刑事起诉体制中，公诉机关只有对符合法定起诉条件的走私犯罪案件，才能提起诉讼，其他不符合起诉条件或者没有起诉必要的走私犯罪案件，公诉机关可以依其职权作出不起诉的决定。（2）公诉机关对走私犯罪作出的不起诉决定，应视为程序上而非实体上的处分。公诉机关对走私犯罪案件作出的不起诉决定，表明了公诉机关放弃了对犯罪嫌疑人的控诉，并不向拥有审判权的法院请求进行审判；但并不意味着犯罪嫌疑人就此逃脱了制裁。这实质上是公诉机关依其职权在程序上对案件所作的不予追诉的处分，对走私犯罪案件而言，公诉机关在刑事诉讼中只是享有控诉的职能，而并无对案件作出实体处分的权利。公诉机关在对走私犯罪案件作出不起诉决定的同时，如果还需要对不起诉人进行行政处罚，应该将案件移送海关走私调查部门处理。（3）对走私犯罪案件的不起诉意味着刑事诉讼程序终止，但是这种终止的法律效力是相对的。“不告不理”是现代刑事诉讼的基本原则，该原则明确了法院对刑事案件进行审理是以公诉机关的起诉为前

---

① 起诉便宜主义是与起诉法定主义相对应的范畴。起诉便宜主义，又称起诉合理主义、起诉裁量主义，是指检察官对于存有足够的犯罪嫌疑，并具备起诉条件的案件，可以斟酌决定是否起诉的原则。根据此原则，公诉方可以依据法律的授权，基于刑事惩戒的目的和权衡各种利益，对其所审查起诉的刑事案件，选择是否作出控诉以继续或停止刑事程序。

提的，走私犯罪案件的起诉意味着走私犯罪案件审判程序的开始，公诉机关依其职权对走私犯罪案件作出的不起诉决定，也就阻断了走私犯罪案件刑事诉讼程序的继续进行，意味着刑事诉讼程序的终止。与法院生效的实体判决所标志的诉讼程序的终结不同，“案件虽经不起诉处分，无非追诉权之不行使而已，对于同一案件不过限制其再行起诉而已，该案之起诉权依然存在，并未因而消灭，遇有发现新的事实或新的证据，……得再行起诉。”公诉机关的不起诉决定是不具有既判力的法律效力。因此，对于公诉机关依职权作出不起诉决定的走私犯罪案件，如果有新的证据或者发现新的事实符合法律规定的起诉条件的，公诉机关依职权应撤销原来的不起诉决定，依法向法院提起诉讼。对于有被害人的走私犯罪案件，被害人对不起诉决定不服的，也可以向法院提起诉讼。

（二）走私犯罪不起诉的条件

走私犯罪不起诉条件，也可以称之为走私犯罪不起诉的范围，或者走私犯罪不起诉的法定原因，是指人民检察院依照法律规定对走私犯罪案件作出不起诉决定的法定情形。《刑事诉讼法》第一百四十二条规定：“犯罪嫌疑人有本法第十五条规定的情形之一的，人民检察院应当做出不起诉决定。对于犯罪情节轻微，依照刑法规定不需要判处刑罚或者免除刑罚的，人民检察院可以作出不起诉决定。”第一百四十条第三款规定：“对于补充侦查的案件，人民检察院仍然认为证据不足，不符合起诉条件的，可以作出不起诉的决定。”根据上述法律的规定，结合走私犯罪而言，我国现行走私犯罪不起诉处分因适用条件的不同而分为以下几种：

1. 走私犯罪的绝对不起诉。这是指走私犯罪案件依据《刑事诉讼法》第一百四十二条第一款的规定，符合《刑事诉讼法》第十五条规定的情形之一的，人民检察院应当做出不起诉决定，从而终结诉讼。根据《刑事诉讼法》第十五条及相关法律的规定，只要走私犯罪嫌疑人具有下列情形的，人民检察院均应当做出不起诉决定。

（1）情节显著轻微、危害不大，不认为是犯罪的。对走私犯罪而言，除《刑法》第三百四十七条规定的“走私、贩卖、运输、制造毒品，无论数量多少，都应当追究刑事责任，予以刑事处罚”外，其他各种走私犯罪的构成需要达到一定的情节，结合《最高人民法院关于审理走私刑事案件具体应用法律若干问题的解释》和《最高人民法院关于审理走私刑事案件具体应用法律若干问题的解释（二）》的规定，检察机关对移送审查起诉的走私犯罪案件，只要没有达到以上法律规定中明确规定的起刑点的，就说明该种行为的情节没有达到构成犯罪的要求，不能认为是犯罪，人民检察院应作出不起诉的决定。

（2）犯罪已过追诉时效期限的。《刑法》第八十七条、第八十八条和第八十九条对犯罪的追诉时效进行了在一定期间内有效的规定。超过法定期限而不行使追诉权的，该权力就归于消灭。这时，司法机关不得对犯罪人进行追诉包括侦查、起诉和审判，否则就是违法。《刑法》规定犯罪已过时效期限的不再追诉，对走私犯罪而言，应结合走私犯罪所犯罪行的轻重分别适用《刑法》规定的不同条款或相应的量刑幅度，按其最高法定刑来计算追诉期限。

（3）犯罪嫌疑人、被告人死亡的。由于罪责自负原则是现代刑事法治的基本处罚原则，犯罪嫌疑人和被告人死亡，意味着失去了追究刑事责任的对象，追究刑事责任已经没有任何实际意义，故刑事诉讼活动没有必要继续进行下去，因此，人民检察院应当做出不起诉决定，就此终止刑事诉讼。

（4）经特赦令免除刑罚的。特赦是针对经过一定时间改造确有悔改表现的罪犯实行的，均由全国人大常委会根据中共中央或国务院的建议，经审议决定，由最高人民法院和高级人民法院执行。在我国凡是由全国人大常委会决定，对特定犯罪人免除刑罚的，公安机关不得立案侦查，检察机关不得向人民法院提起诉讼。

（5）其他法律规定免予追究刑事责任的。

2. 走私犯罪的相对不起诉。这是指走私犯罪案件具有《刑事诉讼法》第一百四十二条第二款规定的情形，人民检察院可以斟酌具体走私犯罪的案情和犯罪嫌疑人悔罪表现来确定，或者是提起公诉，追究犯罪嫌疑人的刑事责任，或是放弃追诉，终结诉讼。人民检察院在相对不起诉的决定上拥有自由裁量权，体现了追求起诉的必要性、合理性，体现了区别对待、宽待处理的刑事政策。《刑事诉讼法》规定：“对于犯罪情节轻微，不需要判处刑罚或者免除刑罚的，人民检察院可以作出不起诉决定。”这一条件中既包括了不需要判处刑罚的，也包括了免除刑罚的。如果走私犯罪嫌疑人具有犯罪情节轻微的前提，符合不需要判处刑罚或者免除刑罚条件，可以适用不起诉决定。这主要体现在《刑法》的规定中，包括以下七种情况：（1）第七条规定的域外犯罪已受处罚的；（2）第十六条规定的聋、哑、盲人犯罪；（3）第十七条、第十八条规定的防卫过当、避险过当；（4）第十九条规定的预备犯；（5）第二十一条规定的中止犯罪；（6）第二十四条规定的从犯、协从犯；（7）第六十三条规定的自首。

在走私犯罪审查起诉的实践中，人民检察院在确认走私犯罪的嫌疑人满足了情节轻微，并具有上述情形的情况下，还应结合犯罪嫌疑人的年龄、犯罪动机和目的、手段、危害结果等情节以及一贯表现进行综合考虑，在确认作出不起诉决定更为有利的情况下，才可以作出不起诉决定。

3. 走私犯罪的存疑不起诉。这是指走私犯罪案件具有《刑事诉讼法》第一百四十条第四款的规定：“对于补充侦查的案件，人民检察院仍然认为证据不足，不符合起诉条件的，可以作出不起诉的决定。”根据《刑事诉讼法》的上述规定，对走私犯罪案件作出存疑不起诉决定应该满足案件经过补充侦查和证据不足的程序和实体两方面要件。

首先，人民检察院在对走私犯罪案件进行审查起诉的时候发现案件证据不足，不能直接作出不起诉的决定，而应该将案件退回补充侦查或者自行侦查。补充侦查是作出存疑不起诉决定的必经程序。《刑事诉讼法》第一百四十条规定“对于补充侦查的案件，应当在一个月以内补充侦查完毕。补充侦查以二次为限。”

在理论上，关于存疑不起诉决定是否要经过两次补充侦查后仍然证据不足才可以作出存在争议。一种观点认为，只有案件经过了两次补充侦查后，人民检察院仍然认为案件事实不清、证据不足的才可以作出不起诉决定。将两次补充侦查和案件事实不清、证据不足同时作为存疑不起诉决定作出的必要条件。[①]另一种观点则认为，根据案件的具体情况，有的案件需要退回补充侦查两次；有的因重要证据确已灭失无法取得的，在退回补充侦查一次后也可以作出因证据不足不起诉的决定。[②]《刑事诉讼法》关于补充侦查以两次为限的规定，目的在于保护犯罪嫌疑人的权利不受无限制的补充侦查的侵害，使案件出于久侦不破的境地，才规定了补充侦查的最高次数为两次，而并不是说每一案件均要经过两次补充侦查。《人民检察院刑事诉讼规则》规定：作出不起诉决定前应当根据案件情况在法律规定的范围内确定补充侦查的次数。因此我们倾向于第二种观点，走私犯罪案件即使只经过一次补充侦查，只要发现案件事实无法查清、证据不足，人民检察院就可以作出不起诉的决定。

其次，走私犯罪案件的存疑不起诉决定还要求案件的证据不足。《人民检察院诉讼程序规则》规定：具有下列情形之一，不能确定犯罪嫌疑人构成犯罪和需要追究刑事责任的，属于证据不足，不符合起诉条件：（1）据以定罪的证据存在疑问，无法查证属实的；（2）犯罪构成要件事实缺乏必要的证据予以证明的；（3）据以定罪的证据之间的矛盾不能合理排除的；（4）根据证据得出的结论具有其他可能性的。

① 程荣斌主编：《刑事诉讼法》，中国人民大学出版社1999年版，第305页。
② 卞建林主编：《刑事诉讼法学》，法律出版社1997年版，第336页。

同时，人民检察院根据上述规定决定不起诉的，在发现新的证据，符合起诉条件时，可以提起公诉。如果犯罪嫌疑人符合逮捕的条件，可以提请检察机关批准逮捕。

（三）走私犯罪案件不起诉决定的救济途径

人民检察院作出不起诉决定后，虽然意味着行为人的行为被认为是可以免予刑事处罚的，但是，不起诉并不等同于放任违法犯罪行为。例如走私犯罪行为人的行为虽然没有达到法定的被追诉的标准，或是刚好达到构成犯罪的标准，由于社会危害性不大等原因，检察院对其行为决定不予起诉。但是走私行为人的行为仍然是要受到行政处罚的。海关可以依照《海关法》和《中华人民共和国海关办理行政处罚案件程序规定》等法律、法规的规定对其进行行政处罚。

人民检察院决定不起诉的案件，可以根据案件的不同情况，对被不起诉人予以训诫或者责令具结悔过、赔礼道歉、赔偿损失。对被不起诉人需要给予行政处罚、行政处分或者需要没收其违法所得的，人民检察院应当提出检察意见，连同不起诉决定书一并移送有关主管机关处理。人民检察院决定不起诉的案件，需要对侦查中扣押、冻结的财物解除扣押、冻结的，应当书面通知作出扣押、冻结决定的机关或者执行扣押、冻结决定的机关解除扣押、冻结。不起诉的决定，由人民检察院公开宣布。公开宣布不起诉决定的活动应当记明笔录。不起诉决定书自公开宣布之日起生效。

为了保证检察机关作出的不起诉决定的正确，依据《刑事诉讼法》的规定，检察机关在对走私犯罪案件作出不起诉决定的同时，还应该向不起诉人、被害人和走私犯罪侦查机关送达不起诉决定书，并且赋予了其一定的监督权：对不起诉的申诉、复议和复核。根据《刑事诉讼法》第一百四十四条至第一百四十六条的规定，对于走私犯罪侦查机关移送审查起诉的案件，人民检察院决定不起诉的，走私犯罪侦查机关认为不起诉决定有错误的时候，可以要求作出决定的人民检察院提请复核，上一级人民检察院应当在收到提请复核意见后的30日内作出决定，通知下级人民检察院和走私犯罪侦查机关。改变下级人民检察院的决定的，应当撤销下级人民检察院作出的不起诉决定，交由下级人民检察院执行。

对于有被害人的走私犯罪案件，被害人如果对人民检察院不起诉决定不服，可以自收到决定书后7日以内向上一级人民检察院申诉，请求提起公诉。人民检察院对被害人提出的申诉的案件应当进行复查并作出复查决定，该决定应当送达被害人和作出不起诉决定的人民检察院。上级人民检察院经复查作出起诉决定的，应当撤销下级人民检察院的不起诉决定，交由下级人民检察院提起公诉，并将复查决定抄送移送审查起诉的走私犯罪侦查机关。

被不起诉人对人民检察院依照《刑事诉讼法》第一百四十二条第二款规定作出的不起诉决定不服，自收到不起诉决定书后7日以内提出申诉的，应当由作出决定的人民检察院立案复查，由控告申诉部门办理。被不起诉人自收到不起诉决定书后7日以外提出申诉的，由控告申诉部门审查是否立案复查。人民检察院控告申诉部门复查后应当提出复查意见，认为应当维持不起诉决定的，报请检察长作出复查决定；认为应当撤销不起诉决定提起公诉的，报请检察长提交检察委员会讨论决定。复查决定书应当送达被不起诉人，撤销不起诉决定或者变更不起诉的事实或者法律根据的，应当同时抄送移送审查起诉的走私犯罪侦查机关。人民检察院作出撤销不起诉决定提起公诉的复查决定后，应当将案件交由审查起诉部门提起公诉。

第九章　走私犯罪的审判程序

DI–JIU ZHANG ZOUSI FANZUI DE SHENPAN CHENGXU

一、走私犯罪的第一审程序

走私犯罪的第一审程序，是指人民法院对人民检察院提起公诉的走私犯罪案件进行初次审判所遵循的步骤和方法。走私犯罪公诉案件的第一审程序包括庭前审查、庭前准备和法庭审判等诉讼环节。

（一）走私犯罪案件的庭前审查

走私犯罪案件的庭前审查，是指人民法院对人民检察院提起公诉的走私犯罪案件进行庭前审查以决定是否开庭审判的活动。《刑事诉讼法》第一百五十条规定：人民法院对提起公诉的案件进行审查后，对于起诉书中有明确的指控犯罪事实并且附有证据目录、证人名单和主要证据复印件或者照片等事项的，应当决定开庭审判。根据这一规定，检察机关移送起诉的走私犯罪案件，法律不要求把全案的案卷都移送到法院，而只移送起诉书、证据目录、证人名单及一些指控走私犯罪的主要证据复印件或照片等简要的案卷材料。因此，人民法院对走私犯罪公诉案件的审查，就着重于从程序上围绕着是否具备开庭的基本条件来进行审查。具体而言是对以下事项来审查：（1）走私犯罪案件是否属于本院管辖；（2）起诉书指控的走私犯罪被告人的身份、实施走私犯罪的时间、地点、手段、走私犯罪事实、危害后果和罪名以及其他可能影响定罪量刑的情节等是否明确；（3）起诉书中是否载明走私犯罪被告人被采取强制措施的种类、羁押地点、是否在案以及有无扣押、冻结在案的走私犯罪被告人的财物及存放地点；是否列明走私犯罪中被害人的姓名名、住址、通讯处，为保护被害人而不宜列明的，应当单独移送被害人名单；（4）是否附有起诉前收集的证据的目录；（5）是否附有能够证明指控的走私犯罪行为性质、情节等内容的主要证据复印件或者照片。在这里的“主要证据”包括：①起诉书中涉及的《刑事诉讼法》第四十二条规定的证据种类中的主要证据；②同种类多个证据中被确定为主要证据的，如果某一种类证据中只有一个证据，该证据即为主要证据；③作为法定量刑情节的自首、立功、累犯、中止、未遂、防卫过当等证据。（6）是否附有起诉前提供了证言的证人名单；证人名单应当分别列明出庭作证和拟不出庭作证的证人的姓名、性别、年龄、职业、住址和通讯处；（7）走私犯罪的被告人已委托辩护人、代理人的，是否附有辩护人、代理人的姓名、住址、通讯处明确的名单；（8）走私犯罪案件中的被害人提起附带民事诉讼的，是否附有相关证据材料；（9）走私犯罪案件的侦查、起诉程序的各种法律手续和诉讼文书复印件是否完备；（10）有无《刑事诉讼法》第十五条第二项至第六项规定的不应追究走私犯罪被告人刑事责任的情形。

在对人民检察院移送起诉的走私犯罪案件，人民法院在对走私犯罪案件进行审查后，会根据《刑事诉讼法》的规定按照不同的情况作出不同的决定：（1）对于起诉书有明确的指控走私犯罪的且以上材料齐备的，并属于本院管辖的，应当决定开庭审判；（2）对于不属于本院管辖或者走私犯罪被告人不在案的，应当决定退回人民检察院；（3）对于需要补送材料的，应当通知人民检察院在3日内补送；（4）对于根据《刑事诉讼法》第一百六十二条第三项的规定，宣告走私犯罪的被告人无罪的（即证据不足，指控的走私犯罪罪名不能成立的无罪判决），人民检察院依据新的走私犯罪事实、证据材料重新起诉的，人民法院应当依法受理；（5）人民法院裁定准许人民检察院撤诉的走私犯罪案件，没有新的走私犯罪事实、走私犯罪证据，人民检察院重新起诉的，人民法院不予受理；（6）走私犯罪案件如果符合《刑事诉讼法》第十五条第二项至第六项规定的情形的，应当裁定终止审理或者决定不予受理；（7）对于走私犯罪被告人真实身份不明，但符合《刑事诉讼法》第一百二十八条第二款规定的（即按其所讲的姓名起诉的），人民法院应当依法受理。

根据法律条文表面的意思，可以看出庭前预审程序应当是完全程序性的审查。但是，检察院在移交起诉材料的时候，一并将能够证明指控的走私犯罪行为性质、情节等内容的主要证据复印件或者照片移交给法院进行审查。由于我国法院工作的实际情况是案件从始至终都是由同一个合议庭进行审查和审判，那么这种移交主要证据材料复印件的行为就会导致审理案件的法官在开庭审理之前就对案件进行了实体上的审查。虽然这种实体上的审查有着保护被告人，尤其是无罪被告人的合法权利以及降低不必要的诉讼成本，但是，这种做法是有违直接、言词原则的基本精神。庭前对检察院提供的主要证据材料的审查会使法官形成一种先入为主的思维定式，不利于法官在庭审时以公平公正的姿态审理。在世界上其他国家的法律规定中，只有日本是采取一种完全废除庭前预审程序的态度的，但是日本不可避免的遇到了法院的审判之门大开的困境，使原本可以在庭前纠正的错误控诉一直延伸到了审判阶段，造成了司法资源的浪费和对于不应被审判者的不公平。德国也设有庭前预审程序，是由负责案件的首席法官指定一名不参加审判的法官对案件进行审查。英国的刑事法院要正式审判的案件都是要经过治安法院在开庭前进行审查的。

在1996年《刑事诉讼法》修改的过程中，我国的学者对于庭前预审程序的存废问题展开了激烈的讨论，最终还是保留了庭前预审程序。因为我们不能否认在审判前对实体进行审查的诉讼功能。但是，这一规定存在的弊端还是存在的。我们在庭前预审制度的设计上可以借鉴德国的做法，应由不参加法庭审判的法官来对检察院移送的案件进行庭前的预审，并且要强调庭前的预审主要是对程序性的材料进行审查，而非对实体权利进行审判。

（二）走私犯罪案件开庭审判前的准备

人民法院对走私犯罪案件经审查决定开庭审判后，在开庭前，应当做好与开庭审判有关的准备工作，以保证法庭审判的顺利进行。走私案件开庭前的准备工作主要有以下几个方面：（1）确定合议庭的组成人员。人民法院审判走私犯罪案件，一般应当组成合议庭进行。因此，人民法院决定开庭审判以后，首先应当确定合议庭的组成人员。合议庭可以由审判员组成，也可以由审判员和人民陪审员组成。合议庭中应当由院长或庭长指定审判员一人担任审判长；院长或庭长参加案件审判的，自己担任审判长。合议庭的其他成员，一般由庭长确定；担任法庭记录的书记员，也应同时确定。合议庭组成后，合议庭成员都应阅卷，了解走私犯罪案件情况。并在此基础上，制定法庭审理提纲，确定合议庭成员的分工。（2）将人民检察院的起诉书副本至迟在开庭10日以前送达走私犯罪被告人。对于走私犯罪被告人未委托辩护人的，告知被告人可以委托辩护人，或者在必要的时候指定承担法律援助义务的律师为其提供辩护。（3）将开庭的时间、地点在开庭3日以前通知人民检察院。人民检察院应当派员出庭支持公诉。（4）传唤走私犯罪当事人，通知辩护人、诉讼代理人、证人、鉴定人和翻译人员，传票和通知书至迟在开庭3日以前送达。（5）公开审判的走私犯罪案件，在开庭3日以前，应以公告形式先期公告案由、走私犯罪的被告人姓名、开庭时间和地点，以便人民群众到庭旁听。

（三）走私犯罪的法庭审判程序

走私犯罪的法庭审判程序是指：人民法院在公诉人、走私犯罪当事人以及其他诉讼参与人的直接参加下、当庭核实走私犯罪的证据材料、查明走私犯罪的案件事实，听取辩论意见，确定走私犯罪的被告人是否有罪、犯有何罪、应否判处刑罚，处以何种刑罚，并依法作出判决的诉讼程序。

刑事审判活动是一种认识活动，它以发现案件的事实真相为目标。但它又不仅仅是一种认识活动，它还包含着程序道德价值目标的选择和实现过程①。在涉及走私犯罪的审判中做到公正的审理，是对作为被害

---

① 杨立新著：《刑事诉讼平衡论》，中国人民公安大学出版社2006年版，第278页。

人的国家利益的最大维护和对被告人权利的最大保护。那么公正的审判是应当有一个最低程序标准的。联合国《公民权利与政治权利国际公约》第十四条的规定确立了国际社会对刑事被告人在审判中所享有的最低限度的程序保障认识标准，它具体包括以下内容：（1）刑事被告人享有由依法设立的合格的、独立的和无偏倚的法庭进行公正和公开审讯的权利；（2）凡受刑事控告者，在未依法正式确定有罪之前，应有权被视为无罪；（3）刑事被告人享有被迅速告知指控性质和原因的权利；（4）被控告人有相当的时间和便利准备辩护并与他自己选择的律师联系；（5）享有迅速受审判的权利；（6）享有参加庭审进行自行辩护、委托辩护和获得公设辩护人为其提供法律援助的权利；（7）有权与对其不利的证人进行对质的权利，有权申请对其有利的证人出席法庭为其作证的权利；（8）享有免费获得翻译人员帮助的权利；（9）不被强迫做不利于自己的证言或强迫承认犯罪。这些规定只是国际上公认的最低审判公正标准。

根据我国的具体国情，我国的学者对程序公正作了以下总结："（1）受刑事制裁直接影响的人应充分而富有意义的参与裁判制作过程；（2）裁判者应在控辩双方之间保持中立；（3）控辩双方应受到平等的对待；（4）审判程序的运作应符合理性的要求；（5）法官的裁判应从法庭审判中形成；（6）程序应当及时的产生裁判结果，并使被告人的刑事责任得到最终确定。"① 根据以上程序公正的标准，再结合走私犯罪自身的被害人特殊性、案件复杂性和专业技术性强的特点，在走私犯罪的法庭审理上，更应当注重对法官中立和控辩双方平等抗辩的确保。

我国《刑事诉讼法》规定了法庭审判程序由庭审预备、宣布开庭、法庭调查、法庭辩论、被告人最后陈述、评议和宣判六个阶段组成。

1. 庭审预备。庭审预备工作，由书记员进行，依次做好下列工作：（1）查明公诉人、走私犯罪的当事人、证人及其他诉讼参与人是否到达；（2）宣读法庭规则，并告知诉讼参与人和旁听人员应当遵守的法庭秩序；（3）请公诉人、辩护人入庭；（4）请审判长、审判员（含人民陪审员）入庭．并向审判长报告开庭前的准备工作就绪，请审判长开庭审判走私犯罪案件。

2. 宣布开庭。宣布开庭，即由审判长宣布法庭审理开始，审判长应当首先传走私犯罪的被告人到庭，然后进行下列工作：（1）查明被

① 参见陈瑞华著：《刑事审判原理论》，北京大学出版社 1997 年版，第 60～61 页。

告人的有关情况。具体包括：①姓名、民族、籍贯、出生地、出生年月日、文化程度、职业、住址或者单位的名称、住所等；②是否受过法律处分及其种类和时间；③是否被采取过强制措施及种类、时间；④收到人民检察院起诉书副本的日期。如果有附带民事诉讼，附带民事诉讼被告人收到民事诉状的时间。（2）公布、告知有关事项。具体包括：①公布走私犯罪案件的来源、起诉的理由、附带民事诉讼原告人和被告人的姓名及是否公开审理。对于不公开审理的走私犯罪案件，当庭公布不公开审理的理由；②宣布合议庭组成人员、书记员、公诉人、辩护人、鉴定人和翻译人员的名单；③告知当事人、法定代理人在法庭审理过程中依法享有下列诉讼权利：可以申请合议庭组成人员、书记员、公诉人、鉴定人和翻译人员回避；可以提出证据，申请通知新的证人到庭；走私犯罪被告人可以在法庭辩论终结后作最后陈述；④分别询问走私犯罪的当事人、法定代理人是否申请回避．申请何人回避和申请回避的理由。如果当事人、法定代理人申请回避，对符合法定情形的，应当依照有关规定处理。对于不具有法定应当回避情形的，应当驳回，继续法庭审理。

（四）走私犯罪的法庭调查

法庭调查是当庭查明案件事实的重要阶段。根据《刑事诉讼法》第一百五十五条至一百五十九条的规定，走私犯罪案件在法庭调查阶段主要是在审判长的主持下，由控、辩双方进行讯问、发问、举证、质证等活动，必要时，审判人员也可以讯问被告人、询问证人、鉴定人和调查核实证据。

1. 法庭调查的启动。走私犯罪的法庭调查是由审判长宣布法庭调查开始后由控方控诉开始的。先由公诉人宣读起诉书，有附带民事诉讼的，再由附带民事诉讼的原告人或者他的法定代理人宣读附带民事诉状。

2. 控、辩双方讯问或者发问。当控方提出控诉后，在审判长的主持下，被害人、被告人就起诉书中指控的走私犯罪事实进行陈述。公诉人可以就起诉书所指控的全部走私犯罪事实讯问被告人。走私犯罪被害人及其诉讼代理人经审判长许可，可以根据公诉人的讯问情况进行补充发问。附带民事诉讼的原告人及其法定代理人或诉讼代理人经审判长许可，可以就附带民事部分的事实向走私犯罪被告人发问。经审判长许可，被告人的辩护人及法定代理人可以在起诉一方就某一具体问题讯问完毕后向被告人发问。对于共同走私犯罪中的各个被告人，由公诉人分别进行讯问。如果合议庭认为必要，可以传唤所有的走私犯罪被告人同时到庭对质。

3. 调查核实其他的走私犯罪证据。法庭必须对用作定案根据的证据当庭查证核实。这项活动主要是通过证人作证、询问鉴定人、出示物证并进行辨认、宣读书面证词、书证、鉴定结论、勘验检查笔录等方式进行。除经人民法院许可外，鉴定人应当出庭宣读鉴定结论，接受询问。宣读鉴定结论后，公诉人、走私犯罪的当事人和辩护人、诉讼代理人经审判长许可，可以对鉴定人发问。审判人员认为必要时．也可以询问证人、鉴定人。作为指控走私犯罪和辩护依据的各种物证、书证、视听资料等，公诉人、辩护人应当向法庭出示，让走私犯罪的当事人辨认，确定其真实性。无法随案移送到法庭的物证、书证等，可以出示原物照片，并让走私犯罪当事人辨认。走私犯罪案件审理中的物证，即走私犯罪的走私标的物往往是不能够当庭出示的，例如走私毒品罪中的海洛因、甲基苯丙胺和吗啡等毒品；走私武器弹药罪中的武器弹药；走私核材料罪中的核材料这些都是不适于当庭出示的证物。所以对这些证物的指证往往是要通过出示原物照片来进行的。

随着中国审判方式的改革，我国法学界有些学者提出了“当庭认证”这一概念①。当庭认证是指：控辩双方不仅应当当庭提出证据并当庭质证，审判人员也要当庭对证据的证据能力、证明效力以及案件事实作出认定。这种概念的提出是为了避免使法庭质证流于形式，将代表国家利益的检察院提出的走私证据变成对走私犯罪被告人单纯的强制控诉，从而违背了控辩双方平等对抗的程序设计本意；另外还有为了避免法官腐败的发生，将法官审理判断案件的过程完全放在开庭审理的法庭上进行。这种理论明显是针对中国的实际情况提出的，我们不能否认其在中国司法现状土壤中的生命力和实际意义。但同时，我们也应当看到这种观点与整体上的法律审判原则有所出入：审判中的直接、言词原则只是要求控辩双方和证人亲自出庭以后以言词的形式提出自己的主张、举出证据并进行质证，法官对案件的判决应当依据法庭上诉讼参与人以直接的、言词的方式证明的案件事实。由于证据之间的逻辑联系以及走私犯罪本身的复杂性和专业性，在法庭审判的有限时间内想要直接掌握和了解所有的案件事实和案件细节是有很大难度的，法官如果当庭对于双方提出的证据进行认证是非常困难的，同时也是要冒着认证案件偏颇、错误不公正的风险。并且，《刑事诉讼法》的条文中也没有法官应当“当庭认证”这样的规定。为了解决法院审判的透明度等问题，不是仅从程序的安排上入手就能够解决的，还应当从更多、更深的层面上

① 参见王敏、甘正培著：《论庭审中的举证、质证和认证》，载于《刑事诉讼法论文集》，中国政法大学刑事诉讼法学教研室编，第452页。

考虑。

对未到庭的证人证言笔录、签定人的鉴定结论、勘验检查笔录等应当当庭宣读，审判人员应当听取公诉人、走私犯罪当事人和辩护人、诉讼代理人的意见。在法庭审理过程中，走私犯罪的当事人和辩护人、诉讼代理人有权申请通知新的证人到庭，调查新的证据，申请重新鉴定或者勘验。走私犯罪的当事人、辩护人或者诉讼代理人行使申请权时，应说明理由；法庭应当认真研究，作出是否同意的决定，并说明理由。如果同意申请，审判长应宣布休庭，延期审理。法庭审理过程中，合议庭对走私犯罪的证据有疑问的，可以宣布休庭，对证据进行调查核实。在休庭期间，法院可以进行勘验、检查、扣押、鉴定和查询、冻结等工作。对于法院收集到的新证据，也必须开庭，由审判人员出示证据，并让控辩双方质证。

（五）走私犯罪的法庭辩论

走私犯罪的法庭辩论阶段，是在审判长的主持下，在法庭调查结束后，组织控、辩双方就走私犯罪案件事实、证据和适用法律等问题进行的辩论。一般而言：（1）公诉人发表公诉词；（2）走私犯罪的被害人及其诉讼代理人发言；（3）走私犯罪被告人自行辩护；（4）辩护人发表辩护词；（5）控辩双方互相辩论。对附带民事部分的辩论是在对刑事部分的辩论结束以后进行。对走私犯罪的附带民事诉讼，先由附带民事诉讼的原告和他的诉讼代理人发言，然后由被告人和他的诉讼代理人答辩，之后双方进行辩论。在走私犯罪的法庭辩论过程中，如果合议庭发现了新的走私犯罪事实，认为有必要调查的，审判长可以宣布暂停辩论，恢复法庭调查，待查清走私犯罪事实再进行法庭辩论。

控辩双方先天力量的不平等贯穿于整个对走私犯罪进行刑事诉讼的过程中。在法庭辩论阶段保持控辩双方的平等地位是保证程序公正的重要表现之一。在国际上，其他国家对法庭辩论阶段的规定，有些对我国调整这种先天失衡的控辩地位具有一定的借鉴意义。美国宪法第六修正案规定：“在一切刑事诉讼中，被告享有以下权利：有犯罪行为发生地的州和地区的公正的陪审团予以迅速而公正的审判，该地区应事先已由法律规定，得知被控告的性质和理由，同原告证人对证，以强制程序取得对其有利的证人，取得律师帮助为其辩护。”其重点是在于赋予了辩护方有权获得与证人进行对质的权利。这种权利在英美法系中是旨在保障对抗之审判的顺利进行，而如果是在大陆法系中主要是为了增强控辩双方的对抗权。

（六）走私犯罪被告人最后陈述

根据《刑事诉讼法》第一百六十条的规定，审判长在宣布辩论终结后，走私犯罪的被告人有最后陈述的权利。走私犯罪被告人的最后陈述是法庭审判的一个独立的诉讼阶段，是法律赋予被告人的一项重要权利，就是在合议庭评议判决之前，再给被告人一次行使辩护权的机会，走私犯罪案件的被告人可以利用这个机会陈述他对全案的意见和看法，包括自己是否有罪、罪行轻重，自己对犯罪的认识以及对量刑方面的要求等。在被告人员后陈述过程中，审判长发现他多次重复自己的意见，或者陈述的内容是蔑视法庭、公诉人、损害他人及社会公共利益或者与本案无关的，有权制止。在公开审理的案件中，被告人员后陈述的内容涉及国家秘密或者个人隐私的，也有权制止。

法庭审理的全部活动，应当由书记员制作笔录，经审判长审问后，分别由审判长，书记员签名。庭审笔录，应当在庭审后分别交当事人、证人阅读或向他们宣读。他们认为记录有遗漏或者差错的，可以请求补充或者改正，经确认无误后，应当签名或者盖章、按手印。

（七）对于走私犯罪的评议和宣判

走私犯罪的被告人最后陈述完毕，审判长宣布休庭，合议庭开始评议。合议庭评议应当秘密进行，评议的任务是在法庭审理的基础上，对案件事实和适用法律问题进行全面的分析、评断，并作出结论。进行评议时，合议庭成员有平等的发言权，意见有分歧时，采取表决的方式，按少数服从多数的原则，形成判决，但少数人的意见应当记入评议笔录。

根据《刑事诉讼法》第一百六十二条的规定和有关规定，合议庭经过评议，有权根据案件的不同情况分别作出如下处理：（1）起诉指控的走私犯罪事实清楚，证据确实、充分，依据法律认定被告人的走私犯罪罪名成立，应当做出有罪判决；（2）起诉指控的走私犯罪事实清楚，证据确实、充分，指控的走私犯罪罪名与人民法院审理认定的罪名不一致的，应当做出有罪判决；（3）走私犯罪案件事实清楚，证据确实、充分。依据法律认定被告人无罪的，应当判决宣告走私犯罪被告人无罪；（4）证据不足，不能认定走私犯罪被告人有罪的，应当以证据不足，指控的走私犯罪罪名不能成立，判决宣告被告人无罪；（5）走私犯罪案件事实部分清楚，证据确实、充分的，应当依法作出走私犯罪被告人有罪或者无罪的判决；走私犯罪事实不清，证据不足部分，依法不予认定；（6）走私犯罪被告人因不满16周岁，不予刑事处罚的，应当判决宣告走私犯罪被告人不负刑事责任；（7）走私犯罪已过追诉时效期限，并且不是必须追诉或者经特赦令免除刑罚的，应当裁定终止审理；（8）走私犯罪被告人死亡的，应当裁定终止审理；对于根据已查明的案件事实和认定的证据材料，能够确认走私犯罪被告人无罪的，应当判决宣告被告人无罪。地方各级人民法院在宣告第一审判决、裁定时，应当明确告知有关人员不服本判决有上诉权，以及上诉的法院和上诉的期限。

走私犯罪的一审期间是指人民法院审判第一审走私犯罪案件从受理到宣判的最长时间限制。《刑事诉讼法》第一百八十六条对此做了明确规定，其主要内容是：（1）人民法院审理走私犯罪案件，应当在受理后的一个月内宣判，至迟不得超过一个半月。（2）下列走私犯罪案件经省、自治区、直辖市高级人民法院批准或者决定，可以再延长一个月：①交通十分不便的边远地区的重大复杂案件；②重大的犯罪集团案件；③流窜作案的重大复杂案件；④犯罪涉及面广，取证困难的重大复杂案件。（3）人民法院改变管辖的案件，从改变后的人民法院收到案件之日起计算审理期限。（4）人民检察院补充侦查的案件，补充侦查完毕移送人民法院后，人民法院重新计算审理期限。

（八）法院在对走私犯罪进行审判时的非法证据排除问题

非法证据排除规则是指：通过非法手段获取的证据，法院可以以此作为自由裁量的事项而拒绝接受。非法获得的证据很可能是非自愿的，因而不能接受。非法所取证据原则上可以分为两种类型：一种是以违法方式获取的口供；另一种是违反法定程序（主要是搜查、扣押程序）取得的实物证据。对于以违法方式获取的口供，现代世界各国完全排除其证据效力。各国刑事诉讼法都普遍禁止将刑讯逼供和以威胁、引诱、欺骗及其他的非法方法获取的口供作为定案依据使用。因为非法口供不仅严重损害人权，还可能掩饰刑事案件的事实真相。对于通过非法手段获取的实物证据，其证据效力各国的规定不同。美国是实行非法物证排除的主要国家，即排除通过非法搜查、扣押手段获取的实物证据，这就是著名的“毒树之果”原则。而英国确认非法所取物证的效力，可以作为定案根据；德国、法国等大陆法系国家并不一般地排斥所取得物证，而是注意违法的严重程度以及排除非法物证对国家利益的损害程度，进行利益均衡，同时赋予法官一定程度的取舍证据的自由裁量权。我国法律规定法院是独立行使审判权力的，所以在法院的审理中适用非法证据排除规则，是对海关侦查机关或是检察机关在收集证据时采用非法手段获取证据的一种制约，以保障程序公正和走私犯罪被告人的人权。

在我国，有学者认为非法证据排除规则是指某些证据对案件事实虽然具有证明价值，但是基于立法者的预先设定和司法者的实践考量，认为该种证据的使用将违背法律原则及法律精神所应当体现的社会价值及观念，进而对这种证据的资格作出否定性结论的规则。非法证据排除规则体现了客观真实和法律原则之间的冲突，而这种冲突主要体现在价值观念的权衡与选择。

在走私犯罪的证据判断中，对于通过非法手段获得的走私犯罪嫌疑人的口供，应当确立完全的证据排除规则。对于通过非法手段获得的实物证据，原则上也应当予以排除。现代刑事诉讼不仅仅是为了追究犯罪，发现事实真相，而且要维护程序正义、保障人权。这样做有利于规范侦查人员的执法行为，树立正当程序的现代诉讼理念。的确，使用排除规则往往要付出巨大的代价，因为它大大减少了可供诉讼使用的犯罪证据的数量，从而容易放纵犯罪，但不能为了捕获罪犯并消除其危险而违背法律的正当程序，这样就会损害法律的应有权威。正如美国学者所指出的："使用有污点的证据就意味着法庭正在违反宪法。"走私犯罪是一种严重的违反社会主义市场经济秩序的犯罪，它侵害了国家的利益和正常的社会秩序。为了查明走私犯罪事实，有必要采取各种侦查手段获取走私犯罪证据，但也必须遵循非法证据排除的规则，即对通过非法手段获取的物证一般不能作为证据使用。但在以下的情况下，也可以作为证据使用：（1）严重危害国家重大利益的走私犯罪；（2）取证时疏忽了证据的某些形式要件如签字、盖章等，但不涉及公民的人身权利或对公民人身权利侵害轻微的；（3）因特殊原因未履行某种法律手续但不涉及公民的人身权利或对公民人身权利侵害轻微，将其排除不利于维护正常的社会秩序的；（4）虽以侵害被告人合法权益取得的证据，但是被告人申请采用的；（5）对被告人有利的即能证明其无罪或罪轻的证据材料；（6）能为其他证据证实其真实性的，且该证据是证据链中缺一不可的一环。

二、走私犯罪的简易程序

（一）我国适用于走私犯罪的简易程序概述

简易程序的设计是在程序公正的背景下对于效率的追求。程序正义和诉讼效率是刑事诉讼程序中两个同等重要的目标，但是提高诉讼效率的前提应当是保证正义，否则就有违程序正义的立法初衷了。"正义是社会制度的首要价值，正像真理是思想体系的首要价值一样。一种理论无论它多么精致和简洁，只要他不真实，就必须加以拒绝和修正；同样，某些法律和制度，不管他们多么有效和条理，只要他们不正义，就必须加以改造或废除。每一个人都拥有一种基于正义的不可侵犯性，这种不可侵犯性即使以社会整体利益之名也不能逾越。因为，正义否认为了一些人分享更大利益而剥夺另一些人的自由是正当的。"① 而简易程序本身是应当依程序正义为内容。

我国关于走私犯罪简易程序的法律规定体现在《刑事诉讼法》第一百七十四条的规定中，"人民法院对于下列案件，可以适用简易程序，由审判员一人独任审判：(一) 对依法可能判处三年以下有期徒刑、拘役、管制、单处罚金的公诉案件，事实清楚、证据充分，人民检察院建议或者同意适用简易程序的；(二) 告诉才处理的案件；(三) 被害人起诉的有证据证明的轻微刑事案件。" 在2003 年颁布的《关于适用普通审理程序审理"被告人认罪案件"的若干意见（实行)》中确定了普通程序简化审。最高人民检察院在 2006 年颁布了《关于依法快速办理轻微刑事案件的意见》中要求："对轻微刑事案件在侦查、批捕、起诉、审判各个诉讼环节依法快速办理。各地检察机关要加强与公安机关、人民法院的联系与配合，共同建立依法快速办理轻微刑事案件的工作机制。有条件的，可以与当地公安机关、人民法院等部门联合制定快速办案机制的规范性文件，以实现对轻微刑事案件在侦查、批捕、起诉、审判各个诉讼环节依法快速办理。" 在 2008 年最高人民检察院《认罪轻案办理程序实施细则（试行)》(以下简称《细则》) 开始在全国 8 家基层检察院进行试点。《细则》中提出了一些简化审查起诉程序的基本思路。具体总结有以下几方面：(1) 关于认罪轻案的案件范围。《细则》规定，只有同时满足事实清楚，主要证据确实充分；犯罪嫌疑人、被告人自愿认罪；依法可能判处 3 年以下有期徒刑、拘役、管制或者单处罚金这三个条件的刑事案件为认罪轻案，可以适用认罪轻案办理程序。(2) 关于认罪轻案办理的主体。《细则》规定，认罪轻案办理主要是在检察机关和被告人及其辩护律师之间进行，人民法院对认罪轻案进行审查。(3) 关于被告人认罪对案件实体处分的影响。犯罪嫌疑人、被告人认罪只是引起认罪轻案办理这一简易程序的前提。认罪并不涉及犯罪嫌疑人、被告人承认此罪与检察官不起诉彼罪之间的交换问题，也不意味着犯罪嫌疑人、被告人对于任何实体性权益的放弃。犯罪嫌疑人、被告人不能主动选择开始认罪轻案办理程序。除了在普通诉讼程序中所享有的一般权利外，在认罪轻案办理过程中，犯罪嫌疑人、被告人还有获得律师帮助的权利。如《细则》规定，从审查起诉阶段起，适用认罪轻案办理程序的，必须要有律师参与。

这种尝试从某种程度上来说，借鉴、吸收了国外辩诉交易制度的某些合理成分。简易程序（Summary Procedure)，依照《布莱克法律词

① 罗尔斯著：《正义论》，中国社会科学出版社 1997 年版，第 1 页。

典》中的解释认为，简易程序是相对于普通程序而言的，即凡不经检察官起诉、陪审团定罪或者普通法程序所要求的其他程序，法官直接以迅速、简单的方式处理争议、解决案件。作出裁判的任何诉讼程序。美国是辩诉交易最为发达的国家，而且这种辩诉交易是无论案件中涉及的罪行是重是轻都可以进行的，即使是可以被判死刑的案件。这是因为英美法系的诉讼是以解决纠纷为目的的，法官是相对消极的，而起到主导作用的是诉讼中的当事人。充分尊重当事人的意愿，而且法律也为控辩双方自愿作出选择和交易给予了非常大的空间，被告人有更大的选择空间，检察官是以一种平等的地位来与被告人协商，从而辩诉交易盛行。但作为大陆法系的中国强调权力的单向性和非平等性，被告人只能通过要求或者是否认适用简易程序来行使权利。这种差异是与一国自己的法律文化和传统有着密切关系的。所以，吸取和引入辩诉交易制度是否适合中国整体的法律制度还是要进行更深入的谈论。

（二）走私犯罪简易程序的适用范围

根据我国《刑事诉讼法》的规定，适用于走私犯罪简易程序的范围应当是：

首先，在一审案件中，事实清楚、证据充分、依法可能判处三年以下有期徒刑、拘役、管制或是单处罚金的公诉案件。这一类案件的适用条件有三点：（1）“依法可能判处三年以下有期徒刑、拘役、管制或是单处罚金”。这里的刑法标准并不是指法定刑，而是指最终的宣告刑，依据的是最高人民法院所作出的解释，即“这一类案件是指被告人被指控的一罪或者数罪可能被宣告判处的刑罚为三年以下有期徒刑、拘役、管制或是单处罚金”。这就意味着法院甚至是检察院在审判之前或是提起公诉时，就已经根据案件中的证据对走私犯罪被告人的最后宣告刑有了一个大概的预期或是评估。另外，最高人民法院的司法解释中规定：“人民法院对公诉案件的被告人可能判处免予刑事处分的，也可以适用简易程序。”（2）案件的事实清楚、证据充分。这里所指的事实清楚最主要的是指走私犯罪的被告人对于案件事实的前后供述基本一致，共同走私的被告人供述的犯罪事实没有冲突，并且承认人民检察院对其控诉的犯罪事实。另外，证据充分是与事实清楚并列的条件，即不仅要走私犯罪的被告人供述并承认犯罪事实，更应当要求检察机关掌握达到“排除合理怀疑”标准的一系列证据。这里应当说明的是，在确定是否适用简易程序时，对证据要求的标准是非常高的，要求侦查机关和检察院所掌握的证据不仅能证明走私被告人犯有符合走私罪法条规定的行为，并且证据应当能够证明所有的量刑情节。因为情节直接影响量刑，而量刑的轻重直接影响是否能够适用简易程序。（3）是否适用简易程序应当经由人民检察院建议或者同意，而且最后由人民法院决定。人民检察院对符合上述规定的走私犯罪案件，经检察长决定可以建议人民法院适用简易程序。同时，如果依据最高院《解释》，对于走私犯罪的公诉案件，人民检察院移送起诉时没有建议适用简易程序，人民法院经审查认为符合《刑事诉讼法》第一百七十四条第一项的规定，拟适用简易程序审理的，应当书面征求人民检察院的意见。人民检察院同意并移送全案卷宗和证据材料后，应当适用简易程序。依据《人民检察院刑事诉讼规则》的规定，人民检察院和人民法院有一方认为对走私犯罪案件不宜适用简易程序的，应当适用普通程序。由于其他的告诉才处理的案件以及有证据能证明是轻微刑事案件的自诉案件，这些情况一般不会出现在关于走私犯罪案件的审理程序中，所以，我们在这里不对此加以展开论述。

其次，根据《最高人民法院、最高人民检察院、公安部、司法部、海关总署关于走私犯罪侦查机关办理走私犯罪案件适用刑事诉讼程序若干问题的通知》规定："属于海关走私犯罪侦查机关侦查的案件应该向其所在地的分、州、地、市级地人民检察院移送案件，因此对于发生在海关监管区外的走私武器、弹药、核材料、伪造的货币、文物、贵重金属、珍贵动物及其制品、珍稀植物及其制品、淫秽物品、固体废物和毒品等非涉税走私犯罪案件，属于地方县级公安机关管辖的，才可能适用简易程序。"

最后，最高法院的解释规定了不应当适用简易程序的五种情况：(1) 公诉案件的被告人对于起诉指控的犯罪事实予以否认的。这也就说明被告人认罪是作为刑事简易程序使用的一个法定前提。在这里，被告人否认犯罪事实的行为应当在哪一阶段出现才能满足不对案件适用简易程序的条件呢？在这里我们认为犯罪行为人在侦查机关立案后任何一个过程中否认了犯罪事实，都不应当适用简易程序来对其进行审理。虽然，我国《刑法》并没有规定被告人享有简易程序的选择权，但最高法院通过解释的方式对简易程序的启动作出这样的规定，也不失为对没有规定简易程序的选择权的一种弥补。(2) 比较复杂的共同犯罪案件。走私的共同犯罪一般具有相当的复杂性，为了保证对案件事实的了解不出现遗漏和偏差，所以规定不适用简易程序进行审理。但是并不是所有的共同走私案件都是复杂的，所以在这里共同犯罪和复杂的案件应当是一对并列的概念，即这两个条件应当是同时得到满足的。但是，最高法院的司法解释并没有对复杂的概念进行解释。有学者认为："所谓不复杂的共同犯罪案件应当满足两个条件：一是被告人应为两人，因为在这种情况下刑事责任存在着非此即彼的关系，相对容易查清。另外，如果被告人较多而只有一名审判员审判时，审判力量会显得薄弱。二是应当具备所有被告人可能被判处的刑罚都为三年以下有期徒刑的条件。”①（3）被告是盲、聋、哑人的。这是从保护特别被告人的权利角度出发的。（4）辩护人作无罪辩护的。（5）其他不宜适用简易程序的情况。

（三）我国走私犯罪简易审判程序特点

走私犯罪的简易程序相对普通审理程序而言，具有如下特点：

1. 可以由审判员一人独任审判。《刑事诉讼法》第一百四十七条规定：基层人民法院适用简易程序的案件可以由审判员一人独任审判。因此对于适用简易程序审理的走私犯罪案件并非必须采用独任制，为了保证走私犯罪案件审理的质量，也可以促成合议庭进行审理。

2. 人民检察院可以不派员出庭。适用简易程序审理走私犯罪案件，要经过人民检察院的同意或者建议，起诉书中对案情、事实和证据已经作出了有力的说明，可以适用简易程序审理的走私犯罪案件本身就要求其案情是简单的，控辩双方并不需要对案件的事实和证据进行辩论和质证，因此人民检察院可以不派员出庭。不同与走私犯罪案件普通程序的是，在走私犯罪的简易程序中，人民检察院应当将走私犯罪案件的全案卷宗和证据材料进行移送，实行案卷移送主义。

3. 简化法庭调查和法庭辩论程序。《刑事诉讼法》第一百七十七条规定了适用简易程序审理案件，不受普通程序中关于讯问被告人、询问证人、鉴定人、出示证据、法庭辩论程序规定的限制。但在判决宣告前应当听取被告人的最后陈述意见。人民法院决定适用简易程序审理案件，应当在向被告人送达起诉书副本的同时，告知该案适用简易程序审理。适用简易程序审理的走私犯罪案件，送达起诉书至开庭审判的时间，不受普通程序中送达时效的限制。适用简易程序审理的案件，在开庭审判前，人民法院通知开庭的时间、地点可以用简便方式，但应当记录在卷。

4. 简易程序在必要的时候可以转变为普通程序。走私犯罪案件简易程序的变更是指人民法院在按照简易程序审理走私犯罪案件的时候，如果发现审理中的走私犯罪案件不宜适用简易程序审理的，应当中止审理，书面通知人民检察院，并将全部案卷材料和证据退回人民检察院，并按照走私犯罪公诉案件的第一审普通程序进行审理。《最高人民法院关于刑事诉法的解释》中规定，如果在适用简易程序审理的走私犯罪案件中，发现：（1）走私犯罪案件公诉案件被告人的行为不构成犯罪的；（2）走私犯罪公诉案件被告人应当判处 3 年以上有期徒刑的；（3）走

① 高一飞著：《刑事简易程序研究》，中国方正出版社 2002 年版，第 99 页。

私犯罪公诉案件被告人当庭翻供，对于起诉指控的犯罪事实予以否认的；（4）事实不清或者证据不充分的；（5）其他依法不应当或者不宜适用简易程序的。

（四）走私犯罪简易程序的监督

对于走私犯罪案件是否可以适用简易程序的监督，从行使监督的时间上可分为庭审之前的监督和庭审之中的监督。前者包括检察机关在向人民法院提起公诉的同时，提出适用简易程序的建议作出是否同意的决定。后者指在庭审过程中，人民检察院发现本案不宜适用简易程序的，应向法院建议变更程序。人民检察院对走私案件适用简易程序的监督首先表现在确认权，它是指检察机关对于走私犯罪案件在庭审前是否可以适用简易程序提出建议或者进行认可的权力。这种确认权包括建议权和同意权。其次是纠正权。它包括对实体违法问题和对程序违法问题的纠正。前者主要是指：检察机关对于通过简易审判获得的裁判在事实认定上或法律适用上确有错误，而通过向二审法院提出抗诉行使纠正权。后者主要包括两大类：一类是检察机关在审判过程中发现走私犯罪案件不宜适用简易程序的，有权建议变更；另一类就是检察机关对于法院适用简易程序时特别是在庭审过程中违反诉讼程序行为的纠正权。最后表现为处分权，纠正权主要是针对程序本身而言的，而处分权的适用对象是在适用简易程序过程中实施了违法行为的独任审判员。为保障监督权的实现，应当使两者相辅相成，配套实施。处分权包括建议处分权和直接处分权。这里侧重于检察人员的建议处分权。检察人员认为独任审判员在庭审过程中有严重违反政纪的行为，需要给予政纪处分的，可以向法院有关负责人建议给予其政纪处分；构成犯罪的，则依法对其提起刑事追诉。

（五）行政程序上的相应规定

对于公平与效率的追求应该体现在司法的每一个环节和每一个层次上的，即不仅应在起诉、审判走私犯罪的程序上体现，也应当在海关处理违法、违规的行政案件程序上作出相应的体系安排。海关的制度设计中，对走私犯罪的刑罚程序和处理违法走私案件的行政程序是有着密切联系的。如《行政处罚法》和《海关行政处罚实施条例》中规定了海关在处罚走私违法行为时的行政简易程序。另外，还有极具海关行政执法特点的《中华人民共和国海关办理行政处罚简单案件程序规定》。

《行政处罚法》第三十三条规定："违法事实确凿并有法定依据，对公民处以五十以下、对法人或者其他组织处以一千元以下罚款或者警告的行政处罚的，可以当场作出行政处罚决定。当事人应当依照本法第四十六条、第四十七条、第四十八条的规定履行行政处罚决定。"

《海关办理行政处罚简单案件程序规定》（以下简称《程序规定》）第二条规定："简单案件是指在海关的行邮、快件、货管、保税监管等业务现场以及其他海关监管、统计业务中发现的违法事实清楚、违法情节轻微，经现场调查后，可以当场制发行政处罚告知单的违反海关监管规定案件。"《程序规定》第三条规定了简单案件程序适用的案件范围，（1）在进口货物的品名、税则号列、数量、规格、价格、贸易方式、原产地、启运地、运抵地、最终目的地或者其他应当申报的项目未申报或者申报不实的，影响海关统计准确性的，予以警告或者处1000元以上1万元以下罚款的；影响海关监管秩序的，予以警告或者处1000元以上3万元以下罚款的；（2）适用《海关行政处罚实施条例》第二十条至第二十三条规定进行处理的；（3）违反海关监管规定携带货币进出境，金额折合人民币20万元以下的。（4）其他违反海关监管规定案件货物价值在人民币20万元以下，物品价值在人民币5万元以下的。

随着市场经济的发展，在海关的实践工作中，近几年以来已经没有对个人处以50元以下罚款的情况，而在处理影响海关统计准确性、监管秩序的申报不实类案件中，也仅存在少量的对单位处以1000元以下罚款来适用简易程序来处理案件的情况。所以实际上1996年修订的《行政处罚法》对于简易程序的规定在海关的实际行政工作中已经基本上没有了适用机会。所以简单案件处理程序是根据海关行政执法的特点，结合实际情况，在法律允许的范围内设立的一项提高行政执法效率、降低行政执法成本、充分保护行政相对人合法权益的具体制度。

所谓简单案件程序也无疑应当满足正当程序的要求，但是，什么是正当程序？正当程序应当符合哪些标准呢？有学者认为："正当程序应当包括两个层次，一是予以法律化的正当程序，二是未予法律化的正当程序。那些未予法律化的正当程序之所以必须得到遵守，是因为这些程序是基于社会自然规律、自然正义而必须存在的正当程序。例如，顺序问题就是人类生活的一部分，未予法律化，也必须遵守，犹如'手术前消毒'、'酒后禁止驾车'……，在行政程序中，顺序、回避、中立、程序要素中的技术性条款，都是必须遵守的公理性的东西，不能无视和违反这些公理性程序的内在规定。"[①] 还有学者认为："正当程序共有四项基本要素：（1）公正作为义务，即回避或者禁止片面接触；（2）受告知权，例如在决定前告知陈述建议的权利、在决定后告知送达决定书、告知法律救济途径；（3）听证权；（4）说明理由义务，将行政决

① 于立深：《违反行政程序司法审查中的争议焦点问题》，载于《中国法学》2010年第5期，第95页。

定的理由告知利害关系人或者民众。"[1] 我们可以认为行政程序中的顺序、回避、中立、行政相对人的陈述和申辩的权利以及被告知事实、理由和依据的权利等这些程序性的规定是在位阶高的法律中规定的原则性的规定，是下位法律法规以及行政机构实际执法时所必须遵守的，也是不能被违背的最低的正当程序要求。在这里还有一个注意的问题，关于证据采信程序是否能够作为正当程序的一个要素。证据采信内涵是行政机关在处理案件的过程中，在立案后应当先以法定的正当手段调查取证，最后再根据证据来作出决定。这个顺序性不能被违背。不能出现"先裁决再取证"、"诱惑取证"等行为。由于按照我国行政诉讼制度，证据效力构成了行政诉讼违法裁判的一个独立理由，与法定程序理由呈现出并列关系，但是证据又无疑都是行政程序中的证据，因此证据采信程序应该是一种特殊的行政程序问题，且不容忽视。通过法院对行政案件的审判[2]，我们可以看出证据采信程序的合法性最后变成了行政行为合法性判断的重要标准。所以海关在办理行政处罚的案件中不应忽略对法定程序的严格遵守。

《海关办理行政处罚简单案件程序规定》规定了处理简单案件的程序要求：（1）海关在办理简单案件时，应当当场立案，立即展开调查取证工作。这一点中的行政行为的顺序应当严格遵守，以避免违反证据采集程序对相对人造成的权利损害。（2）进行现场调查后，应当当场制发行政处罚告知单，并将行政处罚告知单交由当事人或者其代理人当场签收。海关在依法作出行政处罚决定或者不予处罚决定的，应当制发行政处罚决定书或者不予行政处罚决定书，送达当事人或者其代理人。（3）海关依法作出行政处罚决定或者不予行政处罚决定的，应当制发行政处罚决定书或者不予处罚决定书，送达当事人或其代理人。（4）适用简单案件程序办理的案件，海关应当在立案后5个工作日以内制发行政处罚决定书。（5）规定了终止使用简单案件程序，转为适用一般程序规定的情况。如果当事人对审核意见不服或者提出听证申请、发现新的事实不再适用简单案件的处理程序时，应立即以一般程序处理，以充分保障当事人的权利和保障处罚程序的公正性。

（六）2012年《刑事诉讼法》关于简易程序的规定

2012年《刑事诉讼法》对原来的简易程序作如下修改：

---

① 参见汤德宗著：《行政程序法论》，元照出版有限公司2005年版，第86～98页。

② 参见章剑生：《对违反法定程序的司法审查——以最高人民法院公布的典型案例（1985～2008）为例》，载于《法学研究》2009年第2期，第156页。

1. 将简易程序适用范围修改为："基层人民法院管辖的案件"，而且符合下列条件："(1) 案件事实清楚、证据充分的；(2) 被告人承认自己所犯罪行，对指控的犯罪事实没有异议的；(3) 被告人对适用简易程序没有异议的；

2. 规定了不适用简易程序的情况：(1) 被告是盲、聋、哑人或者是尚未完全丧失辨人或者控制自己行为能力的精神病人的；(2) 有重大社会影响的；(3) 共同犯罪案件中部分被告人不认罪或者对适用简易程序有异议的；(4) 其他不宜适用简易程序审理的；

3. 规定适用简易程序审理公诉案件，人民检察院应当派员出席法庭；

4. 规定运用简易程序审理案件，人民法院对可能判处的有期徒刑超过3年的，可以延长至一个半月。

三、走私犯罪的第二审程序

走私犯罪的第二审程序又称上诉审程序，是指一审法院的上一级法院根据上诉、抗诉，对一审人民法院未生效的判决或裁定的走私犯罪案件进行重新审理，依法对一审裁判所认定的走私犯罪事实和适用法律进行审理的诉讼程序。走私犯罪的第二审程序又可以成为走私犯罪的上诉审程序，它是走私犯罪刑事诉讼中一个独立的诉讼阶段，通过走私犯罪的第二审程序的审理，维护了正确的走私犯罪裁判，纠正了错误的走私犯罪裁判，贯彻两审终审的原则。全面审理的原则和上诉不加刑原则，有利于上级人民法院监督和指导下级人民法院的审判工作，保证办案质量。

(一) 走私犯罪上诉人的范围和抗诉的机关

1. 走私犯罪的上诉权和上诉人的范围。走私犯罪的上诉主体是指：依法对走私犯罪案件享有上诉权的人。《刑事诉讼法》第一百八十条规定：被告人、自诉人和他们的法定代理人，不服地方各级人民法院第一审的判决、裁定，有权用书状或者口头向上一级人民法院上诉。被告人的辩护人和近亲属，经被告人同意，可以提出上诉。附带民事诉讼的当事人和他们的法定代理人，可以对地方各级人民法院第一审的判决、裁定中的附带民事诉讼部分，提出上诉。对走私犯罪案件而言，上诉人的范围包括：(1) 走私犯罪的被告人及其法定代理人是享有独立上诉权的主体。走私犯罪案件的被告人是被追究刑事责任的对象，是走私犯罪案件处理结果的承担者，人民法院对走私犯罪案件的判决和裁定与他们有着切身的利害关系。法定代理人作为未成年人、无行为能力人或者限制行为能力人的合法权益的维护者，法律也赋予了其独立的上诉权。如果不服第一审人民法院对走私犯罪的判决和裁定，只要他们在法定的期限内提起上诉，就引起走私犯罪的第二审程序。《刑事诉讼法》第一百八十条第三款规定了对被告人的上诉权是不得以任何借口加以剥夺。(2) 走私犯罪被告人的辩护人及其近亲属，在征得被告人同意的情况下，也可以提起上诉。走私犯罪被告人的辩护人及其近亲属没有独立的上诉权，走私犯罪的判决和裁定针对的对象是被告人，走私犯罪案件的处理结果与其有直接的利害关系，是否提起上诉，应由其自己决定，走私犯罪被告人的辩护人及其近亲属不是走私犯罪案件的当事人，他们提起上诉也是为了维护走私犯罪被告人的合法权益，所以必须征得被告人的同意。(3) 附带民事诉讼的当事人和他们的法定代理人。附带民事诉讼的当事人和他们的法定代理人对走私犯罪案件附带民事诉讼部分具有利害关系，其上诉内容只限于对附带民事诉讼部分，对走私犯罪的刑事判决和裁定部分无权提出上诉，且不影响走私犯罪的刑事判决、裁定在上诉期满后发生法律效力。

2. 对走私犯罪裁判的抗诉。对走私犯罪的抗诉是指：人民检察院发现或者认为人民法院的判决、裁定确有错误时，提请审判机关依法对走私犯罪案件重新进行审理并予以纠正的诉讼行为。对走私犯罪的抗诉可以分为对一审尚未生效的走私犯罪的判决或裁定抗诉，也可以称为走私犯罪上诉审程序的抗诉和对已经发生法律效力的走私犯罪判决和裁定的抗诉，也可以成为再审程序的抗诉。《刑事诉讼法》第一百八十二条规定：地方各级人民检察院认为本级人民法院第一审的判决、裁定确有错误的时候，应当向上一级人民法院提出抗诉。有权提起走私犯罪上诉审程序中的抗诉的机关是走私犯罪一审人民法院的同级人民检察院。走私犯罪的抗诉权是人民检察院对走私犯罪的刑事诉讼行使法律监督权的重要组成部分，因此对于尚未生效的一审走私犯罪的判决和裁定确有错误，同级人民检察院就应该提起抗诉，要求上一级人民法院对走私犯罪案件进行重新审判。

同时，《刑事诉讼法》第一百八十二条规定：被害人及其法定代理人不服地方各级人民法院第一审的判决的，自收到判决书后 5 日以内，有权请求人民检察院提出抗诉。人民检察院自收到被害人及其法定代理人的请求后 5 日以内，应当做出是否抗诉的决定并且答复请求人。走私犯罪案件属于公诉案件的范畴，因此遭受走私犯罪行为侵害的被害人虽然对走私犯罪案件的判决或裁判无权提出上诉，但是法律赋予其请求人民检察院提起抗诉的权利。即走私犯罪的被害人及其法定代理人不服走私犯罪一审判决的，有权请求人民检察院提出抗诉。如果人民检察院以为走私犯罪案件的一审裁判确有错误，就应该根据事实与法律提出上诉，以维护国家利益和被害人的合法权益。

（二）走私犯罪上诉或者抗诉的提起

1. 走私犯罪上诉或者抗诉提起的期限。根据《刑事诉讼法》第一百八十二条的规定，不服走私犯罪判决的上诉和抗诉的期限为10日，不服裁定的上诉和抗诉的期限为5日，从接到判决书、裁定书的第二日起算。同时走私犯罪案件附带民事诉讼的，附带民事诉讼的判决或者裁定的上诉或者抗诉的期限，按照刑事部分的上诉或者抗诉的期限确定，如果原民事部分是另行审判的，上诉期限应当按照民事诉讼法规定的期限进行。

2. 走私犯罪上诉或抗诉的理由。《刑事诉讼法》对上诉的理由并没有进行规定，走私犯罪的上诉主体只要是不服走私犯罪第一审判决、裁定，并在法定期限内依法提起的上诉，人民法院就应当受理，并引起走私犯罪的第二审程序。《刑事诉讼法》第一百八十一条规定：地方各级人民检察院认为本级人民法院第一审的判决、裁定确有错误的时候，应当向上一级人民法院提出抗诉。因此人民检察院对走私犯罪尚未生效的一审判决或者裁定认为确有错误才能提起抗诉。尚未生效的走私犯罪的判决或者裁定确有错误，具体表现为：（1）认定走私犯罪事实认定错误，原判决、裁定对犯罪事实做了错误的认定，如对走私犯罪构成要件的事实没有查清或者作了错误的认定，对走私犯罪量刑有关的事实没有查清或者做了错误的认定，对走私犯罪案件定案的依据不确实不充分和发现了原走私犯罪的判决或裁定所没有认定的新的走私犯罪事实或者新的证据。（2）对走私犯罪法律适用上的错误。对走私犯罪的判决或裁定的法律依据不正确，所适用的法律明显不当，对走私犯罪应当适用的法律没有适用反而适用了不应当适用的法律。（3）在走私犯罪案件中诉讼程序错误，人民法院在审理走私犯罪案件中违反了《刑事诉讼法》的规定，超越或者滥用诉讼权限，限制或剥夺走私犯罪当事人以及其他诉讼参与人的诉讼权利。如在走私犯罪案件的审理中违反了回避制度的规定，具有回避情形的办案人员没有回避造成了走私犯罪的当事人对走私犯罪的判决、裁定的公正性产生了怀疑，如违反了指定辩护的走私犯罪案件，对于应当指定辩护人的走私犯罪案件，没有指定辩护人而开庭审理；如违反公开审判的规定将应当公开审判的走私案件不公开审理，或者将不应当公开审理的走私犯罪案件公开审理。

（三）走私犯罪第二审程序的审理

1. 走私犯罪的全面审查原则。《刑事诉讼法》第一百八十六条规定：第二审人民法院应当就第一审判决认定的事实和适用法律进行全面审查，不受上诉或者抗诉范围的限制。共同犯罪的案件只有部分被告人上诉的，应当对全案进行审查，一并处理。全面审查原则要求，首先，人民法院在审判走私犯罪的上诉或者抗诉案件时，要求审查一审判决所认定的走私犯罪事实是否正确、走私犯罪证据是否确实充分，又要审查走私犯罪的一审判决一审适用的法律有无错误。其次，既要审查走私犯罪一审判决中已被提出上诉或者抗诉的部分，对于没有上诉或者抗诉的部分也要进行审查，特别是在共同走私犯罪案件中，如果只有部分走私犯罪的被告人提出上诉的，既要对已经提出上诉请求的那部分走私犯罪被告人的上诉理由进行审查，又要对没有提出上诉的那部分被告人的判决内容进行审查，一并处理。再次，既要从走私犯罪事实的认定上，还要从走私犯罪的诉讼程序上审查一审法院的诉讼活动的合法性。

2. 走私犯罪案件的审理方式。《刑事诉讼法》第一百八十七条规定：第二审人民法院对上诉案件，应当组成合议庭，开庭审理。合议庭经过阅卷，讯问被告人、听取其他当事人、辩护人、诉讼代理人的意见，对事实清楚的，可以不开庭审理。对人民检察院抗诉的案件，第二审人民法院应当开庭审理。因此走私犯罪的第二审可以通过开庭审理和书面审理的方式进行。（1）走私犯罪的开庭审理也称为走私犯罪的直接审理，第二审人民法院组成合议庭，按照第一审程序规定的开庭、法庭调查、法庭辩论、被告人最后陈述、评议和宣判步骤对上诉或者抗诉的走私犯罪案件进行审理。对于被告人及其法定代理人、附带民事诉讼的当事人上诉的案件，人民法院可以决定采取开庭审理的方式，对于人民检察院提起抗诉的走私犯罪案件，人民法院必须进行开庭审理。开庭审理，既可以在第二审人民法院所在地进行，也可以在走私犯罪案件的发生地或者原审人民法院进行。第二审人民法院开庭审理上诉或者抗诉走私犯罪案件，除参照第一审程序的规定外，还应当依照下列规定进行：①法庭调查阶段，审判长或者审判员宣读第一审判决书、裁定书后，由上诉人陈述上诉理由或者由检察人员宣读抗诉书；如果是既有上诉又有抗诉的走私犯罪案件，先由检察人员宣读抗诉书，再由上诉人陈述上诉理由；法庭调查的重点要针对上诉或者抗诉的理由，全面查清事实，核实证据；②法庭调查阶段，如果检察人员或者辩护人申请出示、宣读、播放第一审审理期间已经移交给人民法院的证据的，法庭应当指令值庭法警出示、播放有关证据；需要宣读的证据，由法警交由申请人宣读；③法庭辩论阶段，上诉案件，应当先由上诉人、辩护人发言，再由检察人员发言；抗诉案件，应当先由检察人员发言，再由被告人、辩护人发言；既有上诉又有抗诉的案件，应当先由检察人员发言，再由上诉人、辩护人发言，并进行辩论。共同走私犯罪案件，没有提出上诉的和没有对其判决提出抗诉的第一审被告人，应当参加法庭调查，并可以参加法庭辩论。（2）走私犯罪第二审的书面审理。通过审阅走私犯罪案件的卷宗，讯问走私犯罪的被告人，听取走私犯罪案件其他当事人、辩护人、诉讼代理人的意见，认为提起上诉的走私犯罪案件事实清楚的可以不开庭而进行书面审理。对于适用书面审理的走私犯罪上诉案件，合议庭的组成人员应该共同阅卷，询问走私犯罪案件的被告人，听取其供述和辩解以及对一审判决和裁定的意见。共同走私犯罪的案件，还应当询问没有提起上诉的被告人。听取其他走私犯罪当事人、辩护人、诉讼代理人的意见，经过上述程序，合议庭认定的走私犯罪案件事实与第一审人认定没有变化的，证据充分的，可以不开庭审理即作出相应的规定，并予以公开宣判。

（四）对走私犯罪上诉和抗诉案件的处理

第二审人民法院对不服第一审裁判的上诉、抗诉走私犯罪案件，经第二审人民法院审理后，应按不同情形分别处理：（1）维持原审判决。原判决认定走私犯罪案件事实和适用法律正确、量刑适当的，应当裁定驳回上诉或者抗诉，维持原判，保证正确的判决迅速交付执行。（2）变更原审走私犯罪的判决。根据《刑事诉讼法》的规定，变更原审，判决有两种情况：①原判决认定事实没有错误，但适用法律有错误，或者量刑不当的，应当改判。这种情况是指：一审走私犯罪判决适用刑法不当，导致走私犯罪的定性或罪名错误，混淆罪与非罪或此罪与彼罪；量刑轻重失当，忽视从轻、减轻、免除或者从重、加重情节，等等。对此，二审法院应当改判。②原审判决认定事实不清或证据不足的，第二审法院通过自行调查或者通知第一审法院补充材料，事实已查清或证据已充分、确实，可以直接改判。实践中属于这种情形的主要是走私犯罪的次要事实不清或证据不足，二审法院能够自行查证的。（3）对走私犯罪案件撤销原判，发回重审。根据《刑事诉讼法》的规定，撤销原判，发回重审的情形有两种：①原判决认定的走私犯罪事实不清楚，或者证据不足的，可以裁定撤销原判，发回原审人民法院重新审理；实践中属于这种情形的主要有，原判认定的走私犯罪主要事实不清、证据不足的；证据之间相互矛盾或彼此脱节；证据未经查证属实的；原判遗漏罪行或应追究刑事责任的人而未追究的，等等。②第二审人民法院发现第一审人民法院在走私犯罪案件的审理中有下列违反法律规定诉讼程序情形之一的，应当撤销原判，发回原审人民法院重新审判：违反有关公开审判规定的；违反回避制度的；剥夺或者限制走私犯罪案件当事人的法定诉讼权利，可能影响公正审判的；审判组织的组成不合法的；其他违反法律规定的诉讼程序，可能影响公正审判的。（4）走私犯罪诉讼程序中附带民事诉讼的处理。第二审人民法院审理的刑事上诉、抗诉案件附带民事诉讼的，如果发现一审裁判中的民事部分确有错误，可以按审判监督程序予以纠正；如果二审法院认为原审走私犯罪的被告人不构成犯罪，而原判决又有附带民事部分且尚未生效的，应当在改判刑事部分的同时，对附带民事部分作出处理。

四、走私犯罪的审判监督程序

走私犯罪的审判监督程序，也可以称为走私犯罪的再审程序，是指人民检察院、人民法院对已经发生法律效力的走私犯罪的判决和裁定，发现在认定走私犯罪事实和适用法律上确有错误，依职权提起并由人民法院对走私犯罪案件进行重新审判的一种诉讼程序。走私犯罪的审判监督程序是走私犯罪刑事诉讼中一个独立的诉讼阶段，是整个审判程序的重要组成部分。由于它只是对发生法律效力的走私犯罪判决、裁定在认定的走私犯罪事实或适用法律上确有错误的情况下才适用的一种程序，因此属于特别程序，并非所有的案件都要经过这一程序。

刑事审判监督程序作为一种再审程序，对我国的刑事审判工作起着重要的积极作用，有着极其深远的意义。首先，审判监督程序是纠正我国刑事错案的重要途径，是保证案件质量的重要措施。其次，审判监督程序是实现有关专门机关对人民法院审判工作进行监督的重要途径。再次，刑事审判监督程序有利于促进审判人员提高自身素质，提高案件的质量。最后，刑事审判监督程序有利调动人民群众对审判工作进行监督的积极性，提高人民法院在人民群众心目中的地位，维护法律的尊严。

（一）提起走私犯罪审判监督程序的材料来源和审查处理

提起走私犯罪审判监督程序的材料来源是指：发现有关走私犯罪案件的判决和裁定可能有错误的材料来源。

1. 当事人及其法定代理人、近亲属，对已经发生法律效力的判决、裁定，向人民法院或者人民检察院提出的申诉。《刑事诉讼法》第二百零三条规定："当事人及其法定代理人、近亲属，对已经发生法律效力的判决、裁定，可以向人民法院或者人民检察院提出申诉。"走私犯罪当事人及其法定代理人、近亲属与案件的结果有直接的利害关系，他们对已经发生法律效力的走私犯罪判决和裁定不服所提出的申诉，是提起审判监督程序材料来源的最主要方面。申诉可以向人民法院也可以向人民检察院提出，受理、审查申诉一般由作出发生法律效力的走私犯罪判决、裁定的人民法院进行。直接向上级人民法院申诉的，如果没有经作出发生法律效力的走私犯罪判决、裁定的人民法院审查处理，上级人民法院可以交该人民法院审查，并告知申诉人；如果属于案情疑难、复杂、重大的，或者已经由作出发生法律效力的判决、裁定的人民法院审查处理后仍坚持申诉的，上级人民法院可以直接受理、审查，下级人民法院也可以请求移送上一级人民法院审查处理。

2. 有关单位和公民个人对生效的走私犯罪裁判提出的意见和反映。国家机关、社会团体、企事业单位以及广大人民群众对刑事司法活动有权进行监督，因此如果他们认为已经生效的走私犯罪的判决和裁定存在错误，那么其向人民法院和人民检察院提出的建议和反映的意见将成为提起走私犯罪审判监督程序的材料来源。

3. 各级人民代表大会提出的纠正错案的议案。我国《宪法》规定了“国家行政机关、审判机关、检察机关都由人民代表大会产生，对他负责，受他监督。”因此人民代表大会通过其监督途径发现已经生效的走私犯罪案件的判决和裁定可能存在错误，可以提出纠正错案的议案、质询意见或向司法机关进行反映，这也成为提起走私犯罪审判监督程序的材料来源。

4. 人民检察院和人民法院发现的错案。司法机关在对已经生效的判决和裁定进行的不定期和定期的总结和检查，可以发现已经生效的走私犯罪案件的判决和裁定存在错误，就成为提起审判监督程序的材料来源。

依据最高人民法院和最高人民检察院的规定，在对走私犯罪案件申诉的受理上，一般由原审人民法院负责处理。对于重大、复杂或者多次申诉为得到处理的走私犯罪申诉案件，必要时可由上一级人民法院审查处理，下级人民法院也可以申请上一级人民法院审查处理。原审法院、上级法院直接受理和转交下级法院审查处理的申诉，都应该建立申诉卷，人民法院受理申诉后，应当在3个月内作出决定，至迟不得超过6个月。依照《行政诉讼法》第二百零四条的规定：“当事人及其法定代理人、近亲属对走私犯罪案件提起的申诉符合下列情形之一的，人民法院应当重新审判：（1）有新的证据证明原判决、裁定认定的事实确有错误的；（2）据以定罪量刑的证据不确实、不充分或者证明案件事实的主要证据之间存在矛盾的；（3）原判决、裁定适用法律确有错误的；（4）审判人员在审理该案件的时候，有贪污受贿，徇私舞弊，枉法裁判行为的。”人民法院对走私犯罪案件提起的申诉不符合上述规定的应当说服申诉人撤回申诉，对仍然坚持的应该书面通知驳回。申诉人对驳回申诉不服的，可以向上一级法院申诉。上一级人民法院经审查认为申诉不符合《刑事诉讼法》第二百零四条的规定，应当予以驳回。经两级人民法院处理后又提起申诉的，如果没有充分的理由，人民法院可以不再受理。人民检察院审查走私犯罪申诉案件，对原走私犯罪案件的判决和裁定正确的，驳回申诉，并制作驳回申诉通知书。原走私犯罪案件的判决、裁定确有错误，需要纠正的，应制作改判建议书，建议人民法院重新审判。必要时由检察长提请检察委员会，可以依照审判监督程序提出抗诉。

（二）提起走私犯罪审判监督程序的理由

提起走私犯罪审判监督程序的理由，是指能够提起走私犯罪审判监督程序的根据和条件。我国《刑事诉讼法》第二百零五条规定：提起审判监督程序的理由是已经发生法律效力的走私犯罪的判决和裁定在认定事实上或者在适用法律上确有错误。

1. 认定走私犯罪事实上确有错误。在认定走私犯罪事实上确有错误是指：原判决和裁定认定的走私犯罪主要事实和重大情节不清楚或者失实，一般表现为：（1）原判决和裁定认定的走私犯罪事实有明显的错误和实际情况不符；（2）原判决和裁定认定的走私犯罪主要事实或重大情节不清，案内证据不确实、不充分，走私犯罪的主要证据之间存在矛盾，不足以证明走私犯罪的主要犯罪事实或重大情节；（3）在走私犯罪证据不确实、不充分的情况下，据以认定的走私犯罪事实明显错误；（4）发现了足以证明原判决、裁定认定的走私犯罪事实明显错误的新的事实和证据。

2. 走私犯罪案件适用法律上确有错误。走私犯罪案件适用法律上确有错误是指：生效的走私犯罪判决和裁定所依据法律条文及裁量的刑罚不正确，具体而言：（1）适用走私犯罪实体法律规范上的错误：①走私犯罪定性不准确，混淆了走私犯罪罪与非罪的界限，造成了认定走私犯罪被告人有罪、无罪罪名认定有错误，混淆了此罪与彼罪或者一罪与数罪的界限；②走私犯罪的量刑不当，对于具有法定从轻、从重、减轻或者免除处罚情节的走私犯罪被告人，没有依法从轻、从重、减轻或者免除处罚，导致了处罚的刑罚与其走私犯罪的情节不相适应。（2）审理走私犯罪时适用程序法上确有错误是指：司法人员在审理走私犯罪的时候严重地违反了程序法的规定。如在审理走私犯罪案件的过程中没有依法组成合议庭或者合议庭的人员不符合法定条件；非法剥夺了走私犯罪被告人的辩护权；依法应当回避的审判人员在审理走私犯罪的过程没有回避；申诉人有证据证明审判人员在审理走私犯罪案件的过程中有贪污受贿、徇私舞弊、枉法裁判行为等。

（三）走私犯罪审判监督程序的提起

提起走私犯罪审判监督程序的方式，是指有权提起走私犯罪审判监督程序的主体对生效裁判提出重新审判时采用的形式。根据我国《刑事诉讼法》的规定，走私犯罪审判监督程序的请求人和有权正式提起的再审人是分开的，有权申请走私犯罪审判监督程序的主体是当事人及其代理人，近亲属；而有权提起走私犯罪审判监督程序的主体则是各级人民法院的院长以及审判委员会、最高人民法院和上级人民法院、最高人民检察院和上级人民检察院。

根据我国《刑事诉讼法》第二百零五条的规定，提起走私犯罪审判监督程序的方式包括走私犯罪的决定再审、走私犯罪的提审、走私犯罪的指令再审以及人民检察院提起的对走私犯罪判决和裁定的抗诉。具体来说，走私犯罪审判监督程序的提起有以下几种情况：

1. 走私犯罪的决定再审的情况。《刑事诉讼法》第二百零五条第一款规定："各级人民法院院长对本院已经发生法律效力的判决和裁定，如果发现在认定事实上或者适用法律上确有错误，必须提交审判委员会处理。"这是对走私犯罪决定再审方式的法律依据。从基层法院到最高人民法院，各个级别的人民法院发现已经生效的走私犯罪的判决或裁定确有错误，都有权利也有义务提起审判监督程序，通过再审加以纠正。上级人民法院对下级人民法院确有错误的走私犯罪的判决、裁定，采用的是提审或指令再审的方式；各级人民法院对本院确有错误的走私犯罪判决、裁定，则只能采用由院长提议本院审判委员会讨论决定再审的方式。

2. 走私犯罪的提审及指令再审的情况。根据《刑事诉讼法》第二百零五条第二款的规定，最高人民法院和上级人民法院提起审判监督程序的主要方式是提审或指令再审。所谓走私犯罪的提审，是指最高人民法院对地方各级人民法院、上级人民法院对下级人民法院判决业已生效的走私犯罪案件上调，自行组成合议庭进行重新审判。所谓走私犯罪案件的指令再审，是指最高人民法院对地方各级人民法院对走私犯罪案件的生效判决和裁定、上级人民法院对下级人民法院的走私犯罪生效判决和裁定，在发现有错误时，指示命令下级人民法院依照审判监督程序对走私犯罪案件进行重新审理。

3. 人民检察院提起的对走私犯罪判决和裁定抗诉的情况。人民检察院对人民法院已经发生法律效力的走私犯罪判决、裁定，认为确有错误时，依法可以作出判决、裁定法院的上级检察院向同级人民法院提出抗诉。从司法实践看，人民检察院按照审判监督程序对走私犯罪案件提出的抗诉，大致可分为以下几种情况：（1）下级检察院如果发现同级人民法院已经发生法律效力的走私犯罪案件的判决和裁定，在认定事实或适用法律上确有错误时，因自身不能提出抗诉，应报请上一级人民检察院向同级人民法院提出抗诉；（2）下级人民检察院如果发现上级人民法院已经发生法律效力的走私犯罪的判决和裁定，在认定事实或适用法律上确有错误时，可以按照审判监督程序逐级报请上级人民检察院（即所作判决、裁定法院的上一级人民检察院）向同级人民法院提出抗诉；（3）上级人民检察院如果发现基层人民法院作出的已经发生法律效力的走私犯罪判决和裁定，在认定事实或适用法律上确有错误时，可以直接向同级人民法院提出抗诉；（4）上一级人民检察院如果直接发现下一级人民法院所作的已发生法律效力的走私犯罪判决、裁定，在审理程序上确有错误时，可以直接向同级人民法院提出抗诉。

（四）走私犯罪再审案件的程序适用

我国《刑事诉讼法》第二百零六条规定：如果原来是第一审案件，应当依照第一审程序进行审判，所作的判决、裁定，可以上诉、抗诉；如果原来是第二审案件，或者是上级人民法院提审的案件，应当依照第二审程序进行审判，所作的判决、裁定，是终审的判决、裁定。对走私犯罪的再审程序而言，具体表现在如下几个方面：

1. 各级人民法院院长对本院已经发生法律效力的第一审走私犯罪案件的判决和裁定，如果发现在认定走私犯罪事实上或者在适用法律上确有错误，经提交审判委员会决定提起再审的，应当适用第一审程序。

2. 各级人民法院院长对本院已经发生法律效力的第二审走私犯罪案件的判决和裁定，如果发现在认定走私犯罪事实上或者在适用法律上确有错误，经提交审判委员会决定提起再审的，应当适用第二审程序。

3. 最高人民法院对各级人民法院已经发生法律效力的走私犯罪的判决和裁定，上级人民法院对下级人民法院已经发生法律效力的走私犯罪的判决和裁定，如果发现确有错误，在决定进行提审的时候，不论原走私犯罪案件的审理是一审还是二审程序，均按照第二审程序进行审理。

4. 最高人民法院对各级人民法院已经发生法律效力的走私犯罪的判决和裁定，上级人民法院对下级人民法院已经发生法律效力的走私犯罪的判决和裁定，如果发现确有错误，在决定进行再审的时候，如果进行再审的走私犯罪的裁判是一审的，再审时只能按照一审程序进行；如果进行再审的走私犯罪的裁判是二审生效的，其对走私犯罪案件进行再审时只能按照二审程序进行，被指令再审的是二审法院的上级法院，其再审也只能适用二审程序；如果指令原一审法院进行再审的，其再审时应该适用一审程序。

5. 人民检察院抗诉的案件，接受抗诉的人民法院应当组成合议庭重新审理，对于原判决事实不清楚或者证据不足的，可以指令下级人民法院再审。人民检察院提起抗诉的案件如果原走私犯罪的判决和裁定是二审的判决和裁定，再审的法院应按照二审的程序进行审理，如果原走私犯罪的判决和裁定是一审的判决和裁定，应该视上级法院对提出抗诉的走私犯罪案件采取提审还是指令下级法院再审的情况而定，如果是上级法院作出提审决定的，应该按照第二审程序进行审理，如果是指令下级法院再审的，应按照一审程序进行，为了保证走私犯罪人的合法权益，一般应适用一审程序为宜。

（五）对走私犯罪案件重新审判后的处理

人民法院提审、下级人民法院审理案件或者接受抗诉的人民法院按照审判监督程序审判抗诉的走私犯罪案件，应当另行组成合议庭进行，并且在作出提审、再审决定之日起3个月以内审结，需要延长期限的，不得超过六个月。对需要指令下级人民法院再审的走私犯罪案件，应当自接受抗诉之日起一个月以内作出决定。在人民法院，根据走私犯罪案件的不同情况进行不同的处理：（1）原走私犯罪判决和裁定认定的案件事实和适用的法律是正确的，量刑是适当的，应当裁定驳回申诉或者抗诉，维持走私犯罪的原判。（2）原走私犯罪判决和裁定认定的案件事实是正确的，但是适用法律有误或者量刑不当，应当改判；如果是按照第二审程序审理的走私犯罪案件，认为必须判处被告人死刑的，应发回原一审人民法院重新审判或者指定有管辖权的人民法院按照一审程序进行重新审判。（3）应当对被告人实行数罪并罚的走私犯罪案件，原判决和裁定没有分别定罪量刑的案件应当撤销原判决和裁定，重新审判或指定有管辖权的人民法院依照第一审程序重新审判。（4）原走私犯罪的判决和裁定事实不清证据不足，经过再审查清事实的，应依法作出新的判决。（5）原走私犯罪的判决、裁定事实不清证据不足的，应作出证据不足，指控走私犯罪不成立的无罪判决。

第十章　走私犯罪的处罚程序竞合

DI–SHI ZHANG ZOUSI FANZUI DE CHUFA CHENGXU JINGHE

走私犯罪不仅严重违反《海关法》等行政法规范，而且“情节严重”触犯刑律时即构成行政犯罪行为，这种双重违法性又决定了走私犯罪责任和处罚的双重性，即既要追究其刑事责任，给予刑罚处罚，又要追究其行政法律责任，进行行政处罚。只有这样，才能全面追究走私犯罪分子的法律责任，有效地打击和预防犯罪。由于一个走私犯罪行为经常会出现刑法和行政法上的两次评价，因而这就会产生处罚的竞合问题。但是，目前在处理走私犯罪行为的实践中，经常存在着“以罚代刑”或者“只刑不罚”等不合理现象。有学者认为，刑罚作为一种最严厉的处罚手段，是对犯罪人最强烈的谴责和否定评价，它可以剥夺犯罪人财产和自由，甚至剥夺犯罪人的生命。一般而言，通过刑罚的处罚，就可以达到预防犯罪，保卫社会的目的，因而进行刑法处罚后就不应该再进行行政处罚，否则就会违反“一事不在理”的原则。也有学者认为，处罚的竞合必须有法律的明文规定，由于走私罪立法上没有明确行政处罚和刑罚处罚各自的范围，也没有在形式上使行政处罚和刑罚处罚之间有机地衔接起来，因此只能在法律的现行框架内或者适用刑罚，或者适用行政处罚，不然就会造成处罚畸轻畸重的现象。如何看待走私犯罪的处罚竞合问题，协调刑罚与行政处罚两者的关系，对于打击和预防走私犯罪具有重大意义。笔者拟对此问题作一些初步的探讨，以便对走私犯罪的司法实践提供一些有益的参考。

一、走私犯罪处罚竞合的法律依据

刑罚和行政处罚都是违法行为的一种后果，都是对政治、经济或者社会管理秩序的侵害行为的否定评价，都是对公法秩序破坏的制裁措施。两者的差异在于刑罚是对严重侵害公共秩序的犯罪行为的否定评价和对犯罪人的严厉谴责，是刑事法律责任的主要承担方式，而行政处罚是特定的国家行政机关对违反行政管理秩序但又尚未构成犯罪的违法行为给予的行政制裁，属于行政法律责任的一种。正是由于刑罚与行政处罚具有基本的相同性，行政处罚与刑罚会发生相抵的问题。《行政处罚法》第二十八条规定：“违法行为构成犯罪，人民法院判处拘役或者有期徒刑，行政机关已经给予当事人行政拘留的，应当依法折抵相应刑期。违法行为构成犯罪的，人民法院判处罚金时，行政机关已经给予罚款的，应当折抵相应罚金。”这种人身罚和财产罚的可折抵性就是由性质上的共同性所决定的。有人认为，违法行为虽然貌似同时符合行政违法行为与犯罪行为的构成要件，但首先是由于符合了犯罪构成要件，给予刑罚已远远超过了行政处罚对于违法行为的制裁，此时刑罚已经完全吸收或者覆盖了行政处罚，此时就产生了刑罚与行政处罚在适用上的排斥关系，不存在处罚的竞合。这种关系实质上是对同一事实不能重复处罚的“一事不再罚”原则的具体体现，实质上是刑法优先于行政处罚。也就是说，在刑罚与行政处罚对应的违法行为上，要么构成行政违法行为，要么构成犯罪行为，两者必具其一。

笔者不同意这种观点。首先，应当从走私犯罪的法律本质进行分析。由于走私行为侵犯的是国家的利益，是对外贸管制法律的破坏，所以走私犯罪并不像传统意义上的自然犯罪那样带有与生俱来的恶，也就是说不会像侵犯自然人人身权利和财产权利那样触碰到身为人类的道德底线，而是完全来源于法律的禁止性规定。走私罪属于法定犯的范畴，而介于这种属性，走私行为本身的首要属性就是行政违法，走私行为逃避了海关的监管，破坏了国家的对外贸易管制，违反了外贸法、税法、海关监管法等外贸管制法。这些法律、法规是统治阶级意志的体现，是外贸利益关系在法律上的设定，走私行为恰恰破坏了这种意志和利益的关系。然后体现出的是刑事违法的属性，当这种违背统治阶级意志和利益的行为达到一定的严重程度时，刑法就会介入，从而把这种严重的走私行为界定为犯罪行为，行为人就需要承担严厉的刑事责任。走私犯罪行为对国家的利益造成了损害，这种损害是应当用行政处罚来加以弥补的，而由于行为已经上升为犯罪的性质，不仅要弥补损失还要对这种社会经济危害性极大的行为给予惩罚性质的刑事处罚。

其次，尽管刑罚作为最严厉的强制方法，与行政处罚的功能有较多的交叉重合的地方，在某种意义上可以代替行政处罚，如以刑罚代替治安管理处罚，但两者毕竟是性质不同的处罚方法。行政处罚比刑罚处罚和缓，台湾学者林山田指出：行政罚或秩序罚不像刑事处罚，它不具有“社会伦理的价值判断”的性质或社会伦理上的非难与谴责性，因此行政罚或秩序罚大多限定在财物的剥夺，原则上只处以罚款。[①] 因而从根本上而言，两者是不能相互代替的。

再次，走私犯罪违反海关行政法规并且情节严重的，它具有双重违法性质，即走私犯罪的行为既违反了《海关法》等行政法律、法规，又触犯了《刑法》分则的有关条文。既然行为具有双重违法性，就可以根据不同的法律分别给予不同的处罚，因为不同性质的法律制裁的目的与功能并不相同。刑罚的目的是特殊预防与一般预防；赖以实现特殊预防的刑罚功能是剥夺、限制再犯条件，个别威慑与教育感化；赖以实现一般预防的功能是一般威慑，法制教育，安抚补偿和鼓励与犯罪作斗争。行政处罚的目的在于维护市场秩序，维护国家正常的行政管理活

① 林山田著：《刑罚学》，台湾商务印书馆1982年版，第109页。

动。显然，刑罚的目的与功能与行政处罚的目的、功能不同，它们不是包容与交叉重叠关系（不排除在某些情况下有交叉重叠的可能性），而是互补关系或者并列关系，对走私罪的犯罪人根据刑罚判处罚金，体现的是公平正义，目的是为了预防犯罪；而根据海关法科处罚款，则是为了补偿或减少国家所受的损失。因此，对犯走私罪的既可以判处刑罚，也可以给予行政处罚。

最后，在理论上，对走私犯罪的双重处罚并不违反“一事不再理”和“禁止重复评价”的原则。现代刑法的机能一方面要维护社会秩序，另一方面要保障犯罪人的权利。对同一个犯罪行为，不能进行刑法意义上的重复评价，因而也不能使犯罪受到双重刑罚处罚，否则就会使犯罪人的权利受到损害。正如陈兴良教授所说：“在刑事诉讼中，被告人与国家之间存在一种刑事法律关系。在这一关系中，国家拥有丰富的人力与物力资源，而被告人以一己之单薄力量，处于极为不利的地位。如果允许国家反复努力，对被告人的同一行为定罪处罚，则必将迫使该公民陷入精神上的窘迫、时间与金钱上的消耗以及人格上的严重折磨，使其处于持续的忧虑与危险之中。这样，往往即使是无辜者也极有可能被定罪。”① 对同一犯罪不得重复追究刑事责任，但并不意味着在追究刑事责任的同时不可以追究其他法律责任。美国宪法规定了禁止双重危险的原则，即美国宪法修正案第五条规定：“任何人不得因同一犯罪而两次受生命或健康的危险。”但并不禁止对同一犯罪同时给予不同性质的处罚。因为在法院看来，科处刑罚的目的是为了表明公共正义，科处行政罚的主要目的在于保护国家免受经济损失，也就是说刑罚主要体现为一种惩罚性手段，而其他处罚表现为一种救济性手段。日本宪法也规定了禁止双重处罚的原则。但判例表明，对因违反税法构成的同一犯罪，可以同时科处税法上的追征税、预算税与刑法上的罚金。② 因而，对走私犯罪的双重处罚不违反“一事不再理”的原则。

另外，有学者认为走私犯罪是属于行政刑法中的一种典型犯罪。所谓行政刑法调整的范畴是指在公法意义上本质上是一种行政不法的行为，但是这种行为同时也具有刑罚的后果。也可以成为是不纯正的行政不法。行政刑法这一概念产生于德国，在 19 世纪德国的刑法学界形成

① 陈兴良：《禁止重复评价研究》，载于《法治论丛》1993 年第 6 期，第 32 ~33 页。

② 张明楷著：《刑法格言的展开》，法律出版社 2003 年版，第 305 页。

了“警察刑法。”① 刑法学家郭特希密特（J. Goldscmidt）提出了建立“行政刑法”（Verwaltungsstrafrecht）的主张：“……以司法与行政并立，应该有其不同的目的和领域为理论出发点，认为为达到司法目的而采取的强制手段是司法刑法（Justizstrafrecht），为达到行政目的而采取的强制手段，则为行政刑法（Verwaltungsstrafrecht），以这种观点，违反司法刑法的行为即为刑事不法，系一种法律违反，乃违反基于伦理的刑法规范，系一种特别的伦理的非价判断；违反行政刑法的行为则为行政不法，系一种行政违反，这种行政违反只是具有形式上的要素，它只是违反行政意思，而应加处罚的行为。”② 所以，我们可以得出的结论是属于自然犯罪范畴的犯罪都不属于行政刑法的理论范围。因此，从犯罪行为的本质上看，走私犯罪、危害税收征管犯罪、证券犯罪、危害环境犯罪和私藏枪支弹药罪等都属于行政犯罪，也就是在理论上应当属于行政刑法的范畴。在我国，也有一些学者③开始研究行政刑法，认为走私犯罪是最为典型的行政刑法范畴内的概念，即走私罪是以违反行政法为前提的行政犯罪，刑法上规定的走私罪的条文实质上是行政刑法的渊源之一。所以，走私犯罪作为行政犯罪具有行政违法性和刑事违法性双重违法。这就决定了在一般情况下，应对走私犯罪处以行政处罚和刑罚的双重处罚。由于刑罚的严厉性和不可替代性，所以在对走私犯罪行为人的处罚中应当首先考虑行为人的犯罪与刑罚的适用问题，其次才应当是予以行政处罚。但又不能出现“以罚代刑”和“只刑不罚”的情况，如果这样就违背了走私犯罪本身在理论上作为行政刑法调整范畴的本质。

对走私犯罪的双重处罚不但需要法理上的依据，而且要求规范上的依据。1990 年全国人大常委会《关于惩治走私、制作、贩卖、传播淫秽物品的犯罪分子的决定》第五条规定：“单位有本决定第一条、第二条、第三条规定的违法犯罪行为的，对其直接负责主管人员和其他直接责任人员，依照各按该条的规定处罚，对单位判处罚金或者予以罚款，行政主管部门单位可以责令停业整顿或者吊销执照。”根据修订后的《刑法》附则的规定，该决定有关行政处罚和行政措施的规定继续有效。这说明修订后的《刑法》也肯定了对同一犯罪可以在判处刑罚的

---

① 在 18 世纪的德国，由于经济的发展和社会关系的日益复杂，警察活动的范围也相应地扩大了，所以产生了由行政官厅（警察官厅）行使刑罚权的必要性，这种实际的需求导致形成了作为警察官厅的刑罚权对象的“警察犯”的概念，从而在学理上形成了“警察法”。

② 参见 J. Goldschmidt：Das Verwaltungsstrafrecht，1902，第 531 ~ 548 页。

③ 例如，张明楷教授主编的《行政刑法概论》，卢建平教授的文章《论行政刑法的性质》等。

同时，给予行政处罚。最新的《刑法修正案（八）》明确规定：一年内曾因走私被给予二次行政处罚后又走私的，处三年以下有期徒刑或者拘役，并处偷逃应缴税额一倍以上五倍以下罚金”，从而为走私犯罪的双重处罚提供明确的依据。

二、走私犯罪处罚竞合的适用原则

如何协调走私犯罪的刑事处罚与行政处罚的关系呢？在走私犯罪中，是否可以先进行行政处罚再进行刑事处罚？对已经行政处罚的案件是否还可以追究刑事责任？在刑罚处罚后海关如何来进行行政处罚？针对这些问题我们展开以下论述。

走私犯罪行为同时违反了《海关法》和《刑法》，在适用刑罚与行政处罚时应遵守刑事优先的原则，即先解决行为人的刑事责任问题，再解决行为人的行政处罚责任。这是出于以下几点考虑：第一，走私犯罪与一般走私行为相比，社会危害性更严重，应优先审查。第二，刑罚处罚与行政处罚相比，制裁程度更为严厉，应优先施行。第三，海关先对行为人作出行政处罚，并不是司法机关审理走私犯罪案件的必经程序，作为行政处罚的事实和证据依据，对司法机关并不具有当然的效力，还需经司法机关重新调查、核实和认定，而司法机关认定的走私犯罪事实和审查的证，对行政机关具有当然的法律效力。基于上述理由，在行政处罚与刑罚处罚竞合的情况下，在适用程序上应遵循刑事优先原则。实行这一原则，也有利于防止行政机关以罚代刑，有利于打击犯罪，实现刑法的社会防卫功能。当然，需要指出的是“刑事优先”也只是个一般原则，由于实际情况复杂，有时行政机关也可能先行适用了行政处罚，因此在具体适用上，存在先刑后罚与先罚后刑两种情况，它们在程序上的衔接关系并不完全相同。但是，目前我国的某些海关在行政执法时，由于部分海关执法人员对法律的理解程度还不够深，或者出于部门的利益以及其他种种原因，对一些走私犯罪行为只注重行政处罚，忽视了将案件移送司法机关追究刑事责任，从而出现了在海关执法中以行政处罚代替刑罚的问题。这种现象不但放纵了走私犯罪人，不利于打击走私犯罪，而且损害了国家法律的权威和统一实施。在走私行为构成犯罪时，应当首先进行刑事处罚。《行政处罚法》第二十二条规定：“违法行为构成犯罪的，行政机关必须将案件移送司法机关，依法追究刑事责任。”《行政执法机关移送涉嫌犯罪案件的规定》第三条规定：“行政执法机关在依法查处违法行为过程中，发现违法事实涉及的金额、违法事实的情节、违法事实造成的后果等，根据《刑法》关于破坏社会主义市场经济秩序罪、妨害社会管理秩序罪等的规定和最高人民法院、最高人民检察院关于破坏社会主义市场经济秩序罪、妨害社会管理秩序罪等罪的司法解释以及最高人民检察院、公安部关于经济犯罪案件的追诉标准等规定，涉嫌构成犯罪，依法需要追究刑事责任，必须依照本规定向公安机关移送。”《海关缉私部门办理走私、违规以及其他行政违法案件若干问题的暂行规定》第十一条规定：“在查办同一案件过程中，根据案件当事人的违法情节和责任的轻重，涉及刑事法律责任和行政法律责任的不同处理程序时，应当先行追究刑事责任。因此，海关调查部门或者其他行政执法部门发现有走私犯罪行为，应当将全案移送到走私侦查部门（司法机关）依照《刑事诉讼法》的程序办理，不能先进行行政处罚，再移送走私侦查部门。”需要说明的是，根据《海关法》和《刑法》的有关规定，由海关对涉嫌走私犯罪的货物予以没收，然后再将行为人移交司法机关处置。如1979年《刑法》第一百一十六条规定：“违反海关法规，进行走私，情节严重的，除按照海关法规没收走私物品并且可以罚款外，处三年以下有期徒刑或拘役，可以并处没收财产。”但随着现行《海关法》和《刑法》修正案的生效，该项规定已不再适用了。

走私犯罪的刑事优先原则决定了对走私犯罪应当先追究刑事责任，然后再考虑行政处罚问题。然而，走私犯罪的构成是比较复杂的，特别是走私普通货物、物品罪中，既有通关走私、绕关走私、海上走私之分，也有后续走私、间接走私、武装掩护走私的区别，要求海关执法部门对走私行为都能准确地判断是否构成犯罪，实质上是不现实的。这就不可避免地产生在行政处罚后又可能追究行为人刑事责任的情形。例如：甲利用运输工具走私普通货物，经核查偷逃税款不足五万元，因而海关侦查部门把案件移交调查部门处理。可是，当海关调查部门作出行政处罚外，海关侦查部门又发现甲在交通工具中的暗格中发现走私其他货物，这样累计偷逃数额超过五万元，就又需要追究甲的刑事责任。在对行为人追究行政责任后，发现其又构成犯罪如何处理？实践中有同志认为进行行政处罚后就不能进行刑事处罚，如果确实需要追究刑事责任，也应该先撤销行政处罚，再进行刑事处罚。笔者认为这样做不仅有损行政处罚行为的权威性，而且根据法律的规定，行政处罚一经作出就具有强制力、既判力，非经法定程序和法定条件不得撤销。行为构成犯罪并非撤销行政处罚的法定条件。《行政处罚法》第二十八条有关人身罚和财产罚的折抵的规定，说明了行政处罚后还可以对行为人进行刑事处罚。由于走私行为的双重违法性，表明其可能受到两种处罚。因此在对走私行为人进行行政处罚后，发现其又构成犯罪，可以对其直接进行刑事处罚，不能撤销原来的行政处罚，但可以作为量刑情节从轻、减轻或者免除处罚。

根据《刑法》第一百五十三条第三款的规定，对多次走私未经处理的，按照累计走私货物、物品的偷逃应缴税额处罚。根据最高人民法院的司法解释，“多次走私未经处理的”指的是多次走私未经行政处罚，言外之意，就是受到行政处罚的走私行为偷逃的税额就不能累计到走私货物、物品罪的偷逃应缴税额的确定中。有人据此认为，经过行政处罚的走私案件可以不追究刑事责任。这种观点是值得商榷的。原因在于：第一，对同一犯罪可以科处不同性质的制裁，因而对走私犯罪行为给予行政处罚后，仍然可以根据《刑法》判处刑罚；第二，走私犯罪行为因行政处罚后，不再追究刑事责任的话，许多走私普通货物、物品罪就会“化整为零”，即将多次连续实施的走私罪分为若干个行政违法行为，而仅以行政违法论处，这显然不利于打击走私犯罪。例如，甲走私手机，每次走私手机偷逃应缴税款都在五万元以下，连续走私十次之多。偷逃税额高达40万元。如果对甲的每次走私行为都作了行政处理，那么就很难再追究其刑事责任。另外，目前比较多的走私犯罪中，许多“水客”正是利用法律规定的缺陷，频繁地进行走私，每次走私却未达到法定的起刑点，这显然难以适应打击走私犯罪的需要，因此有必要规定已经过行政处罚的走私案件还可以追究刑事责任。

为了打击日益猖獗的“蚂蚁搬家”式走私犯罪，2011年通过的《刑法修正案（八）》对《刑法》第一百五十三条第一款进行了重大修改，明确规定：一年内曾因走私被给予二次行政处罚后又走私的，处三年以下有期徒刑或者拘役，并处偷逃应缴税额一倍以上五倍以下罚金。根据这一规定，行为人在一年内二次走私被行政处罚后，第三次走私，不论偷逃税额是否达到起刑点，都应当追究刑事责任。这一规定包含着二次行政处罚和第三次的刑事处罚。第三次刑事处罚是建立在前二次行政处罚的基础上，实际上也是双重处罚。之所以这样规定，主要基于行为人的主观恶性大，经过行政处罚后仍然不思悔改，说明行政处罚手段已经不足以震慑行为人，只能采取刑罚处罚。如果行为一年内多次走私未经行政处罚，只能按照《刑法》第一百五十三条第三款的规定，按照累计走私货物、物品的偷逃应缴税额处罚。达到刑罚处罚的标准，就予以刑事处罚，否则，进行行政处罚。

对走私犯罪可以在追究刑事责任的同时，追究行政责任。但由于行政处罚的功能、目的与刑罚的功能、目的有交叉重叠之处，同时科处两种不同性质的制裁在整体上导致处罚与犯罪不相适应的情况下，如果已科处刑罚，就不必再强行科处行政处罚。走私罪是一种贪利性的经济犯罪，现行《刑法》规定了主刑的同时，还规定了财产刑，因而对行为人犯走私罪，已被人民法院判处主刑与高额罚金刑时，海关就没有必要根据《海关法》罚款，否则在整体上难以做到处罚与犯罪相适应。即一般情况下如果走私犯罪行为已经首先被《刑法》加以犯罪评价并处以刑事处罚后，就不宜再进行行政处罚。也就是说，在刑罚与行政处罚的并处在整体上出现罪罚不适应的情况下，在对走私罪判处刑罚之后，不宜另外科处其他制裁。在这里，行政处罚虽然不依附于《刑法》，有自己独立的价值取向，然而刑罚作为一种最严厉的处罚方法，在做到罚刑均衡的情况下，已经吸收了行政处罚功能。行政处罚在走私犯罪与刑罚相适应的情况下，只具有补充的作用，即对刑罚不能代替的某些惩罚功能进行补充，例如：没收走私货物，没收走私工具，追缴违法所得等。

对于走私犯罪，人民法院已经适用了刑罚处罚或者免于刑罚处罚的，海关执法机关在适用行政处罚时，应当遵守三个原则：

1. 类似罚则不得再处罚。其一，人民法院对走私分子已处罚金后，海关执法机关不能再处罚款。罚款和罚金虽然性质不同，但在内容和目的上却是相同的，即都是责令违法者交纳一定数额的款项，使其受到经济上的制裁。而罚金比罚款的制裁程度要强，因此，已由人民法院处以罚金后，给行为人以经济上的制裁目的即已达到，不宜再由行政机关予以罚款处罚。其二，人民法院对走私分子已经适用了拘役或者有期徒刑后，海关执法机关也不得再适用目的和内容相同的行政拘留等限制人身自由的行政处罚。

2. 不同罚则可予再处罚。其一，人民法院已经对走私犯罪人适用了管制、拘役、有期徒刑或罚金后，行政机关认为需要可依法处以吊销许可证或执照等能力罚，人民法院没有适用罚金的，行政机关认为需要还可依法予以罚款。其二，法人或其他组织有违法犯罪行为的，如果人民法院只依法追究直接责任人员的刑事责任，海关执法机关还可对该法人或其他组织依法适用行政处罚，包括财产罚和能力罚。

3. 免刑后应予再处罚。某些走私犯罪情节轻微，法律规定可以免予刑事处分，人民法院免除刑事处罚后，海关行政机关应依法给予走私犯罪者以相应的行政处罚。当然，需要指出的是：并非所有被免刑的走私犯罪人都要给予行政处罚，是否给予相应的行政处罚，应依法根据各种走私犯罪案件的具体客观情况以及被告人的主观过错程度确定，并根据《中华人民共和国办理行政处罚案件程序规定》进行处罚。此外，对免刑的走私犯罪人应适用与一般走私者相同的行政处罚罚则，不能因其有犯罪行为而突破海关行政法律规范规定的处罚幅度而加重处罚。当然，在具体适用时，可在法定范围内从重处罚，这是因为走私犯罪比走私违法行为危害大，对其予以从重处罚是符合罚当其责和公平原则的，同时又体现了与走私行为的区别对待和与刑罚处罚的衔接。

三、走私犯罪处罚竞合的表现形式

根据以上分析，具体的走私犯罪处罚竞合通常包括三种情况：

（一）只能由司法机关裁量刑罚处罚

对于已予刑罚处罚就足以达到惩处和预防走私犯罪目的的，就没有必要再由行政机关予以有关行政处罚。如对于已处罚金的走私犯罪人，尽管《海关法》等行政法规主管部门可处以罚款，但因人民法院已判处罚金，犯罪人已在经济上受到制裁，而且这种制裁比罚款的制裁程度要强，海关主管部门也就没有必要另处罚款了。在走私犯罪中，一些走私犯罪如走私毒品、假币、武器、弹药等，由于行为的社会危害性极其严重，只能适用刑罚处罚。例如走私毒品数量巨大，刑罚对其适用死刑，没收财产，就谈不上再适用行政处罚。

（二）刑罚与行政处罚双重适用

刑罚与行政处罚双重适用是指：对走私犯罪人除由司法机关予以刑罚处罚外，海关行政机关还应予以行政处罚。这主要因为：一方面，走私犯罪具有触犯刑法和行政法的双重性，行为人也就相应地负刑事责任和行政责任；另一方面，刑罚与行政处罚的种类及功能的差异决定了在适用刑罚的同时还必须适用行政处罚以弥补刑罚之不足。《刑法》规定的主刑和附加刑的种类和范围相对比较狭窄，仅适用《刑法》规定的刑罚，在某些情况下并不足以消除行为人犯罪的全部危害后果的影响，还须采取一定的非刑罚措施，而行政处罚正好能弥补这一缺陷，解决刑罚所不能解决的问题。

在走私犯罪中，刑罚与行政处罚的双重适用中有两种情况。一是法律、法规明确规定应予适用双重处罚。二是法律、法规条文没有明文规定应予适用双重处罚但实际上却需要适用双重处罚。例如利用进出口的许可证进行走私，构成走私罪的，《刑法》和《海关法》、《海关法行政处罚实施细则》等都未规定给予行政处罚，但除了依据《刑法》的规定对走私罪进行处罚外，还应当附之以适当的行政处罚，如吊销许可证、责令停业整顿等。特别是对单位走私犯罪的情况，更是需要在刑罚处罚后再进行相关的行政处罚，从而从根本上遏制走私犯罪。走私犯罪对应应当给予双重处罚的，不能因为法无明文规定给予双重处罚就采取重责吸收轻责的办法只予以刑罚处罚，而不予以相应的行政处罚。该罚款的不罚款，该没收非法所得的不没收，该吊销许可证的不吊销，其结果是刑罚的目的和功能同样不可能实现，法律的严肃性还是得不到维护。

（三）免除刑罚处罚后适用行政处罚

在人民法院对走私犯罪分子免除刑罚或人民检察院免予起诉后，海关行政机关仍应依行政法律规范的规定给予走私犯罪人以相应的行政处罚，这主要因为：行政犯罪同时也是严重的行政违法行为，比一般行政违法行为对社会的危害性要大，对实施一般行政违法行为的行为人尚且予以行政处罚，对实施严重的行政违法行为且已免刑的行为人更应予以行政处罚。否则，免刑后的犯罪人受不到惩处，是明显不公平的，不符合罚当其罪、错责相当的原则，《刑法》第三十二条也规定了对免刑的人可以予以行政处罚。对免除刑罚处罚的犯罪人应适用与一般行政违法者相同的行政处罚罚则，不能因为其有犯罪行为而突破行政法规定的幅度和范围加重处罚，对其予以行政处罚的依据应与对行政违法者进行处罚的规定相一致。例如，《中华人民共和国海关法行政处罚实施细则》第二条规定：“不构成走私罪的走私行为，构成走私罪但依法免予起诉或者免除刑罚的行为，以及违反海关监管规定的行为的处理，适用本实施细则。”在具体的裁量上，可依据情节等对走私犯罪人在行政处罚法定范围内从重处罚。

四、走私犯罪处罚竞合的程序方面的衔接

既然走私犯罪行为同时触犯《刑法》和《海关法》，对走私犯罪嫌疑人可以追究刑事责任和行政责任的双重处罚，那么如何实现刑事诉讼和行政处罚程序上的衔接？在坚持刑事优先的原则下，有必要在两种不同处罚程序的衔接上加以分析。

走私犯罪适用程序的衔接，一般先由审查发现案件的机关，将所查获的走私犯罪案件向司法部门移送，司法机关将受理及认定处理后的结果反馈给海关监管机关，再由海关监管机关决定是否实行行政处罚的循环过程。

1. 向司法机关移送走私犯罪案件。向司法机关移送走私犯罪案件主要包括地方行政机关的移送和海关内部的移送两种程序进行方式。（1）地方行政机关向司法机关移送走私犯罪案件是指地方公安机关（包括公安边防部门）、工商行政管理、烟草专卖等执法机关在执法过程中查获的涉嫌走私犯罪案件，交由所在地海关走私犯罪侦查机关统一处理。具体程序为：地方公安机关、工商行政管理、烟草专卖等执法机关在执法过程中对需要移送的涉嫌走私犯罪案件，一般情况下应当在发现线索或经初步审查确认，已构成涉嫌走私案件之日起的7日内，通知所在地的海关走私犯罪侦查机关。海关走私犯罪侦查机关在接到通知后

3 日内派人到移送案件的地方公安机关、工商行政管理、烟草专卖等执法机关办理接受手续。地方行政机关移送涉嫌走私犯罪案件时，应当填写“移送案件通知书”，并随案移送已查扣的走私犯罪嫌疑人、走私物品（包括走私货物、物品、走私运输工具和违法所得、保证金、抵押物等）以及相关案件材料。在移交走私物品时，交接双方应当共同参与清点核实，由移送单位当场开列“走私物品交接清单”，列明物品名称、型号、规格、新旧程度、数量、重量、质量等，并由双方交接人签字或盖章。“走私物品交接清单”一式三联，交接双方各保存一联，另一联附案卷中备查。（2）海关内部的移送是指：海关调查部门在发现涉嫌走私犯罪时，将案件移送到本部门的海关侦查部门。根据海关缉私的管理体制，海关缉私部门是走私犯罪的侦查机关，兼有行政执法和刑事执法的双重权限。在海关缉私部门中，既有刑事执法机构，又有行政执法机构。海关缉私部门中的刑事执法机构是承担着走私犯罪的侦查工作，具有司法机关的性质。当海关缉私部门侦查认为走私案件已构成犯罪，需要追究刑事责任时，应当将案件及材料直接移送到本部门的刑事执法机构，由刑事执法机构进行审查，认为符合条件的，予以立案侦查，并依法向人民检察院移送起诉。海关调查部门在办理走私等行政违法案件中，发现当事人的行为涉嫌犯罪，需要追究刑事责任时，应当及时将案件移送缉私部门的刑事执法机构，依照刑事诉讼程序办理。海关调查部门向缉私部门刑事执法机构移送涉嫌走私犯罪案件，应当附有下列材料：①涉嫌犯罪案件移送书；②涉嫌犯罪案件情况的调查报告；③涉案物品清单；④有关检验报告或者鉴定结论；⑤其他有关涉嫌犯罪的材料。在这里，需要探讨的一个问题是，对于行政执法机构移送的涉嫌走私犯罪案件的材料是否可以作为认定当事人犯罪的依据呢？换句话说，行政法上的证据是否可以作为刑事证据使用呢？笔者认为，不可以。尽管《行政诉讼法》上规定的证据和《刑事诉讼法》上界定的证据都属于证据的范畴并具有许多共同的特点，但两者又有不同之处，《刑事诉讼法》上的证据具有严格的要求，其证明力高于《行政诉讼法》上的证据。行政诉讼法上的证据的证明标准是“高度的盖然性”，而《刑事诉讼法》上证据的证明力必须达到“排除合理怀疑”的标准。很显然，“排除合理怀疑”的标准高于“高度的盖然性”。行政处罚所认定和采用的证据材料，不必然被司法机关所采纳，相反，司法机关所认定的事实和使用的证据，则必然对行政处罚产生当然效力。因此，对于行政执法机构移送的证据材料，刑事执法机构要认真审查，及时将行政证据转化为走私犯罪证据。

2. 司法机关受理案件后的处理。对地方行政机关移送的涉嫌走私犯罪案件，有下列情形之一的，海关走私犯罪侦查机关应当制作“案件查处结果通知书”，并在7日内通知移送案件的地方公安机关、工商行政管理、烟草专卖等执法机关：(1) 海关作出行政处罚决定或复议决定后，在法定期限内，当事人未提出异议或起诉的；(2) 法院作出刑事判决或裁定后，已发生法律效力的；(3) 海关走私犯罪侦查机关认为不构成走私犯罪案件而不予立案的，或者依法予以撤销案件的，在法定期限内，举报人未提出复议等情况的。因为在上述情况下无论是海关作出的决定还是法院作出的裁判，这些司法意义上的行为已经发生了法律效力，在移送到海关之后，海关的走私侦查机构就必须也作出相应的确定结果的行为。

海关缉私部门的刑事执法机构在受理移送的走私犯罪案件后，应分别不同的情况予以处理：(1) 对于走私犯罪事实清楚，证据确实、充分，已侦查终结的案件，应当制作“起诉意见书”，连同案件材料、证据，一并移送海关缉私部门所在地的分、州、市级人民检察院审查决定。《海关总署走私犯罪侦查局关于法制部门办理案件暂行规定》第六条规定：“对已经符合破案条件的案件，法制部门在收到破案报告和受理案件后，应当对案件材料、证据进行认真核实、整理，可以认定侦查终结的案件，应当写出结案报告并提出案件处理意见报侦查机关负责人批准。”对于犯罪事实清楚，证据确实、充分，走私犯罪性质和罪名认定正确，法律手续完备，依法应当追究刑事责任的案件，法制部门应当制作起诉意见书，报侦查机关负责人批准后，连同案件材料、证据，一并移送人民检察院审查决定。(2) 对于不构成犯罪或不需要追究刑事责任的案件，及时移送海关行政部门。海关缉私部门的刑事执法机构在办理走私犯罪案件中，认为犯罪嫌疑人（包括犯罪嫌疑单位）的行为不构成犯罪或者犯罪情节显著轻微不予追究刑事责任，需要予以海关行政处理时，应当及时将案件移送行政执法机构，依照行政处罚法和海关法规定的程序办理。对已经刑事立案的涉嫌走私犯罪案件，依照有关法律规定决定撤销案件但需要海关行政处理时，按照以上规定办理。

在这里需要强调的是，对于检察机关决定不起诉的走私案件如何适用行政处罚程序，存在着一些问题。对此，海关总署《关于检察机关不予起诉的走私案件如何启动行政执法程序问题的通知》作了明确规定：(1) 检察机关依据《刑事诉讼法》第一百四十二条的规定作出不起诉决定，并制发检察意见书随案移送海关侦查部门，海关侦查部门对不起诉决定未申请复议、复核，或虽申请复议、复核但检察机关仍维持不起诉决定的，海关调查部门应依据海关侦查部门的移送行政处理函，审核相关证据材料，依法对当事人作出行政处罚。(2) 海关作为独立的行政执法部门，可以依据《海关法》等法律和行政法规的规定，独立行使对走私、违规案件的认定和作出行政处罚的权力。对检察机关依据《刑事诉讼法》第一百四十条第四款的规定作出的不起诉决定，没有制发检察意见书的，不影响海关调查部门作出行政处罚。在这种情况下，海关侦查部门对检察机关不起诉决定未申请复议、复核，或虽申请复议、复核但检察机关仍维持不起诉决定的，由海关侦查部门制作移送行政处理函，交由海关调查部门对案件进行审理并决定是否作出行政处罚决定。此外，在检察机关依据《刑事诉讼法》第一百四十条第四款规定决定不起诉的，海关侦查部门在发现新的证据，符合起诉条件的，仍然可以向侦查机关移送起诉。

对于人民法院依法不予追究刑事责任的案件，需要移送有关部门作行政处理的，海关缉私的法制部门应当制作“呈请移送行政处理报告书”，提出处理意见，报侦查机关负责人批准后按照有关规定办理移送手续，移送海关调查部门处理。对于人民法院虽然追究了被告人的刑事责任，但没有判决没收走私货物或者没收销售走私货物所得款项的案件，如何适用行政处罚程序呢？根据《最高人民法院、最高人民检察院、海关总署关于办理走私刑事案件适用法律若干问题的意见》，在办理走私犯罪案件过程中，对发现的走私货物、物品、走私违法所得及属于走私犯罪分子所有的犯罪工具，走私犯罪侦查机关应当及时追缴，依法予以查封、扣押。在移送起诉时应当将扣押物品文件清单、冻结存款证明文件等材料随案移送，对于扣押的危险品或者鲜活、易腐、易失效、易贬值等不宜长期保存的货物、物品，已经依法先行变卖、拍卖的，应当随案移送变卖、拍卖物品清单以及原物的照片或者录像资料；人民检察院在提起公诉时应当将上述扣押物品文件清单、冻结存款证明和变卖、拍卖物品清单一并移送；人民法院在判决走私犯罪案件时，应当对随案清单、证明文件中载明的款、物审查确认并依法判决予以追缴、没收；海关根据人民法院的判决和海关法的有关规定予以处理，上缴中央国库。但在实践中，由于人民法院工作的失误或者理解上的不同等原因，有的走私货物、物品、走私违法所得以及属于走私犯罪分子所有的犯罪工具并没有被没收。在这种情况下，为了不让犯罪分子在经济上占便宜，根据走私犯罪的双重违法性质，海关可以请人民法院以补充判决的形式对走私货物、物品等作出处理，或者直接对其作出没收的行政处罚，具体由海关缉私部门的行政执法机构依法制发处罚决定书，对涉案的走私货物、物品、走私违法所得及属于走私犯罪分子所有的犯罪工具予以没收。

总之，由于我国海关的职能具有特殊性，即我国的海关缉私机构同时承担着行政处罚和刑事执法处罚的职能，我们不仅应当重视在海关内部的刑事执法程序和行政执法程序的转换机制，也应当注重整个司法行政机构内部之间的各个不同性质的程序转化，在人民法院、人民检察院、海关及各地方行政机构之间采取程序转换的标准和它们之间的协调，以保证法律在实体和程序上的相对正义。

参考文献

一、著作

1. 汪建成著:《刑事审判监督程序专论》,群众出版社 1990 年版。

2. 王以真主编:《外国刑事诉讼法学》,北京大学出版社 1994 年版。

3. 娄云生著:《法人犯罪》,中国政法大学出版社 1996 年版。

4. 王建芹著:《强化监督制约权力——中国反腐败的理性思考》,中国方正出版社 1997 年版。

5. 陈瑞华著:《刑事审判原理论》,北京大学出版社 1997 年版。

6. 卞建林主编:《刑事诉讼法学》,法律出版社 1997 年版。

7. 樊崇义主编:《刑事诉讼法学》,中国政法大学出版社 1998 年版。

8. 程荣斌主编:《刑事诉讼法》,中国人民大学出版社 1999 年版。

9. 邱兴隆、许章润著:《刑罚学》,中国政法大学出版社 1999 年版。

10. 季卫东著:《法治秩序的构建》,中国政法大学出版社 1999 年版。

11. 邱兴隆著:《刑罚理性评论——刑罚的正当性反思》,中国政法大学出版社 1999 年版。

12. 江礼华、杨诚著:《外国刑事诉讼制度探微》,法律出版社 2000 年版。

13. 杨诚、单民主编:《中外刑事公诉制度》,法律出版社 2000 年版。

14. 邱兴隆著:《罪与罚演讲录》,中国检察出版社 2000 年版。

15. 邱兴隆著:《关于惩罚的哲学——刑法根据论》,法律出版社 2000 年版。

16. 黄河著:《行政刑法比较研究》,中国方正出版社 2001 年版。

17. 樊崇义主编:《刑事诉讼法实施问题与对策研究》,中国人民公安大学出版社 2001 年版。

18. 陈卫东著:《刑事审判监督程序研究》,法律出版社 2001 年版。

19. 马克昌主编:《犯罪通论》,武汉大学出版社 2001 年版。

20. 甄贞著:《程序的力量——刑事诉讼法学研究随想》,法律出版社2002年版。

21. 高一飞著:《刑事简易程序研究》,中国方正出版社2002年版。

22. 吴庚著:《行政法之理论与实用》(增订八版),中国人民大学出版社2005年版。

23. 汤德宗著:《行政程序法论》,元照出版有限公司2005年版。

24. 杨立新著:《刑事诉讼平衡论》,中国人民公安大学出版社2006年版。

25. 李恩镇著:《犯罪侦查驾驭艺术》,中国人民公安大学出版社2007年版。

26. 谢小剑著:《边缘化刑事程序研究——被理论忽视的司法实践》,中国检察出版社2010年版。

27. 王光贤著:《禁止酷刑的理论与实践——国际和国内监督机制相结合的视角》,上海人民出版社2007年版。

28. 戴玉忠、刘明祥主编:《犯罪与行政违法行为的界限及惩罚机制的协调》,北京大学出版社2008年版。

29. 白建军著:《公正底线——刑事司法公正性实证研究》,北京大学出版社2008年版。

30. 顾肖荣主编:《经济刑法(第九辑)》,上海社会科学院出版有限公司2010年版。

31. 李玉萍著:《程序正义视野中的量刑活动研究》,中国法制出版社2010年版。

32. 岳悍惟著:《刑事程序人权的宪法保障》,法律出版社2010年版。

二、译著

1. [英]詹妮·麦克埃文:《现代证据法与对抗式程序》,蔡巍译,法律出版社2006年版。

2. [日]松尾浩也:《日本刑事诉讼法》,丁相顺译,金光旭校,中国人民大学出版社2005年版。

3. [美]乔恩·R. 华尔兹:《刑事证据大全》,何家弘等译,中国人民公安大学出版社1993年版。

4. [法]克劳德·诺贝尔、亨利·特雷莫著:《海关法学》,黄自强译,中国社会科学出版社1991年版。

5. [德]平特纳著:《德国普通行政法》,朱林译,中国政法大学出版社1999年版。

6. ［美］E. 博登海默著：《法理学——法律哲学与法律方法》，邓正来译，中国政法大学出版社 1999 年版。

7. ［德］尤尔根·哈贝马斯著：《交往行为理论：行为合理性与社会合理化》，曹卫东译，上海人民出版社 2004 年版。

8. ［英］丹宁勋爵著：《法律的正当程序》，李克强等译，法律出版社 1999 年版。

9. ［德］黑格尔著：《小逻辑》，贺麟译，商务印书馆 1980 年版。

10. ［意］贝卡利亚著：《论犯罪与刑罚》，黄风译，中国法制出版社 2002 年版。

11. ［美］路易斯·谢利著：《犯罪与现代化》，何秉松译，中信出版社 2002 年版。

12. ［日］福田平著：《行政刑法》（新版），有斐阁 1978 年版。

三、论文

1. 徐天华：《浅论刑事简易程序》，载于《当代法学》2003 年第 3 期。

2. 耿景仪：《刑事简易程序的适用与问题研究》，载于《当代法学》1998 年第 5 期。

3. 姜小川：《刑事简易程序论》，载于《河北法学》1996 年第 6 期。

4. 马慧勇：《刑事简易程序研究》，载于《中国刑事法杂志》2001 年第 6 期。

5. 傅为高：《试述刑事诉讼简易程序动作的若干问题》，载于《法学》1977 年第 6 期。

6. 陈卫东、李奋飞：《刑事二审“全面审查原则”的理性反思》，载于《中国人民大学学报》2000 年第 2 期。

7. 陈瑞华：《对两审终审制的反思——从刑事诉讼角度的分析》，载于《法学》1999 年第 12 期。

8. 晋书林、李兴芳：《论审判监督程序》，载于《河南省政法管理干部学院学报》1998 年第 4 期。

9. 徐阳：《论刑事审判监督程序的提起》，载于《沈阳师范学院学报（社会科学版）》2002 年第 5 期。

10. 陈卫东：《论刑事审判监督程序的提起方式》，载于《法学论坛》2003 年第 5 期。

11. 徐美君、李奋飞：《刑事再审程序的理性思考》，载于《法学》2000 年第 4 期。

12. 吴东、鲁红媛:《刑事再审制度若干问题》，载于《安徽警官职业学院学报》2002 年第 1 期。

13. 陈卫东、李洪江:《论不起诉制度》，载于《中国法学》1997 年第 1 期。

14. 杨秀莉:《论存疑不起诉》，载于《河北法学》1997 年第 6 期。

15. 王志强:《论刑事起诉制度的价值》，载于《湖南省政法管理干部学院学报》2001 年第 5 期。

16. 姜福廷、解景珠:《刑事补充侦查应注意的几个问题》，载于《当代法学》2000 年第 4 期。

17. 季卫东:《法律程序的意义》，载于《中国社会科学》1993 年第 1 期。

18. 李建良:《论行政法上之意思表示》，载于《台北大学法学论丛》2002 年第 50 期。

19. 章剑生:《从自然正义到正当法律程序——兼论我国行政程序立法中的“法律思想移植”》，载于《法学论坛》2006 年第 5 期。

20. 姜明安:《正当法律程序:扼制腐败的屏障》，载于《中国法学》2008 年第 3 期。

21. 章剑生:《对违反法定程序的司法审查——以最高人民法院公布的典型案例（1985～2008）为例》，载于《法学研究》2009 年第 2 期。

22. 刘东亮:《什么是正当程序》，载于《中国法学》2010 年第 4 期。

23. 于立深:《违反行政程序司法审查中的争议焦点问题》，载于《中国法学》2010 年第 5 期。

后记

《走私犯罪刑事程序研究》作为“走私罪系列研究丛书”之一，几经周折，终于脱稿。该书从构思到脱稿已有7年多的时间。2004年出版《走私罪研究》后，笔者着手于《走私犯罪刑事证据研究》的写作，在证据研究过程中，深深感悟到走私犯罪刑事程序的重要性。证据制度只是刑事诉讼程序的一个重要环节，在司法实践中“重实体、轻程序”的现象突出，办案程序不规范、证据收集不规范、强制措施不当、执法标准不统一等问题不同程度地存在，笔者感到对走私犯罪刑事程序的研究同样重要，于是有了从刑事程序方面研究走私犯罪的想法。大约从2006年开始正式执笔，静心研究写作一年多时间后，形成初稿。由于工作繁忙和有些思路的不成熟，该稿和《走私犯罪刑事证据研究》两本书稿均被搁置起来。但期间笔者一直没有停止对走私罪证据问题和程序问题的思考。2008年又对两本书同时进行交叉修改和整理，将一些新的观点、新的想法融入其中，力求吸收最新的学术研究成果。转眼5年过去了，在即将出版之际，对该书的形成作一回顾，略表安慰，但仍有遗憾。做学问需要极大的信心和坚强的毅力。由于该书稿写作时间较早，所引用的有的资料时间较早，有的观点只作一些探讨。因此书中的一些观点难免偏颇，有的问题也不够深刻，希望各位同仁或学者指正。

需要说明的是，2012年3月14日第十一届全国人大五次会议通过新修订的《中华人民共和国刑事诉讼法》，自2013年1月1日施行。这是我国最高立法机关对1996年修订的刑事诉讼法的再一次重大修改，是对中国特色社会主义法律体系的重要完善。新刑事诉讼法对证据制度、辩护制度、强制措施、侦查程序、审判程序、执行程序等方面作了补充和完善，有的修订条款解决了本书中提出的一些问题，与本书的某些建议相似或一致，但有的规定可能与本书某些观点相矛盾。由于时间有限，笔者未及进行全面完善和修改，书中存在某些陈旧观点和与新法之间的冲突，希望读者谅解。

张大春

2013年6月

后记